LA CITOYENNETÉ CULTURELLE

Questions contemporaines
Collection dirigée par Jean-Paul Chagnollaud,
Bruno Péquignot et Denis Rolland

Chômage, exclusion, globalisation… Jamais les « questions contemporaines » n'ont été aussi nombreuses et aussi complexes à appréhender. Le pari de la collection « Questions contemporaines » est d'offrir un espace de réflexion et de débat à tous ceux, chercheurs, militants ou praticiens, qui osent penser autrement, exprimer des idées neuves et ouvrir de nouvelles pistes à la réflexion collective.

Dernières parutions

André PRONE, *Le communisme de la modernité et le Nouveau Manifeste. Dialogue avec une intelligence artificielle*, 2023.
Prune CATOIRE, *La presse agricole, un univers sous contraintes ?*, 2023.
Olivier VASSAL, La France au défi de ses territoires. De la géographie au vote des citoyens, 2023.
Cam Liêm LUONG, *La fabrique du démocrate*, 2023.
Louise FINES, *Dynamiques d'oppression : durée et reproduction. Essai sur le mouvement et sur la pensée qui veut s'affranchir*, 2023.
Yahya EL YAHYAOUI, *Mondialisation, web social et identité numérique*, 2023.
Paul-Henri TROLLÉ, *Une démocratie sans idolâtrie ?*, 2023.
Nicole PÉRUISSET-FACHE, *La Loi et le Sacré*, 2023.
Gilles AMIEL DE MÉNARD, *La démocratie sans l'État ? Histoire d'une impasse*, 2023.
Amine ISSA, *La violence religieuse, Textes et interprétations*, 2023.
Amine ISSA, *La violence politique, Sources idéologiques, philosophiques et économiques*, 2023.
Amine ISSA, *La violence n'est pas une fatalité*, 2023.
Jacques ARON, *Si tu veux la paix prépare la paix. Suivi du manifeste pacifiste du général Paul von Schoenaich, De la guerre précédente à la suivante (1924)*, 2023.

André Fertier

LA CITOYENNETÉ CULTURELLE

Réalités juridiques, enjeux et perspectives

Préface d'Edgar Morin

L'Harmattan

Du même auteur

Culture et handicap, 50 ans d'histoire – L'historique d'un demi-siècle d'évolutions dans les concepts, les politiques et les pratiques, co-auteur : Govindjee Myrha, coédition L'harmattan / Cemaforre, 2022.

Les Damnés de la culture, Plaidoyer pour un pacte culturel républicain, 2019, éd. Persée.

Le pouvoir des sons, éd. Éllébore, 1995, 2018 (réédition).

Musicothérapie : fantasmes et réalités, L'Harmattan, 2011.

Accessibilité et spectacle vivant, Ministère de la Culture / Cemaforre, 2009.

Encyclopédie *Culture handicap et dépendance* (5 volumes : musique, danse, arts plastiques, théâtre, écriture-lecture), Cemaforre, 1996-1998.

Danse et handicap (3 volumes : visuel, moteur, auditif) pour l'accessibilité des pratiques chorégraphiques, Centre national de la Danse / Cemaforre, 2014-2017.

OUVRAGES COLLECTIFS

« Compensation du handicap : le temps de la solidarité », André Fertier, in *Rapports du Sénat n°369*, Documentation française, 2001-2002.

« Droits culturels et handicap : exclusion ou inclusion sur les chemins de l'enseignement artistique et culturel et de l'insertion professionnelle ? », André Fertier, p. 149 à 162, in *Culture, droit et handicap*, Florence Faberon et Stéphanie Urdician (dir. de la publication), Aix-en-Provence, Presses universitaires d'Aix-Marseille, 2017.

« Handicap : à la conquête de son espace culturel personnel », André Fertier, p. 203 à 211, in *Handicap et espaces*, Sana Benbelli, Jamal Khalil, Maria Fernanda Arentsen et Florence Faberon (dir. de la publication), Clermont-Ferrand, UCA, Handicap et citoyenneté, 2020.

« Droits culturels et handicap : un enjeu de civilisation. Analyse des discriminations culturelles et propositions pour leur abolition », André Fertier, p. 209 à 218, in *Regards croisés sur le handicap en contexte francophone*, Maria Fernanda Arentsen et Florence Faberon (dir.), collection Handicap&Citoyenneté, Presses Universitaires Blaise Pascal, 2020.

5-7, rue de l'Ecole-Polytechnique, 75005 Paris
http://www.editions-harmattan.fr
ISBN : 978-2-336-42413-2
EAN : 9782336424132

Maquette et mise en page : Agence Twapimoa

« Tout ce qui dégrade la culture
raccourcit les chemins vers la servitude. »

Albert Camus
Entretien pour la revue *Caliban* - 1951

« Être libre, ce n'est pas seulement
se débarrasser de ses chaînes,
c'est vivre d'une façon qui respecte
et renforce la liberté des autres »

Nelson Mandela
Un long chemin vers la liberté, Le livre de poche, 1996

SOMMAIRE

PRÉFACE

La citoyenneté culturelle ainsi que cette idée de citoyenneté culturelle universelle qui nous est proposée par André Fertier, nous rappellent que la vraie vie c'est en premier lieu l'épanouissement du « je » dans un « nous » ; c'est que les humains doivent se reconnaître dans leur humanité commune, en même temps que reconnaître leur diversité tant individuelle que culturelle. C'est là l'un des savoirs essentiels à transmettre à l'éducation du futur.

La lucidité que donne la révolte éthique est devenue capitale pour comprendre la réalité elle-même. Souvent, il faut être un déviant minoritaire pour être dans le réel. Même avec aucune perspective, aucune possibilité, aucun salut, bien que l'on soit dans un système apparemment éternel, nous sommes toujours devant le problème de cette réalité, qui a son mystère et son incertitude, et qu'on ne doit jamais accepter telle quelle. Bien entendu, s'il suffisait de dire : « Non, on ne peut tolérer cela », ça ne servirait à rien. Nous devons rejeter le réalisme trivial qui dit qu'il faut s'adapter à l'immédiat, à l'ordre établi, au fait accompli, admettre la victoire du victorieux. Dans la réalité humaine cohabitent l'imaginaire, le mythologique et, bien sûr, l'affectif ; ce que la compartimentation des sciences sociales et humaines ne prend pas suffisamment en compte. Et c'est le problème de la réalité aujourd'hui, où le politique s'est mis totalement à la remorque de l'économique. La déresponsabilité favorise l'égocentrisme, lequel conduit à la démoralité (dégradation du sens moral). La déresponsabilité et la démoralité favorisent la propagation de l'irresponsabilité et de l'immoralité.

Solidarité ou barbarie est une alternative qui prend son sens non seulement dans l'immédiat, dans le concret, dans le vécu, dans le local, mais aussi dans l'européen et le planétaire. Ce thème nous fait contribuer, partout où il existe, aux forces d'association et de solidarité, avec l'espoir qu'elles seront plus fortes que les forces de rupture, de dislocation et d'occultation. Cela nous pousse dans un mouvement qui, s'il n'est pas brisé, ne nous conduit peut-être plus vers le meilleur des mondes, mais à l'espérance d'un monde meilleur.

À force de sacrifier l'essentiel pour l'urgent, on finit par oublier l'urgence de l'essentiel.

Edgar Morin

REMERCIEMENTS

Tous mes remerciements vont à René Fertier,
Myrha Govindjee, Delphine Hennion-Brossard,
Gérard-Georges Robin et Paul Tabet,
pour leurs soutiens et leurs apports précieux.

Je remercie chaleureusement Edgar Morin
qui m'honore de sa préface.

AVANT-PROPOS

L'échec des politiques de démocratisation culturelle suscite à travers le monde la quête de nouveaux chemins, de nouvelles approches à explorer pour la conception de politiques soucieuses de favoriser l'effectivité des droits culturels, de politiques que certains nomment des politiques culturelles inclusives. Le concept de citoyenneté culturelle représente un atout, une ressource importante dont il est possible de se saisir pour répondre à ces préoccupations.

L'ambition de cet essai a été d'apporter un éclairage sur ce concept relativement récent et encore peu investi, de donner des repères sur la manière dont s'en sont emparés au plan international depuis le milieu du XXe siècle, des intellectuels, des responsables politiques ainsi que des acteurs de mouvements de revendications. Le traitement de cette thématique implique une approche approfondie des droits culturels, des divers types de gouvernances culturelles ainsi qu'une analyse des forces en présence, étatiques, politiques, économiques, médiatiques ainsi que des radicalités qui peuvent venir entraver ou soutenir les possibilités d'exercice de la citoyenneté culturelle. Dans la suite des diverses définitions de ce concept ayant été élaborées, j'en propose une avec un ancrage sur un socle de droits culturels justiciables et comportant la possibilité de participer à la conception et à la mise en œuvre des politiques culturelles, une définition ainsi en cohérence avec le sens originel et contemporain de la citoyenneté.

Par ailleurs, j'esquisse cette idée de Citoyenneté culturelle universelle en la questionnant face aux crispations identitaires, aux problématiques des nationalismes et des remises en question de l'universalisme au cœur des droits humains fondamentaux tel qu'il a été institutionnalisé. Souhaitant favoriser la poursuite de travaux constructifs sur cette idée, je présente un aperçu de courants de pensées émanant de divers continents, porteurs d'espérances pour cette perspective.

Ce premier essai sur la citoyenneté culturelle, je l'ai développé dans le prolongement de mes recherches et publications sur les processus d'exclusions et de discriminations culturelles frappant des populations dites vulnérables, plus particulièrement les personnes handicapées, âgées en manque d'autonomie et malades d'Alzheimer. Sa rédaction a débuté à partir de 2018, dans un contexte particulier, jalonné d'évènements touchant à la culture dans le sens anthropologique, celui des modes de vie, de pensées et aussi de l'accès aux pratiques culturelles et artistiques, tant en France qu'au plan international.

Je citerai pour la France : à partir de fin 2018, le mouvement des Gilets jaunes dénonçant notamment les conditions de vie indignes réservées aux personnes âgées en Ehpad, leur isolement social et culturel, l'existence de territoires privés de services culturels de proximité ; le 16 octobre 2020, la décapitation de l'enseignant Samuel Paty[1] ; également en 2020, les protestations d'ampleur faisant suite au classement des établissements et services culturels dans la catégorie des « non-essentiels » dans le cadre des mesures liées à la pandémie du Covid-19.

Au plan international j'évoquerai : la montée en puissance du mouvement woke, du décolonialisme, de la cancel culture, ainsi que des fake news ; le retour des talibans au pouvoir en Afghanistan imposant à nouveau l'interdiction pour les femmes d'accès à l'éducation, et pour toute la population, celle de la plupart des pratiques artistiques ; des vagues migratoires de millions d'individus, des conflits interculturels à l'origine de centaines de milliers de morts, la guerre qui resurgit au cœur de l'Europe avec déjà une hécatombe en Ukraine ; les horreurs et les atrocités en Israël et à Gaza ; des reconfigurations géopolitiques dans des fortes tensions et porteuses de menaces, mais aussi l'émergence d'une forme de civilisation universelle de l'information faisant fi des frontières étatiques ; des mobilisations planétaires de la jeunesse sur des préoccupations environnementales, sociétales ; une révolte silencieuse venue des États-Unis dénommée « *Big quit* - La Grande démission », et bien d'autres encore.

Ce sont là des phénomènes qui ont pu fortement imprégner mes réflexions et propositions présentées dans cet ouvrage.

Les enjeux attachés à la défense des droits culturels, de la citoyenneté culturelle sont considérables, enjeux de dignité humaine et de survie pour des personnes et même des populations entières. En effet, aucun être humain ne peut être défini par ses seules données biologiques et réduit à celles-ci, au risque de n'être plus considéré que comme une plante ou un objet et d'être placé alors à l'écart de la communauté humaine. Non, nous sommes tous des êtres de culture.

1. https: //fr.wikipedia.org/wiki/Assassinat_de_Samuel_Paty

Par ailleurs, la liberté d'accéder à la culture, de participer à la vie culturelle est un préalable pour une émancipation, une bonne intégration sociale, scolaire et professionnelle. De plus le respect des diversités culturelles, qui fait partie de ce que je nomme le civisme culturel, contribue à la cohésion sociale, à la qualité du Vivre ensemble et à la paix. En effet, le manque de culture tue en attisant la haine entre les individus et les peuples.

Je m'inscris dans une interprétation des droits culturels qui se refuse à les réduire à des questionnements identitaires et au sujet de l'immigration. D'ailleurs, les violations de ces droits, le manque d'accès à la culture tue, même en dehors de tout conflit interculturel. À titre d'exemple, même au cœur d'une démocratie, en France, ce pays qui connaît ces dernières années un regain d'intérêt sur les droits culturels au sujet desquels la responsabilité partagée de l'État et des collectivités a été rappelée dans la loi NOTRe[2] en 2015, ce pays dont le droit à la culture pour tous est inscrit dans son bloc de constitutionnalité, ainsi que le principe d'égal accès au service public, et bien malgré tout cela, et l'existence de ressources exceptionnelles en établissements, services et en exemples de bonnes pratiques, ce sont environ un million de personnes âgées en manque d'autonomie qui ne bénéficient pas d'une continuité d'accès au service public de la culture, dont parmi elles 700 000 vivant en Ehpad. Ces personnes sont déchues de facto de leur citoyenneté culturelle ! Et pire, certaines sont victimes d'une forme de maltraitance extrême que j'ai définie comme l'Exclusion culturelle absolue, l'ECA, en étant maintenues dans un environnement ne leur laissant aucune possibilité d'accéder à des nourritures et activités culturelles. Ces personnes ne bénéficient que de soins de nursing, sont considérées qu'au regard de leurs données biologiques et souffrent ainsi d'un lourd isolement culturel. Combien parmi elles, du fait de cette discrimination, contribuant largement à l'apparition de syndromes de glissement, connaissent une mort prématurée ?

Cet essai est l'occasion de dénoncer les interprétations déviantes des droits culturels qui ont tendance à les réduire à la protection des identités et des communautés, au risque d'en oublier que leurs fondements de même que ceux de la citoyenneté culturelle reposent sur notre appartenance à la Communauté humaine. Les conséquences de ces dérives sémantiques sont désastreuses, catastrophiques à travers le monde. Ce sont le manque, voire l'absence de

2. Loi 2015-991 du 7 août 2015 portant sur la Nouvelle Organisation Territoriale de la République (NOTRe)

défense des droits culturels de certaines populations vulnérables, mais aussi une exacerbation de conflits identitaires meurtriers. La protection des identités et des communautés culturelles est certes indispensable, elle fait en effet partie des droits culturels, mais d'autres dimensions sont tout à fait centrales et essentielles, telles les obligations en termes d'accessibilité. L'application du concept d'accessibilité universelle et les exigences qui en découlent, attachées aux droits culturels sont inscrites dans de nombreux textes de portée internationale et déclinées dans des législations nationales.

Ce début de XXIe siècle aura connu bien des interrogations sur la culture et sur des notions qui s'y attachent comme la citoyenneté, la nation, la patrie, les modes de vie, l'universel et cela en France, comme dans d'autres contrées. Avec la pandémie du Covid-19, de longues périodes de confinements sources de souffrances ont pu être également pour nombre de personnes propices à un recul, à des prises de conscience, à des remises en question de modes de vie et d'organisation des sociétés. Concernant la citoyenneté, partout dans le monde nous assistons à l'expression de défiances vis-à-vis de cette notion vu la manière dont elle est appliquée. Nous observons des mouvements d'ébranlements avec des abstentions massives lors d'élections importantes mais aussi des dynamiques de vitalités avec l'expérimentation de nouvelles formes d'exercice de la citoyenneté et dans certains cas de ce qui est qualifié de véritable renouveau citoyen.

Dans l'esprit de la plupart des citoyennes, des citoyens et des responsables politiques, au sein de démocraties, de nos jours, les droits à la sécurité, à la santé, à l'école sont considérés, non pas comme de simples idéaux, mais bien en tant que droits devant être garantis et protégés par l'État et donc dont l'effectivité doit être avérée. Pour ce qui est du droit à la culture, de participer à la vie culturelle, d'y apporter ses contributions, il en est tout autrement. Les représentations qui persistent ne sont pas dans le sens d'un droit justiciable, positif, devant être appliqué et que tout à chacun se doit de faire respecter. Au-delà de la valeur et de l'importance essentielle des droits culturels, l'intérêt majeur du concept de citoyenneté culturelle est qu'il renvoie à des droits du citoyen, donc à des droits justiciables, devant être appliqués et non juste dignes d'attentions de la part d'intellectuels dans divers microcosmes, des cercles de pensée, en tant que vague principe philosophique source d'échanges et de réflexions.

Je souhaite que cette publication puisse favoriser, par les informations, réflexions et propositions présentées, une meilleure prise de conscience des enjeux majeurs touchant à la citoyenneté culturelle et qu'il s'agit là d'un outil conceptuel utile et pertinent dans l'objectif de créer un environnement plus capacitant pour toutes et tous dans le domaine de la vie culturelle, pour le respect des cadres éthique et légal. Que ce premier essai sur ce sujet, ouvre la voie à des débats, des recherches, des publications sur cette thématique si essentielle et puisse contribuer à la conception et à la mise en œuvre de politiques plus responsables.

Première partie

CONCEPTS ET RÉALITÉS JURIDIQUES

1

CULTURE, DE QUOI PARLE-T-ON ?

Comment pourrions-nous parler de citoyenneté culturelle sans se questionner sur le sens du mot culture, sur ses origines, ses évolutions et observer les multiples usages qui en sont faits de nos jours ?

Le sens du mot « culture » a connu bien des évolutions au fil des siècles et selon les territoires. « Culture » qui, à l'origine, désignait le soin apporté au bétail et aux plantations, a été utilisé au XVIIIe siècle par les penseurs des Lumières pour représenter la somme des savoirs accumulés et transmis par l'Humanité. Le mot culture, alors employé uniquement au singulier, reflète les pensées universalistes et humanistes, et il est proche du mot civilisation. Culture s'emploie progressivement pour désigner la formation, l'éducation de l'esprit, et pour distinguer la nature de la culture. Sur ce dernier point, il nous faut prendre conscience que cette différenciation entre culture et nature est une construction en termes de représentation qui n'a jamais été partagée par tous les peuples sur la planète. D'ailleurs en ce début de XXIe siècle, des penseurs tel Philippe Descola[1], Professeur au Collège de France, la remettent en question et proposent des analyses sur ses conséquences dévastatrices sur l'environnement et nos rapports aux vivants non-humains.

Définitions anthropologiques et limitées aux pratiques culturelles

Au XIXe siècle, avec l'apparition de la sociologie et de l'ethnologie, la culture a été envisagée dans une double dimension de diversité et d'unité. Selon

1. Philippe Descola, Alessandro Pignocchi, Ethnographies des mondes à venir, Seuil, 2022

l'anthropologue américain Clifford Geertz la culture est principalement un ensemble de systèmes de significations propres à un groupe. Inspiré par Max Weber, il déclare :

« L'homme est un animal suspendu à des toiles de signification qu'il a lui-même tissées. »[2]

De nombreuses rencontres ont été l'occasion de dégager des consensus sur des définitions de la culture. Ainsi les conclusions d'Eurocult[3] en juin 1972 à Helsinki ont comporté cette définition :

« En ce sens la culture n'est plus seulement une accumulation d'œuvres et de connaissances qu'une élite produit, recueille et conserve pour les mettre à la portée de tous, ou qu'un peuple riche en passé et en patrimoine offre à d'autres comme un modèle dont leur histoire les aurait privés ; la culture ne se limite pas à l'accès aux œuvres et aux humanités mais est tout à la fois acquisition de connaissances, exigence d'un mode de vie, besoin de communication ; elle n'est pas un territoire à conquérir mais une façon de se comporter avec soi-même, ses semblables, la nature ; elle n'est pas seulement un domaine qu'il convient de démocratiser, mais elle est devenue une démocratie à mettre en marche. »

En 1982, lors de la conférence mondiale sur les politiques culturelles organisée par l'UNESCO à Mexico, il a été établi dans la déclaration adoptée, que :

« la culture dans son sens le plus large est considérée comme l'ensemble des traits distinctifs, spirituels et matériels, intellectuels et affectifs, qui caractérisent une société ou un groupe social. Elle englobe, outre les arts et les lettres, les modes de vie, les droits fondamentaux de l'être humain, les systèmes de valeurs, les traditions et les croyances. »

Ces définitions présentent une acception anthropologique du mot culture, mais dans le cadre des réflexions sur les politiques culturelles et d'éducation populaire, le mot culture renvoie à une approche moins large, à une palette de

---

2. Clifford Geertz, citation inspirée de Max Weber. *The interpretation of cultures*, Basic Books, 1977
3. Source : https: //chmcc.hypotheses.org/675

domaines et de pratiques : l'accès à l'information, aux médias, aux œuvres, au patrimoine, aux contenus culturels numériques ainsi qu'à toutes les activités artistiques et culturelles d'éveil, amateurs et professionnelles sans oublier l'accès à l'éducation, à l'enseignement, et à la création. Et auxquelles il convient d'ajouter ce que je nomme **« les nourritures culturelles du quotidien ».** Celles-ci sont essentielles à prendre en considération aussi bien dans les recherches sociologiques, anthropologiques que dans celles portant sur les politiques culturelles. En général, ces nourritures n'entrent pas dans des notions d'activités très repérées, programmées comme dans le cas de participations régulières à des cours de chant, de musique, de danse ou des sorties culturelles au musée, au cinéma. En rentrant du travail, en revenant du marché, nous pouvons mettre la radio, allumer la télévision, tout en faisant souvent autre chose. Sur le chemin vers notre maison, nous aurons peut-être acheté un journal, une revue que nous aurons feuilletée en attendant le tramway. Dans le tramway, nous aurons baigné dans des conversations auxquelles nous aurons participé ou pas. Nous pouvons penser aussi aux échanges dont nous bénéficions dans divers contextes avec des membres de notre famille, des voisins, des amis, des collègues de travail. Nous « respirons » ainsi au quotidien ces nourritures culturelles qui jouent un rôle central dans notre développement, dans notre structuration sans que nous en soyons très conscients. Mon attention a été attirée sur ce sujet lors de mes recherches sur les problématiques spécifiques concernant l'accès à la culture pour des personnes vivant en isolement contraint, hors du milieu ordinaire de vie, personnes handicapées, âgées en manque d'autonomie, et personnes incarcérées.

Concepts d'identité culturelle

La question de la culture interroge de fait toujours le collectif, toute communauté de vie, et bien sûr les communautés nationales, la communauté humaine et chacun des individus qui les composent. Ces dernières décennies, en résonance à des vagues migratoires, dans un monde tourmenté, violenté, meurtri par des crispations identitaires, le sujet de l'identité culturelle est une préoccupation centrale. Il occupe de fait une place majeure dans les réflexions sur la citoyenneté culturelle. Cette notion a suscité et suscite bien des débats. Selon Geneviève Vinsonneau[4] :

4. Geneviève Vinsonneau, Docteur en psychologie sociale, spécialiste de la psychologie interculturelle, enseignante à l'Université Paris V, *L'identité **culturelle***, Armand Colin, 2002.

« L'identité culturelle donne lieu à des descriptions énumératives de traits, de fonctions et de comportements, individuels ou collectifs. Par le simple fait de leur appartenance à un groupe donné, ils représentent un certain capital d'attributs reliés les uns aux autres et différents d'une culture à l'autre. »

Pour le philosophe et anthropologue libanais Selim Abou[5], l'identité culturelle est l'identification à un ou plusieurs groupes culturels déterminés qui plonge ses racines dans l'identité ethnique. L'identité culturelle de l'individu est donc une constellation de plusieurs identifications particulières. La plupart des identités culturelles sont sous le coup d'évolutions, de mutations, au point que nombreux sont ceux qui remettent même en question la pertinence de cette notion. Pourrait-il exister en effet aujourd'hui une identité culturelle vierge de tout apport massif d'autres cultures ? Avec une montée en puissance des moyens de transport, de communication, d'information, avec la mondialisation, une très grande porosité des identités culturelles s'est développée, ainsi qu'une expansion du multiculturalisme et du métissage culturel.

En France, sur ce sujet de l'identité culturelle, il est bien des controverses. Ainsi, Emmanuel Macron, en 2017, alors candidat à l'élection présidentielle, déclarait : « Il n'y a pas de culture française. Il y a une culture en France. Elle est diverse. ». Nicolas Sarkozy, ancien président de la république, quant à lui a suscité la polémique en déclarant qu'à partir du moment où l'on acquiert la nationalité française, « on vit comme un Français et nos ancêtres sont les Gaulois ». En réponse Alain Juppé, ancien Premier ministre a rétorqué : « Ça voudrait dire qu'on est tous pareils, qu'on coupe nos racines. Mais quand on coupe les racines d'un arbre, il meurt. » L'ancienne ministre de l'Éducation nationale, Najat Vallaud-Belkacem, déclarait dans ce débat : « Faut-il faire un cours d'histoire à Monsieur Sarkozy, qui visiblement en a besoin ? Oui, il y a parmi nos ancêtres des Gaulois, des Romains, des Normands, des Celtes, des Burgondes, (...) des Niçois, des Corses, des Francs-Comtois, des Arabes, des Italiens, des Espagnols... C'est ça la France. » Quant au philosophe François Jullien[6] auteur de l'ouvrage *Il n'y a pas d'identité culturelle*, il a écrit : « Je ne défendrai pas une

5. Selim Abou, *L'identité culturelle : relations interethniques et problèmes d'acculturation*, Éditions Anthropos, 1981.

6. François Jullien, *Il n'y a pas d'identité culturelle*, L'herne, 2016

identité culturelle française, impossible à identifier, mais des ressources culturelles françaises. » Au Maroc, l'identité culturelle semble être affirmée comme une identité plurielle, ouverte au monde, nourrie par les richesses de ses racines multiples et séculaires. Nous pouvons nous référer aux travaux notamment du sociologue marocain Ahmed Boukous[7] mais aussi à certaines déclarations du souverain Mohamed VI lui-même[8].

Des chercheurs, comme le spécialiste de philosophie politique, Alain Policar[9] soulève même la question : comment pourrait-on ne pas être cosmopolite ? Nous pouvons l'observer, l'expression identité culturelle au singulier ne semble plus être un outil adapté aux réalités d'aujourd'hui. Par ailleurs, même s'il nous faut nous battre pour protéger toutes les richesses des traditions, des racines culturelles qui, certes peuvent être menacées, nous ne pouvons pas rester sans réagir face aux effets pervers du dogmatisme de l'identité culturelle. Les crispations sur des identités culturelles, leurs exacerbations sont à l'origine de tant de conflits meurtriers. Nous ne pouvons que constater l'échec des textes et des dispositifs internationaux qui avaient pour objet la promotion du respect mutuel des identités culturelles, le respect des différences et le partage de ces richesses.

Il n'est pas possible de rester accroché, crispé, voire obsédé par la question identitaire sans s'ouvrir à d'autres approches. Étant donné les limitations qui sont advenues dans la pertinence à mobiliser la notion d'identité culturelle, je propose le concept d'espace culturel personnel, nourri, constitué de contenus culturels individuels et collectifs, pour l'analyse de nos rapports à la culture.

---

7. Ahmed Boukous, né le 15 octobre 1946, est un linguiste et sociologue amazighe marocain.

8. Discours d'Ajdir prononcé par le Roi Mohammed VI à Ajdir Izayane (province de Khénifra) le 17 octobre 2001. Il s'inscrit dans le cadre général du processus de démocratisation du Maroc. Il marque ainsi la reconnaissance de la composante amazighe dans le contexte pluriculturel marocain, dans ses dimensions de langue, de culture et d'histoire, tout en sachant que l'amazighité ne peut pas être écartée du paysage culturel marocain global. Source : wikipedia.org

9. Alain Policar, Agrégé de sciences sociales, docteur en sciences politiques depuis 2011 de l'Institut d'études politiques de Paris1, Alain Policar a enseigné seize ans dans l'enseignement secondaire puis à la faculté de droit et des sciences économiques de Limoges de 1988 à 2014. Il est, depuis 2010, chercheur associé au Centre de recherches politiques de Sciences Po (Cevipof). Ses champs de recherche concernent le racisme, la justice sociale, la citoyenneté, la laïcité, le libéralisme politique et le cosmopolitisme. Source : Wikipedia

Le concept d'espaces culturels personnel[10] et collectif

Tout individu évolue tout au long de son existence dans un espace culturel personnel qui lui est propre, unique, en perpétuelle transformation. Cet espace est nourri de contenus culturels transmis par des individus avec leurs spécificités et de contenus culturels collectifs, notamment ceux de la sphère familiale, des cadres scolaires, professionnels, du bassin de vie, des pays d'origine, traversés et de résidence ainsi que ceux des réseaux sociaux. Cet espace est constitué de composantes qui s'empilent et s'interpénètrent au cours de notre ontogénèse et qui impactent de manière variable notre construction et notre fonctionnement. Les contenus culturels de ces composantes peuvent être issus de ressources humaines, matérielles, et immatérielles. Nous pouvons parler de racines, bains, nourritures, biens culturels, désirés, choisis, non-choisis, hérités, imposés, lesquels sont assimilés et investis de manière inconsciente ou consciente.

Les espaces culturels collectifs sont des espaces dans lesquels sont entretenus, développés et transmis des contenus culturels spécifiques. Ils constituent un bien commun qui peut être en référence à des territoires, à des identités culturelles particulières y compris de diasporas, à des milieux scolaires, professionnels, à des groupes par affinités, à une communauté d'intérêts particuliers. Par ailleurs, nous ne devons pas oublier que certaines populations baignent dans des environnements culturels très particuliers relatifs à des lieux de vie dont elles ne peuvent « s'échapper », structures pénitentiaires, camps de réfugiés, Ehpad, maisons de retraite, et certaines institutions d'accueil pour personnes handicapées. Les contours de ces espaces culturels collectifs peuvent paraître bien insaisissables car ceux-ci sont en perpétuelle évolution au gré de nombreux paramètres, et la manière dont nous filtrons son imprégnation est spécifique à chaque individu. Pour toute personne la question du « bain culturel » qui va évoluer et nous imprégner de la période fœtale à la fin de la vie doit nous interroger et interroger les responsables de politiques publiques notamment lorsqu'est posée la question de la liberté de choix culturels, en termes de modes de vie et de pratiques culturelles et artistiques.

---

10. *Handicap et espaces*, dir. Sana Benbelli, Jamal Khalil, Maria Fernanda Arentsen, et Florence Faberon, Éditions UCA – Handicap et citoyenneté, 2020 - André Fertier, À la conquête de son espace culturel personnel, P 203 à 211.

Voici pour rappel les principales composantes de l'espace culturel personnel avec certaines caractéristiques dans leurs liens avec des contenus culturels collectifs :

• **Bain culturel de l'univers fœtal** (acquisitions de structures linguistiques propres à la langue de la mère, rythmes, intervalles, etc.),

• **Représentations culturelles sur des caractéristiques liées à des héritages génétiques :** sur les rapports homme/femme, le handicap, la couleur de la peau, etc.),

• **Culture dans la sphère familiale** (caractérisée par une ou plusieurs langues pratiquées, des modes de vie, des pratiques religieuses, artistiques, des conditions sociales et des représentations relatives aux différences,

• **Culture dans des lieux de vie pour personnes en isolement contraint :** contenus culturels collectifs spécifiques différents de ceux des milieux extérieurs avec des caractéristiques diverses selon le type de structures, prisons, camps de réfugiés, Ehpad, maisons de retraite, foyers pour personnes handicapées,

• **Culture de groupes d'affinités d'activités** (pratiques de la moto, du jardinage, des jeux vidéo, du scoutisme, etc.

• **Culture dans le cadre scolaire, péri, extrascolaire et universitaire :** contenus culturels collectifs caractérisés par des orientations selon l'appartenance du pays à des zones d'influence politique, économique, religieuse et des politiques d'inclusion scolaire mises en œuvre pour les jeunes filles, les personnes handicapées, certaines minorités, etc.,

• **Culture dans le milieu professionnel :** contenus culturels collectifs dont la nature varie selon le type d'entreprise, le secteur d'activité, sans oublier que nombre de personnes n'ont pas accès à l'emploi,

• **Culture dans les bassins de vie :** contenus culturels collectifs nourris en fonction de communautés d'origines ethniques et sociales, de cultures régionales, diverses. L'accès à ces contenus dépend de nombreux facteurs tels les niveaux d'intégration de minorités et la qualité de l'accessibilité de l'environnement pour les personnes en situation de handicap,

• **Culture du pays de résidence :** contenus culturels collectifs nourris des traditions, des cultures dominantes. Leurs accès dépendent de diverses politiques publiques, et du niveau de cohésion sociale,

• **Culture via l'accès à Internet et aux communautés des réseaux sociaux** : contenus culturels collectifs dont l'accès dépend de nombreux paramètres, présence de zones blanches, inaccessibilité pour certaines personnes, âgées, handicapées, en précarité, en situation d'illectronisme[11], etc.

Il est bien d'autres types de contenus culturels collectifs, nous pourrions évidemment citer le cadre du service militaire qui, lorsqu'il est obligatoire, peut contribuer à faire évoluer en partie les rapports traditionnels entre classes sociales et qui transmet des valeurs, des idéologies et une culture de « corps » bien spécifiques. Au regard de tous ces contenus culturels qui peuvent intervenir dans la construction de notre espace culturel personnel, nous voyons à quel point l'idée de réduire la notion d'identité culturelle d'une personne à celle d'une communauté particulière peut tout à fait nous interroger.

Les divers contenus culturels collectifs peuvent être transmis par des modes d'acquisition implicites ou explicites, comporter des apports extérieurs à l'individu et de l'individu lui-même, liés à ses pulsions innées du jeu, de créativité, son imaginaire, ses rêves, son monde intérieur, ses propres productions. Des analyses des composantes de l'espace culturel personnel devraient être menées du point de vue de la diachronie et de la synchronie. Elles pourraient porter sur des oppositions pouvant exister entre certains contenus culturels collectifs qui le nourrissent (ceux de la sphère familiale et du milieu scolaire, du milieu médico-social et du bassin de vie, du pays de résidence et des communautés des réseaux sociaux, etc.). Elles pourraient porter aussi sur les passerelles, la porosité, les possibilités de médiation entre les divers espaces culturels collectifs (voire en référence à la notion en psychologie d'espace transitionnel), ainsi que sur les situations dans lesquelles l'individu est confronté à des manques en termes d'accessibilité et à des contradictions avec ses convictions, ses passions et ses projets. Les analyses devraient permettre de préciser la typologie des acteurs en présence dans la construction des espaces culturels personnels et des contenus culturels collectifs, les tensions, les rapports de force qui conditionnent leurs

11. L'illectronisme, illettrisme numérique, ou encore illettrisme électronique, est la difficulté, voire l'incapacité, que rencontre une personne à utiliser les appareils numériques et les outils informatiques en raison d'un manque ou d'une absence totale de connaissances à propos de leur fonctionnement. Le terme « illectronisme » transpose le concept d'illettrisme dans le domaine de l'informatique. Selon une étude de l'Insee en date du 25 février 2022, ce phénomène touche 17 % de la population française, soit près de 13 millions de personnes. Source : Wikipedia

relations et les possibilités de coopération. Ces recherches sont indispensables pour concevoir et créer un environnement capacitant, c'est-à-dire sans barrières physiques, sensorielles, cognitives, culturelles, financières, un environnement permettant ainsi pour toutes et tous l'effectivité des droits culturels, la possibilité d'exercer pleinement sa citoyenneté culturelle.

Diversité culturelle, déculturation, acculturation, insécurité culturelle et théorie du grand remplacement

Par-delà la notion d'identité culturelle, de nombreux concepts sont apparus ces dernières années inhérents à des évolutions sociétales : la diversité culturelle pour contrer des processus d'uniformisation culturelle accélérés par la mondialisation ; la déculturation qui désigne la perte ou la dégradation plus ou moins importante de l'identité culturelle dans le cadre de mouvements migratoires ou encore de colonisations ; l'acculturation décrivant l'ensemble des phénomènes qui accompagnent la rencontre entre des cultures différentes ; l'insécurité culturelle[12], concept qui a émergé face aux problématiques issues de relations interculturelles vécues ou « fantasmées », sur certains territoires. Ces dernières peurs témoignent d'inquiétudes identitaires et culturelles. Il est instructif de remarquer que ce concept d'insécurité culturelle n'a pas intégré à aucun endroit dans les diverses publications qui l'abordent, les insécurités culturelles violentes et toujours bien réelles vécues par des millions de femmes et d'hommes dans la perspective par exemple d'entrer en maison de retraite, en Ehpad, en foyers de vie pour personnes handicapées, en lieux de détention, et lorsqu'ils y sont déjà installés ; la théorie du grand remplacement. Selon les adeptes de cette théorie, celui-ci serait un phénomène démographique et culturel de substitution des populations européennes dites « de souche » par des populations nord-africaines immigrées. Il aurait été favorisé, au mieux par négligence et lâcheté, au pire par intention délibérée, par des élites « remplacistes », déracinées et acquises à la mondialisation, afin de disposer d'un « homme remplaçable », « pion désoriginé, échangeable à merci, sans aspérités d'appartenance, délocalisable[13] ».

12. L. Bouvet, *L'insécurité culturelle*, Fayard, 2015.

13. Cette théorie portée par les mouvements d'extrême droite et considérée souvent comme raciste a été introduite au cœur du débat en France, notamment à l'occasion de l'élection présidentielle de 2022 (source *Philomag*).

Catégorisations dans le domaine de la culture

La liste est longue des types de cultures en termes de représentations et de soutiens accordés, cultures dominantes, élitistes, cultures de masse, populaires, sous-culture, régionales, cultures de banlieue, culture numérique, et bien d'autres. Il s'agit en général de spécificités qui peuvent être vues pour certaines dans des logiques de complémentarités, mais qui sont souvent au cœur de tensions et de confrontations.

CULTURE DOMINANTE, ÉLITISTE, HAUTE ET BASSE CULTURES ?

Ces catégories, toutes sujettes à des remises en question, sont au cœur des éternels débats sur quelles politiques culturelles concevoir et mettre en œuvre, quelles actions soutenir. Certaines œuvres, de toute nature et origine, font l'objet d'une forme de consensus pour être reconnues comme exceptionnelles, et promues au statut de trésor du patrimoine culturel de l'Humanité. À cet égard, un comité du patrimoine mondial a été instauré par la Convention sur la protection du patrimoine mondial, culturel et naturel, par un texte adopté le 16 novembre 1972 lors de la XVIIe conférence générale de l'UNESCO. En 2016, elle était ratifiée par 192 des 195 États membres. Le patrimoine mondial de l'UNESCO désigne un ensemble de biens culturels et naturels présentant un intérêt exceptionnel pour l'héritage commun de l'humanité, actualisé chaque année. En France, la politique culturelle engagée par André Malraux, nommé ministre de la Culture en 1959, s'est inscrite dans cette notion hiérarchisée des productions culturelles et artistiques comme l'illustre le décret précisant les missions de son ministère[14] : « Le ministère chargé des Affaires culturelles a pour mission de rendre accessibles les œuvres capitales de l'humanité, et d'abord de la France, au plus grand nombre possible de Français, d'assurer la plus vaste audience à notre patrimoine culturel, et de favoriser la création des œuvres d'art et de l'esprit qui l'enrichissent. ». L'adoption de hiérarchies dans les productions culturelles et artistiques a soulevé des débats très vifs et qui le sont toujours aujourd'hui. Reconnaître un « bien commun pour l'Humanité » en évitant le développement de marqueurs sociaux, culturels, voire civilisationnels, semble bien difficile. Les tensions restent très importantes entre les dynamiques pour une légitimation culturelle venant « d'en haut » ou « d'en bas ». À l'occasion des

14. Décret n° 59-889 du 24 juillet 1959, précisant les missions du premier ministère de la Culture.

50 ans du ministère de la Culture, un colloque[15] a réuni à Paris plusieurs milliers de participants avec une dizaine d'anciens ministres de la culture parmi les intervenants. À une question portant sur les critères esthétiques adoptés par le ministère de la Culture pour apporter son soutien, Jacques Toubon, lui-même ancien ministre de la Culture, a répondu que selon lui, il n'existe pas de critère, que les choix esthétiques du ministère de la Culture sont toujours subjectifs, mais que par contre des modalités organisationnelles ont été mises en place pour que ce ne soit pas une seule personne qui décide, mais plusieurs, réunies dans le cadre de commissions.

D'après le sociologue Pierre Bourdieu, la culture transmise au sein des classes dominantes, (formes d'expression, œuvres connues et appréciées, codes sur les goûts et les dégoûts, etc.) contribue à la reproduction sociale en masquant ce qu'il nomme le « délit d'initié culturel[16] ». Il évoque le caractère indissociable du culturel et de l'économique de la stratification sociale. Le sociologue et économiste américain, Thorstein Veblen, a développé une théorie de la classe des loisirs[17]. D'après lui, la consommation des produits de luxe n'est pas motivée par leur valeur d'usage, mais par leur fonction ostentatoire. Il prête un caractère volontaire à ces pratiques, alors que pour Pierre Bourdieu, elles sont plus souvent inconscientes. Selon les peuples ou certaines catégories de populations, en fonction des territoires et des époques, des productions artistiques, culturelles, voire certaines cultures sont considérées comme plus « nobles » que d'autres et même comme possédant un caractère « sacré ». Ces hiérarchies résultent de dominations d'une caste, d'une classe sociale sur un peuple, d'un pays sur un autre, voire sur plusieurs, comme souvent dans le cadre de colonisations. Celles-ci ont été fréquemment accompagnées de dérives qui ont généré des concepts de peuples dits « sauvages » face à des peuples dits « civilisés ». Certains courants de pensées ont favorisé ainsi de nombreux massacres et même l'extermination de peuples et la destruction de civilisations. Il semble intéressant de toujours avoir à l'esprit encore aujourd'hui, lorsque l'on parle de culture, cette citation de Claude Lévi-Strauss : « Le barbare, c'est d'abord l'homme qui croit à la barbarie[18]. ».

---

15. 1959-2009 : 50 ans de culture - Ministère de la Culture : www.culture.gouv.fr

16. Source : https: //www.alternatives-economiques.fr/pratiques-culturelles-influence/00010745

17. Thorstein Veblen (1857-1929), *Théorie de la classe de loisirs*, Poche, 1979.

18. Source : Lévi-Strauss, Race et histoire, 1952

SOUS-CULTURES ET CULTURES RÉGIONALES

Dans les débats sur les cultures à soutenir, et face à des visions élitistes, il est nécessaire d'aborder ce que certains nomment les sous-cultures. Utilisé en sociologie et en anthropologie le terme de sous-culture désigne tout groupe de personnes, souvent minoritaire, ayant des comportements et des croyances différents de ceux de la culture dominante de leur communauté. Les membres de ces sous-cultures peuvent se rassembler pour toutes sortes de raisons telles que l'âge, l'ethnie, l'orientation sexuelle, l'appartenance religieuse, les préférences musicales ou autres. L'apparition d'une sous-culture est marquée par l'existence de symboles partagés. Cette notion ne renvoie pas nécessairement à une hiérarchisation ou à un jugement de valeur. Les « cultures régionales » peuvent être parfois considérées comme faisant partie des sous-cultures. Celles-ci renvoient à plusieurs significations qui vont d'un art de vivre propre à un territoire, de la défense et la promotion d'une langue, à parfois une revendication d'autonomie voire d'indépendance et aussi à un folklore pittoresque exhibé à des fins commerciales ou touristiques. Les cultures régionales s'affirment par des singularités en termes de costume, d'art culinaire, de produits régionaux, de traditions artistiques, festives, etc.

Cette notion de sous-culture est au cœur de tensions, voire de confrontations dans tous les continents et dans des pays dotés de régimes politiques totalitaires mais aussi démocratiques. Elle est débattue souvent pour ce qui est des relations des États avec des peuples autochtones. Nous pouvons penser à des événements survenus ces dernières années en Chine, en Russie, au Canada, et dans bien d'autres pays. La France, quant à elle a connu régulièrement des tensions, et même des conflits meurtriers comme en Nouvelle Calédonie qui est l'un de ses territoires d'Outre-mer, où les tribus Kanaks expriment diverses revendications culturelles et politiques[19].

CULTURES POPULAIRES ET CULTURES DE MASSE

La notion de culture populaire renvoie à plusieurs significations très différentes. Elle représente une forme de culture dont la principale caractéristique est d'être appréciée par le plus grand nombre au sein d'une communauté, à l'opposé d'une culture élitiste ou avant-gardiste qui ne toucherait qu'une partie aisée et/ou instruite et/ou une frange particulière de la population. On parle

19. https: //www.lhistoire.fr/la-nouvelle-calédonie- » -une-colonisation-pas-comme-les-autres- »

aussi de traditions populaires dans le domaine culturel qui renvoient à des racines liées à des groupes humains et des territoires spécifiques. La notion de culture populaire peut marquer aussi une hiérarchisation en termes de valeurs, de qualité, pouvant souvent être très contestable. La notion de culture de masse quant à elle, peut aussi se croiser parfois avec celle de culture populaire, pour certains types de productions culturelles, non en référence aux contenus, mais aux systèmes de production et de diffusion. La définition de la culture de masse est la massification de tous les maillons de la chaîne culturelle : production, diffusion, et réception. Les produits culturels vont en général toucher des publics au-delà des frontières sociales et géographiques. Selon Dominique Kalifa[20] : « C'est dès le milieu du XIXe siècle qu'apparaissent les premières formes de la culture de masse en France. Les transformations de la presse, de l'édition et du monde du spectacle ainsi que la révolution de l'image accompagnent alors une société française en pleine mutation. Au tournant du XXe siècle, le pays vit déjà au rythme des industries culturelles... » Selon Alain Corbin, « le temps libre est rattrapé par le temps commercial, qui l'intègre dans une économie avant tout soucieuse de rationalité et de productivité ». En 1936, dans un article demeuré célèbre, Walter Benjamin[21] a attiré l'attention sur le devenir dévalué de « l'œuvre d'art à l'ère de sa reproductibilité technique ». Six ans plus tard, Theodor Adorno et Max Horkheimer, alors exilés à New York, consacrent un chapitre majeur de leur *Dialectique de la Raison* à « la production industrielle de biens culturels : « raison et mystification des masses »[22]. La culture de masse s'est développée avec le réseau Internet, elle pose aujourd'hui aux politiques culturelles le problème de leurs relations avec les industries culturelles, et les multinationales du net, tout particulièrement celles du GAFAM[23].

CULTURE DE BANLIEUES ?

En France les banlieues sont souvent en première place dans les discours sur la démocratisation culturelle, contrairement d'ailleurs à bien d'autres territoires et populations en souffrance culturelle. Celles-ci auraient-elles une culture particulière ?

---

20. Dominique Kalifa, *La culture de masse en France*, collection Repères, La Découverte, 2001

21. Walter Benjamin, *L'Œuvre d'art à l'époque de sa reproductibilité technique*, Payot, 1935

22. Theodor Adorno et Max Horkheimer, *La Dialectique de la Raison*, Gallimard, 1974 (Edition originale en 1944)

23. Les GAFAM (Google, Apple, Facebook, Amazon et Microsoft) sont devenus les entreprises les plus puissantes de la planète grâce à l'explosion du numérique.

Selon l'ethnologue Marc Hatzfeld « la banlieue est un territoire extrêmement complexe, pluriel, variable, qui relève de réalités fort différentes d'un site à l'autre, d'une époque à l'autre et dont la diversité culturelle de la population y est bien plus grande que dans le reste de l'espace social ». Pouvons-nous alors, parler de culture de banlieues ? Les avis divergent. Il est intéressant d'aborder quelques données tant au regard de la notion de culture au sens large, anthropologique des pratiques sociales, qu'au niveau plus restreint des pratiques et des formes artistiques et culturelles. Concernant les pratiques sociales qui seraient plus spécifiques à la banlieue, des auteurs observent des usages, issus d'un contexte de grandes difficultés sociales et d'un mélange d'une grande diversité de populations, la présence fréquente de plus d'une dizaine de langues parlées. L'art de la « débrouille » se développe dans des cadres allant de la transgression, de l'illégalité, aux échanges, aux dons, à la solidarité. Il s'agit là d'une forme de culture particulière dans la vie quotidienne. Par ailleurs, contrairement aux idées reçues et souvent véhiculées par des médias appréciant les simplifications réductrices, dans les cités où cohabitent des populations appartenant à des univers culturels très divers, les habitants ont pris l'habitude de s'adresser les uns aux autres avec une prudence visant à éviter d'offenser, de blesser autrui. Cette forme de civilité est l'envers des brutalités à déplorer par ailleurs. Mais ces deux formes extrêmes de comportements dans les relations humaines coexistent bien. La présence d'une langue particulière est l'un des éléments clefs pour la reconnaissance de l'existence d'une culture. Or, nous pouvons identifier l'existence d'une langue spécifique à la banlieue, et dépassant largement ses frontières : le verlan. Toujours selon Marc Hatzfeld : « Le verlan est bien une langue. C'est même un ensemble linguistique fort riche et complexe qui se différencie de la langue Française tout en y appartenant et qui, avec une réelle vigueur s'"accroche" au Français tout en le modifiant. Le verlan peut même aboutir à des manifestations littéraires reconnues. Parmi les livres écrits en verlan ou en français "verlanisé" on peut par exemple citer le roman *Dit violent* de Mohamed Razane, récemment publié chez Gallimard. » Le verlan reste néanmoins une langue essentiellement orale, haute en couleurs, en métaphores, en humour, en poésie très expressive et qui s'enrichit en permanence.

Les banlieues ont donné le jour à des formes, des esthétiques, des pratiques artistiques et culturelles originales qui connaissent une reconnaissance forte en pénétrant le marché de l'art contemporain, et nourrissent d'autres esthétiques déjà institutionnelles comme la danse contemporaine. Il s'agit principalement de modes d'expression issus des Arts de la rue, comme le Tag, le Graph, la Break

Dance, le Smurf, également le Rap dont certains de ses textes sont étudiés dans les lycées et les universités. Ces formes d'expression nouvelles ont pris leur essor dans de nombreux pays, dans des zones de misères, de grande précarité et ont été regroupées dans ce que l'on appelle le courant culturel hip-hop. Il est né dans les années 70, dans la rue, dans celles du Bronx, quartier de New York connu pour ses gangs, sa violence, même si celle-ci a fortement diminué. Ces courants artistiques ont été porteurs de contestations, de revendications politiques et sociales, exprimées par des artistes avec des modes d'engagements très contrastés, allant de l'appel à la violence extrême aux engagements pacifiques, prônant la non-violence. Compte tenu de l'intérêt très fort suscité par ces nouvelles formes d'expression, l'action publique s'est progressivement mobilisée pour leur promotion. Les banlieues posent de toute façon la question du soutien des projets émanant de la population, par-delà une approche héritée d'André Malraux d'une politique qui serait construite d'« en haut ». Elle pose aussi la question de la nécessité d'accompagner les formes émergentes sans les contraindre, sans les orienter, sans les dénaturer. Par ailleurs, les données spécifiques à la banlieue ne doivent en aucun cas réduire ses habitants à ces seules spécificités.

CULTURE D'ÉCRAN : LA RÉVOLUTION NUMÉRIQUE ET L'AVÈNEMENT DU METAVERS

La généralisation d'Internet a bouleversé les pratiques culturelles et provoqué la montée en puissance de la culture d'écran. En France, en 1997, 1 % seulement des foyers avaient accès à Internet, alors que plus de la moitié aujourd'hui l'utilise quotidiennement en dehors de leurs obligations professionnelles. Un bouleversement qui a modifié en profondeur les conditions d'accès à la culture, sans faire pour autant chuter les sorties culturelles des Français, qui continuent à fréquenter en masse les cinémas, théâtres ou musées. Certes ce constat s'applique aux années qui ont précédé les périodes de confinement lié au Covid-19 (2020 et 2021 pour l'essentiel), car à la réouverture de l'ensemble des lieux de diffusion culturelle le public semble lent à reprendre ses habitudes.

Par ailleurs, on constate une persistance des différences entre les générations et les milieux sociaux[24]. Le développement de l'utilisation des ordinateurs, des tablettes numériques, des smartphones et d'Internet, a profondément

24. O. Donnat, *Les pratiques culturelles des Français à l'ère du numérique*, La Découverte/Ministère de la Culture, 2009.

transformé les pratiques culturelles notamment celles en amateur, de la photographie, de la vidéo, de la musique, de l'écriture ou des arts graphiques. Ces nouveaux comportements ont favorisé aussi une explosion des offres culturelles émanant d'établissements et de services culturels, comme celles proposées en ligne par des bibliothèques, médiathèques (accès à des milliers d'ouvrages en version numérique et souvent gratuitement), des musées (accès à des visites virtuelles), des lieux de spectacles vivants (accès à des captations de spectacles en direct ou différé), etc.

Les confinements qui ont commencé en France en mars 2020 et qui ont été imposés dans la plupart des pays dans le monde ont suscité une explosion des possibilités d'activités et du volume des pratiques. Les institutions culturelles n'ont pas été les seules à innover, des milliers d'individus ont su créer de nouveaux modes de participation à la vie culturelle, des pratiques artistiques et de loisirs collectifs en temps réel par-delà les distances. Ces confinements ont favorisé aussi une intensification de pratiques déjà investies, offertes par les nouvelles technologies, d'activités partagées en distanciel comme les jeux d'échecs, les jeux vidéo divers, mais aussi par Skype et Zoom pour toutes sortes d'activités. Le smartphone est un outil aujourd'hui massivement utilisé pour accéder aux médias, aux réseaux sociaux, aux musiques, aux films. En France, selon l'étude de l'Observatoire Deloitte[25], on comptabilise 900 millions de connexions par jour, 6 % des 18-24 ans consultant leur smartphone plus de 200 fois par jour, plus de 50 % de la population âgée de 11 ans est plus équipée. Le smartphone est devenu l'appareil photo du quotidien. Le rapport au numérique est loin d'être uniforme. Les pratiques peuvent être radicalement différentes et parfois que très marginalement culturelles.

L'action publique apporte son aide par exemple par la finalisation de la suppression des zones blanches (zones sans réseau), le soutien aux Espaces Publics Numériques, aux cybercafés, aux structures spécialisées dans l'accessibilité numérique.

L'avènement de la culture d'écran pose des perspectives enthousiasmantes en termes de nouvelles possibilités, de nouvelles pratiques, de mise en réseau, d'ouverture au monde et à l'autre, mais suscite aussi de grandes inquiétudes en termes de fracture culturelle, liées à des fractures générationnelles et sociales et aussi en termes d'interrogations sur qui contrôle les contenus diffusés, qui a

25. Observatoire Deloitte, Étude : Usage des smartphones en France en 2015.

accès à toutes les données personnelles et comment sont-elles utilisées à notre insu. Avec l'avènement prochain du « Metavers »[26] annoncé par Mark Zuckerberg, le créateur et patron de Facebook d'autres inquiétudes s'expriment suscitant déjà la création d'instances pour tenter de soulever les problématiques éthiques et poser des garde-fous.

CONTRECULTURE[27]

La contreculture désigne un ensemble de manifestations culturelles, d'attitudes, de valeurs, de normes utilisé par un groupe, qui s'oppose à la culture dominante ou la rejette. Le terme a été créé en 1969 par le sociologue Theodore Roszak. Il s'applique à un phénomène structuré, visible, significatif et persistant dans le temps. Dans les années 1970, le terme contreculture est utilisé pour qualifier les mouvements contestataires de la jeunesse à l'encontre de la domination culturelle de la bourgeoisie et du puritanisme sexuel. Parmi ces mouvements ont figuré les mouvements d'extrême gauche, hippie, féministe, l'underground artistique, les arts de la rue, etc.

CULTURE MONDIALE ?

Existe-t-il aujourd'hui, en ce début du XXIe siècle une culture mondiale, dans le sens d'un choix de mode de vie et de pratiques culturelles commun à l'ensemble des habitants de la planète ? Il semble que nous en soyons très loin, et cette perspective éventuelle n'est sans doute guère souhaitable. Néanmoins, nous pouvons dégager des tendances communes à la plupart des peuples sur certains points. Ainsi d'ici 2050, 7 personnes sur 10 habiteront en milieu urbain (55 % aujourd'hui) et nous pouvons observer une forme de généralisation du système de développement économique par-delà la diversité des régimes politiques. Les valeurs promues par une forme de « société de la consommation » mondialisée

---

26. À l'origine, « metaverse » est un mot-valise, composé des termes anglais meta et universe, qui a été francisé ensuite en « métavers », méta et univers. Le métavers est un méta-univers, ou univers qui va au-delà de celui que nous connaissons. Il s'agit d'un monde virtuel structuré et ouvert. Le rapport interministériel de la mission sur le développement des métavers publié en octobre 2022 définit ce dernier comme « un service en ligne donnant accès à des simulations d'espaces 3D temps réel, partagées et persistantes, dans lesquelles on peut vivre ensemble des expériences immersives ». Pour le journaliste Guillaume Barou, le métavers serait « la superstructure de ces lieux virtuels [différents jeux vidéos, sites web et applis], connectés entre eux par le biais de standards informatiques encore à inventer, où l'on conserverait une ou plusieurs identités virtuelles et que l'on visiterait à l'aide de dispositifs immersifs (lunettes 3D et gants haptiques) encore balbutiants ». Source : wikipedia.

27. Source : toupie.org

grâce aux pouvoirs supra étatiques des multinationales ont envahi la planète avec leurs conséquences dévastatrices pour celle-ci en terme environnemental.

Le terme de mondialisation correspond à un libre-échange des marchandises, des capitaux, des services, des personnes, des techniques et de l'information. Il désigne le processus d'intégration des marchés et de rapprochement des humains qui résulte notamment de la libéralisation des échanges, du développement des moyens de transport de personnes et de marchandises, et des retombées des technologies de l'information et de la communication (TIC) à l'échelle planétaire. Elle se manifeste, outre l'interdépendance croissante des économies (mondialisation économique) et l'intensification de la concurrence, par l'expansion des échanges et des interactions humaines. Selon Olivier Dollfus :

« La mondialisation, c'est l'échange généralisé entre les différentes parties de la planète, l'espace mondial étant alors l'espace de transaction de l'humanité ».[28]

Les industries culturelles avec des processus de massification, de standardisation de produits et de biens culturels, Internet et les réseaux sociaux participent à l'émergence d'une culture mondialisée, mais nous ne pouvons pas confondre mondialisation et uniformisation. La révolution numérique a favorisé la transmission des produits culturels au niveau planétaire, mais aussi une grande autonomie des individus dans la production, la création et la diffusion de contenus culturels et en conséquence d'une grande diversité et la formation de communautés par affinités. Les expressions artistiques qui arrivent à toucher une majeure partie de la communauté humaine peuvent avoir des formes assez contrastées, si nous songeons au groupe sud-Coréen de K pop, BTDS, les films Titanic, aVAta, les productions dans le Bollywood, Lady Gaga, etc. Il y a d'un côté des succès planétaires et d'un autre, des créations qui peuvent être l'expression d'un métissage culturel, que ce soit dans la musique, la danse, les arts visuels, etc.[29]

La revue *Sciences humaines* considère que la mondialisation peut avoir plusieurs définitions selon l'interprétation des pouvoirs publics, des entreprises et des consommateurs concernés. Pour les pouvoirs publics, la mondialisation correspond aux différentes relations d'échange de marchandises, de services, de

28. Source : https: //www.cairn.info/la-mondialisation--9782724610369-page-15.htm

29. Source Wikipedia

devises, de capitaux, de personnes au niveau international. D'un autre côté, les entreprises la conçoivent comme le moyen de manager aussi bien les activités du processus de fabrication des produits depuis la conception jusqu'à la vente au consommateur final que les activités de leurs branches dans les pays d'accueil. Pour les consommateurs finalement, la mondialisation correspond à la possibilité pour eux d'accéder à un ensemble diversifié de biens et de services fabriqués dans plusieurs pays différents. Malgré la croissance sans précédent de la richesse mondiale depuis la Deuxième guerre mondiale jusqu'à 1973 (la fin des Trente glorieuses), depuis les années 1980 selon la Banque Mondiale, la mondialisation provoque de plus en plus de mécontentements dans les pays développés. Depuis plusieurs années, le sentiment de déclassement économique et social s'accroît au sein d'une partie de la population dans plusieurs pays. De plus en plus de sceptiques émergent au sujet de la mondialisation et de ses conséquences notamment aux États-Unis, ironiquement, les principaux architectes de l'ordre économique post-Deuxième guerre mondiale. Pour plusieurs auteurs cependant, l'analyse des faits indique que ces phénomènes, qui sont bien réels et importants, tendent à être exagérés. Les État-providence n'ont globalement jamais été aussi bien financés, l'emploi est à des niveaux records dans la majorité des pays développés, la pauvreté recule dans le monde et la social-démocratie des pays nordiques est toujours le modèle économique et social le plus performant avant les pays néolibéraux.[30]

30. https://fr.wikipedia.org/wiki/Mondialisation

En conclusion

CULTURE ET CULTURES...

Culture, une constellation de notions et de concepts sujets à interprétations contrastées, ainsi qu'à des controverses, renvoyant à des populations, à des citoyennes et citoyens aux droits et aux besoins parfois très spécifiques, un univers infini de pratiques... De cette complexité, néanmoins de grands axes se dégagent qui devraient aider à l'élaboration, en quelque sorte, de cahiers des charges pour l'Action publique prenant en considération les espaces culturels individuels et en faveur du respect des citoyennetés culturelles. Les politiques culturelles et de l'éducation populaire sont essentiellement concernées par l'accès aux médias, aux œuvres, au patrimoine, à la culture scientifique, aux contenus culturels numériques ainsi qu'à toutes les pratiques artistiques, culturelles et de loisirs, activités d'éveil, amateurs et professionnelles. Certes, l'exercice est très difficile pour trouver un juste équilibre permettant la prise en compte des identités, des diversités culturelles, des différentes formes d'esthétiques, et promouvoir l'accès au patrimoine culturel mondial et son enrichissement, notamment par le soutien à « l'excellence » en matière de création. Et comment s'engager dans cette démarche tout en soutenant la libre participation de tous à la vie culturelle en toute égalité des chances, sans discrimination ? En termes d'équilibre, proposons que le temps consacré à débattre sur ce qu'est la culture, « la bonne et la mauvaise », la « haute et la basse », ne dépasse pas le temps consacré aux luttes contre les exclusions, discriminations et ségrégations culturelles, aux atteintes à la citoyenneté culturelle !

2

CONCEPT DE CITOYENNETÉ

Historique et définitions

La citoyenneté prend sa source dans l'Antiquité. Le mot «citoyen» vient du latin *civis* signifiant citoyen, mais la qualité de citoyen est une invention des cités grecques, tout particulièrement d'Athènes où Clistène[1] a institué ce régime, un espace civique égalitaire, environ cinq siècles avant notre ère. À cette époque, ceux qui possèdent la citoyenneté ont le droit de participer à la gestion des affaires publiques. Son principe essentiel pose que tous les citoyens sont égaux devant la loi et peuvent intervenir de manière égale à la prise de décision politique. À noter que l'homme d'État grec, Périclès[2] (495-429 av. J-C.) avait même fait adopter une mesure d'aide financière et la possibilité d'un jour chômé pour favoriser la participation des pauvres aux assemblées. Mais il est à souligner qu'à Athènes, à cette époque, seuls 10 % des habitants possèdent la qualité de citoyen. Les femmes, les esclaves et les étrangers en sont exclus. Le philosophe grec Platon (428-348 av. J-C) aborde les thèmes de la Cité et de la citoyenneté dans plusieurs de ses œuvres notamment dans *La République* et dans *Les lois*. Son disciple Aristote (384 - 322 av. J-C) a enquêté sur les diverses formes de citoyenneté et de constitution mises en place dans les cités grecques et proposé des réflexions très approfondies notamment dans son livre *Politique*.

Celles-ci ont été nourries de ses expériences de tuteur d'Alexandre Le Grand[3], de sa proximité avec le Roi de Macédoine et de ses nombreux voyages. Toujours dans l'Antiquité, « Pour les Romains, l'octroi de la citoyenneté demeurait ouvert, même aux anciens ennemis. À l'époque républicaine, cette pratique servit

1. Clisthène d'Athènes (en grec Κλεισθένης / Kleisthénês) est un réformateur et un homme politique athénien, né vers 565 ou 570 av.J.-C. Source : Wikipedia

2. Périclès, en grec ancien Περικλῆς / Periklễs, est un stratège, orateur et homme d'État athénien (Athènes vers 495 av. J.-C. - 429 av. J.-C.). Source : Wikipedia

3. https: //www.lhistoire.fr/carte/les-étapes-de-la-conquête-dalexandre-le-grand

à élargir le recrutement des légions et à asseoir la politique de conquêtes. Au temps du principat, la diffusion d'une forme redéfinie de la citoyenneté permit d'unifier l'Empire. »[4]

La notion de citoyenneté a disparu avec les monarchies, ces sociétés de privilèges qui écartent toute participation de leurs sujets à la décision politique, puis elle est réapparue au XVIIe siècle avec la Révolution anglaise, notamment à travers l'ouvrage du philosophe Thomas Hobbes, *Le citoyen ou les fondements de la politique*, publié en 1642[5]. Ensuite, tout au long du XVIIIe siècle, les philosophes se sont interrogés sur cette notion. Selon le philosophe Jean-Jacques Rousseau, dans son *Contrat social*, le sujet est celui qui obéit à la loi, et le citoyen est le même individu « participant à l'autorité souveraine », c'est-à-dire « en tant qu'il fait les lois. »

« Le citoyen est celui qui a un droit égal à gouverner et à être gouverné ». Jean-Jacques Rousseau[6]

Dans la manière dont est rapportée l'histoire de l'instauration de la démocratie, de la république et des droits de l'homme le rôle majeur de Pasquale Paoli est souvent occulté. En Corse, le 18 novembre 1755, a été adoptée une Constitution presque entièrement rédigée par Pasquale Paoli. Dans son préambule est décrété pour la première fois dans l'histoire de l'humanité : « Les hommes naissent libres et égaux en droit », faisant ainsi de Pasquale Paoli le précurseur d'un principe central de la *Déclaration universelle des droits de l'Homme* et l'inspirateur de textes fondateurs de démocraties. Des penseurs du siècle des Lumières comme Rousseau et Voltaire ont eu avec lui de nombreux échanges et des collaborations.

L'originalité de la Révolution française a été d'instaurer un lien fusionnel entre nationalité et citoyenneté. Les États nations modernes sont en effet, pour la plupart, des États démocratiques, composés non seulement de sujets, mais de citoyens qui participent à l'élaboration de la loi, mais de manière indirecte lorsque nous vivons dans des démocraties représentatives, contrairement à la Cité d'Athènes dans l'Antiquité. Aujourd'hui, la citoyenneté désigne à la fois un statut

4. Source : *Encyclopœdia Universalis*

5. De Cive est le titre abrégé de l'une des œuvres majeures de Thomas Hobbes, écrite en latin dont l'intitulé complet de la première édition de 1642 à Paris est *Elementorum philosophiae sectio tertia de cive* et *Elementa philosophica de cive* dans l'édition suivante parue en 1647 à Amsterdam.

6. *Du Contrat Social ou Principes du Droit Politique*

accordé par une entité politique, un État, une Cité, c'est-à-dire la reconnaissance officielle de droits et de devoirs mais aussi une pratique, celle de l'exercice de sa citoyenneté, et une vertu, le civisme. Les droits pour l'essentiel sont les droits politiques (droit de vote et d'éligibilité). Les droits attachés spécifiquement à la qualité de citoyen varient selon les États, le droit d'aller et venir sur le territoire national et le droit d'accès aux emplois publics et privés comportant l'exercice de missions de souveraineté. La citoyenneté renvoie aux droits civiques définis comme des protections et privilèges accordés à tous les citoyens par la loi dans leurs relations à l'État. Les principales catégories de droits accordés aux citoyens sont, par-delà les droits politiques, des droits civils, économiques, sociaux et culturels[7]. Ils comprennent notamment le droit à l'emploi, à la santé, à la sécurité, à l'éducation. Les droits civiques accordés par une nation à ses citoyens se distinguent du concept de droit naturel qui a donné naissance aux droits humains fondamentaux auxquels on attribue un caractère universel. Cette notion a d'ailleurs été esquissée en France dans la *Déclaration des droits de l'Homme et du citoyen* de 1789. Concernant les principaux devoirs du citoyen, ils varient selon les États, ils sont la défense de la Nation, le paiement de l'impôt, ou la participation aux jurys d'assises. Le devoir de se soumettre à la loi est à la racine de tous les autres. En France, les principes et les valeurs devise de la République, *Liberté, Égalité, Fraternité* revêtent un caractère structurant dans le statut du citoyen, avec notamment l'égalité devant la loi. Au cœur de la citoyenneté sont affirmées des notions de morale comme en témoigne cette mention dans le *Livret du citoyen*[8] rappelant les conditions d'accès des étrangers à la nationalité française et donc à la citoyenneté française : « les devoirs des citoyens les uns envers les autres ne se limitent pas à des obligations juridiques. Ils reposent également sur une dimension morale : il s'agit de faire preuve de civisme et de civilité pour rendre supportable la vie en société. La politesse, le respect, la capacité à venir en aide à une personne en difficulté sont des éléments capitaux pour une citoyenneté vécue au quotidien. ». Selon la formule de la sociologue française Dominique Schnapper[9] :

> **« La citoyenneté exprime un "idéal type" de vie en commun, celui de la construction d'une "communauté de citoyens", d'une nation selon des principes démocratiques »**

---

7. PIDESC. Source : ohchr.org

8. *La citoyenneté - Être (un) citoyen aujourd'hui.* Source : www.conseil-etat.fr

9. Dominique Schnapper, née Dominique Aron le 9 novembre 1934 à Paris, est une sociologue et politologue française. Source : Wikipedia

Ces principes selon elle s'incarnent en particulier pour la France dans les trois piliers de la devise de la République. La citoyenneté française comporte une dimension de valeurs, voire de vertus structurantes de notre vie commune.

Citoyenneté, un concept au contenu bien changeant

En termes d'aspects réglementaires et de force symbolique selon les territoires, les régimes politiques et les cultures

Citoyen français, citoyen britannique, citoyen américain, citoyen chinois, citoyen de Corée du Nord... certes, dans tous les pays, être citoyen conserve bien un sens commun, celui de l'appartenance d'un individu à un **État nation ou à un État fédéral**, avec un ensemble de droits et de devoirs que cela implique, mais les différences peuvent être considérables selon les régimes politiques et les cultures. L'idée de « citoyenneté », et ce qu'elle comprend en termes de représentations philosophiques ou éthiques, mais aussi et surtout en termes de droits et de devoirs, n'est pas la même selon les pays. Être citoyen, c'est exercer ses droits et ses devoirs envers la collectivité, mais la notion de citoyenneté est intimement liée à l'histoire et à la culture du pays, aux concepts d'État et de Nation qui connaissent des interprétations très disparates. C'est pour cela qu'une définition « figée » de la citoyenneté n'est pas concevable. Selon les formes de citoyenneté existantes, les caractéristiques des droits et des devoirs du citoyen peuvent être très contrastées.

En France, comme déjà évoqué, il est un particularisme car le mot nationalité est employé pour désigner ce que d'autres pays appellent la citoyenneté. Il est ainsi courant en France d'utiliser un mot pour l'autre, de ne pas saisir la distinction, ni les différentes acceptions de ces mots. La clé de compréhension est que la France se définit comme la République d'une seule nation, contrairement à d'autres États, qui se définissent comme multinationaux (ex : Chine, fédération de Russie, Canada...). Toutes les révolutions ont donné le jour à de nouvelles approches de la citoyenneté sur le territoire concerné.

La citoyenneté n'est pas une notion inconnue au Royaume-Uni, mais les Britanniques sont loin de lui conférer la même portée que les Français ou les Américains. Elle ne présente pas chez eux la même dimension symbolique. La conception très universaliste de la « citoyenneté » à la française, issue de la philosophie des Lumières, est finalement bien différente de la notion anglo-saxonne de « citizenship ». La reconnaissance de droits civils au profit des citoyens britanniques s'est posée en des termes différents des droits reconnus en France dans la Déclaration de 1789 qui confond à la fois les droits de l'homme et du citoyen. Les Britanniques sont présentés comme des sujets de la couronne dont les droits ne sont pas garantis de façon positive, mais négative. Ainsi, comme le rappelle Lord Donaldson dans la décision *Attorney-General v. Guardian Newspapers* de 1978 : « chaque citoyen a le droit de faire ce qu'il veut, à moins d'en être empêché par la *Common Law* et la loi ». Au Royaume-Uni, la citoyenneté n'a pas connu de consécration solennelle. La citoyenneté n'y est donc pas encore enracinée, en tant que valeur. Elle n'est pas fondatrice, contrairement à la citoyenneté française, de là la difficulté à développer cette notion dans un système dont le pacte social s'est construit au fil du temps autour d'une monarchie parlementaire et de son Empire et non d'un État Nation aussi ancré qu'en France.

Dans la culture traditionnelle chinoise, la société était très hiérarchisée : paysans, propriétaires terriens, artisans avec des statuts et des modes de vie distincts. Jusqu'en 1911, les sujets et les terres appartenaient à l'empereur. À partir du début du XXe siècle, surtout après la première guerre mondiale, le terme « citoyenneté » est développé et revendiqué par les intellectuels pour promouvoir l'idée d'égalité. Il fait alors référence à l'État ou au pays : le citoyen est un compatriote, quel que soit son groupe ethnique, sa position sociale ou sa condition économique. Cela n'empêche pas les différences d'exister dans les faits : être fonctionnaire, par exemple, confère en Chine un statut particulier.

La traduction du mot citoyenneté dans toutes les langues pose un sérieux problème. Comment traduire sans risquer de trahir ?

À titre d'exemple, le mot citoyenneté n'existe pas en pachtou, langue parlée par des dizaines de millions d'habitants du Pakistan et d'Afghanistan. Dans le dialecte le plus répandu, on peut essayer de rendre le sens par la combinaison de deux mots : *khari* (dans une ville, citadin) *zhwand* (vie) = quelque chose comme « la vie citadine » ou « la vie dans une ville » — dont on peut donc considérer qu'il est plus proche du concept de « citizenship ». En *dari*/farsi, on a récemment créé un mot pour le traduire : *chaharwandi*, quelque chose comme « quand tu es attaché à une ville, alors il faut respecter les règles de la ville ». En Tunisie, la personnalité qui deviendra le premier président de la république élu dans le cadre du Printemps arabe de 2011, Moncef Marzouki[10], a écrit : « La définition de la citoyenneté devient champ de conflit de pouvoir entre classes sociales, idéologies et personnes. C'est du résultat de ce conflit que naîtront une pratique de la citoyenneté et donc un mode d'organisation politique économique et social. ».

La citoyenneté est un concept à géométrie variable qui se traduit dans les textes et dans les représentations de manières très diverses selon les territoires, les systèmes politiques et les cultures

Parmi les principales différences rencontrées dans les caractéristiques de la citoyenneté selon les États :

- Les conditions pour l'obtention de la citoyenneté
- La possibilité ou l'interdiction d'avoir plusieurs citoyennetés
- L'obtention d'une seconde citoyenneté par transitivité
- Les choix possibles dans les modes de vie et la nature des libertés d'expression

LES CONDITIONS POUR L'OBTENTION DE LA CITOYENNETÉ

Selon les États, la citoyenneté peut être accordée en référence au droit du sol et/ou au droit du sang. Certains pays posent des exigences particulières en termes de connaissance de la langue du pays. En Chine, en mandarin, citoyenneté ou nationalité se dit Koumin. La Loi sur la nationalité de la République populaire chinoise réglemente la citoyenneté. Cette citoyenneté est obtenue à la naissance quand un des parents possède la nationalité ou a été naturalisé chinois. Cette notion est différente de celle des ethnies de Chine. La constitution chinoise affirme que tous les habitants ont, selon le droit du sol, la « citoyenneté chinoise » et reconnaît en outre, le droit du sang, elle est inspirée du modèle soviétique, et ainsi 56 « ethnies » sont appelées « nationalités ».

10. Marzouki Moncef. L'enjeu de la citoyenneté dans la Tunisie d'aujourd'hui. In: *Horizons Maghrébins - Le droit à la mémoire*, N°46, 2002. Réalités tunisiennes : l'état de manque ; politique, économie, société, culture. Le haut-atlas marocain : vie sociale et cultures en terrasse. pp. 76-80.
DOI : https://doi.org/10.3406/horma.2002.2030
www.persee.fr/doc/horma_0984-2616_2002_num_46_1_203

LA POSSIBILITÉ OU L'IMPOSSIBILITÉ D'OBTENIR PLUSIEURS CITOYENNETÉS

Certains pays, comme le Japon, refusent le cumul avec une autre nationalité. Par contre d'autres, comme la France, acceptent même que certaines personnes aient plus de deux nationalités.

L'OBTENTION D'UNE SECONDE CITOYENNETÉ PAR TRANSITIVITÉ

Dans certains États tout citoyen obtient automatiquement une seconde citoyenneté par transitivité. Ainsi tout national d'un État membre de l'Union Européenne est citoyen européen sans qu'il existe de nationalité européenne. Il s'agit d'une **identité juridique par transitivité.** C'est le cas aussi pour des citoyens des États membres du Commonwealth[11] qui acquièrent automatiquement la citoyenneté de cette Fédération.

LES POSSIBILITÉS DANS LES CHOIX DE MODES DE VIE ET LE NIVEAU DE LIBERTÉ D'EXPRESSION

Il est certain que les citoyennes et les citoyens de la République populaire démocratique de Corée du Nord, celles et ceux de la République islamique d'Afghanistan ou encore de la République Française, ne disposent pas des mêmes libertés. Ainsi, à l'approche de la tenue de la coupe du monde de football au Qatar en décembre 2022, il a été annoncé que sur place, lors de la manifestation les joueurs ainsi que les supporters n'auraient pas le droit de faire l'amour si ceux-ci n'étaient pas mariés.

Des notions attachées au concept de citoyenneté

Dans le cadre d'une réflexion sur le concept de citoyenneté culturelle, sur son émergence et sur la manière dont nous pouvons faire des hypothèses sur son devenir, il est opportun d'avoir un aperçu sur des notions importantes attachées au concept de citoyenneté.

11. https: //www.geo.fr/histoire/quest-ce-que-le-commonwealth-et-a-quoi-ca-sert-209498

Notions attachées au concept de citoyenneté

- Termes caractérisant des groupes humains : Famille ; Tribu - Peuple - Peuple autochtone - Société - Ethnie - Communauté - Minorité - Diaspora – Civilisation
- Notions définissant des territoires liés à des statuts et/ou à des sentiments : Région - Pays - Patrie - Continent – Terre - Terre mère – Planète
- Institutions associées à un ou plusieurs territoires : État - Nation - Union - Empire - Fédération - Confédération
- Régimes politiques et statuts : Démocratie - République - Dictature – État Indépendant, autonome, souverain – État dépendant - Territoire occupé, colonisé - En régime d'apartheid
- Spécificités caractérisant un groupe d'individus : Culture - Langue - Religion - Mode de vie - Histoire commune - Droit à l'autodétermination
- Statuts d'individus et concepts (ne renvoyant pas forcément à un statut) : Citoyenneté - nationalité - Migrant - Immigrant - Sous-citoyen - Apatride - Concitoyen - Esclave – Affranchi
- Expressions marquant l'appartenance à l'Humanité tout entière : Citoyen du Monde - Citoyenneté universelle - Communauté mondiale - Communauté humaine - Concitoyen du Monde - Cosmopolitisme - Civilisation de l'universel

Sans chercher dans cet essai à en percevoir toute la profondeur, ayons néanmoins un aperçu de certaines de ces notions.

FAMILLE, TRIBU, ETHNIE ET PEUPLE

« La famille est l'école éternelle de la vie collective » a écrit Auguste Comte[12], mais serait-elle la première forme de sociétés humaines ? Les chercheurs ne disposent pas d'éléments très fiables pour savoir du groupe familial ou du clan, lequel a précédé l'autre. Pour Durkheim, rejoignant la position d'Engels[13], les hommes auraient d'abord été rassemblés en clans ou en tribus, puis, par « rétrécissement du cercle », seraient apparus les groupes familiaux proprement dits. La structure familiale selon les territoires et au fil du temps a connu de nombreuses évolutions dans son fonctionnement et dans son rôle dans les sociétés dans lesquelles elle s'affirme.

12. Auguste Comte, né le 19 janvier 1798 à Montpellier (Hérault - France) et mort le 5 septembre 1857 à Paris, est un philosophe et sociologue français, fondateur du positivisme.

13. Source : www.lechevalierbleu.com

Le terme Tribu désigne un groupe social et politique fondé sur une parenté ethnique réelle ou supposée, constitué dans les sociétés préindustrielles. Il s'agit d'un regroupement de familles vivant dans la même région, ou se déplaçant ensemble, ayant un système politique commun, des croyances religieuses et une langue commune, et tirant primitivement leur origine d'une même souche. La tribu se reconnaît et s'identifie souvent au travers d'un système symbolique avec un totem, un ancêtre et sa descendance. Chacun est positionné dans son groupe social et l'histoire individuelle est essentiellement construite dans un parcours collectif. D'un point de vue historique, la tribu est une organisation sociale apparue avant la constitution des États. Certains ethnologues utilisent ce mot pour désigner les sociétés organisées sur la base des liens de parentés spécialement des familles ayant une même ascendance.

Ainsi, plusieurs clans familiaux vivant sur un même territoire peuvent constituer une tribu, et plusieurs tribus un groupe ethnique. Dans certains pays comme les États-Unis, le Canada, l'Australie ou l'Inde, les tribus sont des peuples autochtones qui ont une reconnaissance légale dans le pays concerné. Les gouvernements des tribus peuvent être dirigés par un chef de tribu ou une sorte de conseil de tribu représentant la tribu, généralement composé de personnes âgées, de sages. Au Canada, et aux États-Unis, l'expression « premières nations » est venue remplacer celle de « tribu » pour nommer des peuples autochtones.

Concernant la notion d'ethnie, il s'agit d'un groupement humain possédant une structure familiale, économique et sociale homogène, et dont l'unité repose sur une communauté de langue, de culture et de conscience de groupe. Le concept de race ne correspond pas à une réalité scientifiquement démontrée. Une ethnie est une population ayant en commun une ascendance, une histoire, une culture, une langue ou un dialecte, un mode de vie. L'appartenance à une ethnie est liée à un patrimoine culturel commun, que ce soit la tradition, les coutumes, l'organisation sociale, l'origine géographique, les croyances, la religion. Les grands groupes ethniques actuels peuvent comprendre plusieurs centaines de millions de personnes (Hans, Arabes, Russes, Bengalis, Latino-Américains...) et être présents dans plusieurs pays, alors que les plus petits peuvent être limités à quelques centaines, voire dizaines d'individus, et de nombreux pays abritent des groupes ethniques différents. Les plus grandes ethnies regroupent des sous-groupes, des tribus. Il n'existe pas de définition très précise de la notion d'ethnie. Cela ne facilite pas toujours les réflexions, mais cette absence de rigidité dans les contours qui en sont donnés est une bonne chose, car elle peut contribuer à éviter certains conflits. N'oublions pas que certains génocides ont été provoqués au nom d'une volonté terrifiante, celle de « nettoyage ethnique » comme au cœur de l'Europe dans les années 90 en Serbie, en Croatie, en Bosnie. Nous pouvons d'ailleurs remarquer qu'au Rwanda en 1994 le génocide perpétré contre les Tutsis par les Hutus a opposé deux ethnies qui ont la même langue, de nombreuses coutumes et croyances en commun et dont les chercheurs n'ont pas pu déterminer de différences d'origines.

Le mot Peuple quant à lui, est un mot polysémique. Sa définition donnée par le Larousse du XIXe siècle est à la fois « la multitude d'hommes qui n'habitent pas forcément le même pays mais qui ont un lien qui les unit (origine, religion...) » et aussi « la partie la plus nombreuse et la moins riche ou la moins privilégiée de la population d'un État », celle qui constitue une foule, une multitude. Cette distinction entre identités et classes sociales et économiques est une construction sociologique du XIXe siècle opposant une approche culturelle qui ouvrira le champ à la psychologie ethnique, à une approche sociale qui préfigure la désignation du prolétariat comme peuple laborieux, exploité et exploitable. En ce début de XXIe siècle, avec les dynamiques de mondialisation, le mot peuple renvoie à des réalités nouvelles et contrastées. « La recomposition identitaire du peuple traditionnel par l'intégration plus ou moins acceptée des nouveaux membres issus de la décolonisation et de l'immigration provoque un double mouvement, d'une part une réaction identitaire nationaliste des extrêmes, et d'autre part un repli communautaire mettant en péril la communication et l'unité du peuple en provoquant des processus de rejet et d'exclusion. [...] Reste une troisième catégorie, en train de se construire, celle d'une société multiculturelle, souvent interprétée comme une régénération du peuple. Alors que selon certains chercheurs on assiste à la constitution d'une identité métisse, conjuguant l'hétérogénéité dans une nouvelle définition du peuple : une unité plurielle. Celle-ci constitue bien sûr un nouveau mode de socialisation qui propose une alternative politique au nouvel ordre de la mondialisation. ».[14]

ÉTAT, NATION ET PATRIE

Nous l'avons vu, ce sont les États qui accordent la citoyenneté à certaines personnes. L'État est une forme d'organisation adoptée par des sociétés humaines essentiellement pour assurer le maintien de l'ordre au sein de leur population.

14. Source : *Le peuple, hier et aujourd'hui* | Cairn.info

Les fonctions régaliennes de l'État sont la justice, la défense, la monnaie, la sécurité sanitaire, l'éducation. L'État est né aussi des besoins de coordination et de centralisation face à l'apparition de la division du travail. L'État n'est pas une institution universelle. Elle est le fruit d'une histoire spécifique à certaines sociétés. Dans la plupart des langues africaines, il n'y a pas de mot pour État, parce que ce concept, historiquement, ne fait pas partie de la façon de penser l'organisation d'une société en Afrique. Ainsi, dans les zones rurales du Tchad, le mot populaire pour « État » est « akouma » qui signifie « commandement ». Cette notion est dissociée de l'idée d'égalité devant la loi. De nombreux pays du Tiers-monde ont des systèmes assez éloignés de la notion d'État. Les analyses sont multiples sur l'origine de l'avènement de cette notion et de son apparition dans les modes de fonctionnement. Certains chercheurs mettent l'accent sur sa fonction de régulation des tensions sociales, des conflits. C'est l'État qui a contribué à la sortie en occident de l'ordre féodal.

« L'État détient le monopole de la violence légitime ».

Max Weber[15]

Des chercheurs tel Reinhard Bendix[16] ont expliqué la naissance de l'État occidental par la différenciation du religieux et du politique, puis de la propriété et de l'autorité[17]. Bertrand Badie[18] quant à lui a observé que le facteur culturel joue un rôle très déterminant dans la construction d'un État comme mode d'organisation politique. L'État est apparu aussi comme un pouvoir médiateur entre Dieu et les hommes qui a favorisé l'apparition de la société civile. Les rapports entre les États et l'église n'ont pas un caractère uniforme. Dans certaines démocraties comme aux États-Unis les présidents prêtent serment sur la Bible au moment de leur investiture (À noter qu'aux États-Unis c'est un usage, mais ce n'est pas une obligation inscrite dans la Constitution). Au sein même de l'Union

15. Max Weber, *Le savant et le politique*, Éditions la Découverte 2003. Publication issue de deux conférences données en 1917 et 1919 et ayant fait l'objet d'une première traduction en français en 1959 sous ce titre *Le savant et le politique*.

16. Reinhard Bendix, sociologue germano-américain, né le 25 février 1916 à Berlin. R. Bendix, Max Weber: *An Intellectual Portrait*, Routledge, 1999

17. Mann Patrice. « La genèse de l'État moderne : Max Weber revisité ».
In: *Revue française de sociologie*, 2000, 41-2.
pp. 331-344. www.persee.fr/doc/rfsoc_0035-2969_2000_num_41_2_5265

18. Professeur émérite à l'Institut d'études politiques de Paris, il est enseignant-chercheur associé au Centre d'études et de recherches internationales (CERI).

européenne existent de très grandes différences dans les rapports entre l'État et les églises. La France, la Belgique et le Portugal sont les seuls pays à avoir inscrit une forme de laïcité[19] dans leur Constitution.

Les notions de citoyenneté, d'État sont très liées à celle de la Nation, d'ailleurs dans certains cas, devenir citoyen d'un pays, c'est accéder à sa nationalité. On parle aussi d'État/Nation.

La construction d'une Nation renvoie à celle d'un imaginaire national qui implique celle d'un récit national, avec ses héros, l'adoption d'un hymne national, d'un drapeau, et une représentation qui s'inscrit dans une conscience collective, imprégnée de dimensions éminemment culturelles.

Sur le plan international, par-delà leur diversité, les nations ont su se regrouper au sein de l'Organisation des nations unies (ONU). Cela ne doit pas nous induire dans une certaine illusion. Leurs différences de nature peuvent être très importantes. On parle souvent de la « question nationale », car dans bien des contrées l'instauration de l'idée même d'une nation ne s'est pas faite sans difficultés et se heurte encore souvent à des conflits locaux, régionaux. À l'origine de ces difficultés, on trouve notamment des découpages artificiels imposés suite à des guerres. Ceux-ci ont brisé des unités ethniques et/ou culturelle et suscité de grandes difficultés, voire des impasses dans la création de nations correspondant à des réalités fortes à même d'être incarnées dans ce cadre. L'idée de Nation suscite dans de nombreuses régions du monde des débats idéologiques violents et ils sont à l'origine de stratégies politiques diversifiées. Faire nation n'est pas toujours simple. Une nation ne correspond pas forcément à un seul peuple, ou à une seule ethnie. À titre d'exemple en Russie la région du Caucase du Nord comporte à elle seule, plus de quarante peuples autochtones différents, tels les Avars, les Tchétchènes, les Géorgiens. Certaines nations se sont fondées ou souhaitent se définir aujourd'hui sur un caractère monoethnique et/ou monoculturel. En Russie, même si des tentatives existent pour développer le sentiment d'une Nation Russe, voire d'un État/Nation Russe, à titre d'exemple fort sur le plan symbolique de cette complexité dans ce domaine, Vladimir Poutine, le jour de son entrée en fonction comme Président de l'État russe, le 7 mai 2012 a signé le décret N° 602 « Sur la concorde entre les nationalités ». Il a créé d'ailleurs le

19. https: //www.gouvernement.fr/qu-est-ce-que-la-laicite

Conseil des relations entre les nationalités. Mais nous pouvons remarquer que Vladimir Poutine a également signé un décret le 11 juillet 2022 instaurant une procédure simplifiée à l'attention des Ukrainiens pour qu'ils puissent acquérir la nationalité russe. Mesure à laquelle le gouvernement ukrainien s'est vivement opposé, en déclarant qu'elle violait le droit international. Il était évident que ce décret apparaissait alors comme une arme de guerre dans le contexte du confit meurtrier entre ces deux pays.

Dans bien des pays des citoyens d'un État se reconnaissent en tant que tel, mais sans renoncer à leur identité ethnique et/ou culturelle, voire religieuse spécifique. Les évolutions démographiques et les phénomènes migratoires impactent considérablement les sentiments nationalistes. En Chine, le terme nation est à prendre au sens d'ethnie selon le droit du sang, et non de citoyenneté selon le droit du sol. Les deux significations y sont distinguées, alors qu'elles sont confondues par exemple en France. Une « nationalité » ne correspond donc pas à une citoyenneté, mais à une ethnie, un peuple défini par une histoire, une culture, une langue, une religion ou des traditions propres, bien que cette définition soit parfois vague, selon les critères considérés.

La notion de patrie quant à elle, est fondamentalement liée à un sentiment d'appartenance forte à un territoire, à « la terre où je suis né ». Cet attachement est si fort que l'on déclare être prêt à mourir pour sa patrie, patrie, pater, le Père de la patrie. Dans de grands États, le sentiment d'appartenance à une patrie correspondant à une contrée plus petite est souvent présent. On parle d'ailleurs de « petite patrie », d'amour porté à sa patrie, de patriotisme. En Russie, dans certaines régions, le sentiment régionaliste de la population surpasse le sentiment d'appartenance à l'État. En revanche, il est fréquent de voir que dans des régions où prédomine l'idée de l'appartenance à la Russie, une partie importante de la population ne partage pas cette vision. Pour les autorités russes, il est essentiel que l'amour que l'on porte à sa « petite patrie » ne s'oppose pas à celui que l'on éprouve pour sa « grande patrie ». Au contraire, le patriotisme et le sentiment d'identité locale accompagnent et renforcent même le sentiment d'identité russe. En 2010, dans le cadre d'une enquête effectuée dans tout le pays, la question a été posée : Que recouvre pour vous le concept de patrie[20] ? Les réponses les

20. Tichkov, V. (2013). « L'unité dans la diversité : la Russie comme État nation », *Revue internationale et stratégique*, 92, 87-96. https://doi.org/10.3917/ris.092.0087
Source : Cairn.info

plus fréquemment choisies ont été « La patrie, c'est le pays Russie » (49 %) et « La patrie, c'est là où je suis né » (46 %). Ces réponses illustrent à la fois la polarisation des opinions et la complémentarité des jugements. Seuls 18 % des répondants ont donné les deux réponses en même temps. Ceux qui considèrent que leur patrie est une contrée précise, et non pas le pays dans sa globalité, constituent presque un tiers du total. Le tableau est encore plus ambigu quand on examine les résultats région par région. Dans certaines régions, les personnes interrogées considèrent que leur patrie est uniquement le lieu de leur naissance. C'est ce qu'ont déclaré près de la moitié des répondants à Grozny (48 %), une proportion similaire ayant été atteinte à Iakoutsk (43 %). Dans ces deux villes, on a également recensé le plus faible nombre de personnes estimant que leur patrie est la Russie : 14,3 % à Grozny et 17,1 % à Iakoutsk. Lorsque l'on analyse de façon plus détaillée les réponses des habitants de Grozny, on constate que ce sont principalement les Russes locaux et une partie des Ingouches qui affirment que leur patrie est la Russie, tandis que les Tchétchènes ne sont que 11 % à partager cette vision. Certaines régions se caractérisent par le fait que près d'un tiers des personnes interrogées considèrent que leur lieu de naissance est leur patrie et non pas la Russie en tant que telle, tandis que moins de la moitié des sondés ont donné la réponse inverse. Aux États-Unis des perceptions analogues de « l'Amérique » ont cours chez les habitants de l'Alaska, d'Hawaï, et même de Californie.

Selon Moncef Marzouki : « Pour un Tunisien, comme pour un Syrien, le sentiment d'appartenance à la patrie arabe ou à la maison de l'Islam, peut l'emporter largement sur le sentiment de l'appartenance au pays dont les frontières ont été le plus souvent dessinées par des guerres fratricides, voire par des étrangers. La notion de *watan* (patrie) en vieil arabe, signifie l'endroit où l'on s'installe temporairement. Le peuple continue quelque part à être nomade comme le fut l'État lui-même. N'a-t-on pas vu des États s'en aller avec armes et bagages pour se tailler très loin un pays, comme les Omeyyades émigrant de Syrie en Andalousie, ou les Fatimides abandonnant Mahdia pour aller vers le Caire. Les Arabes ont toujours habité leur religion et leur langue, non un espace physique défini et clos pour toujours. Aussi ont-ils dans la culture traditionnelle, plusieurs niveaux d'appartenance et donc de fidélité. L'État-Nation, n'est que le dernier niveau et peut-être le plus mal aimé. »[21]

---

21. *Ibid*. DOI : https://doi.org/10.3406/horma.2002.2030
www.persee.fr/doc/horma_0984-2616_2002_num_46_1_203

DÉMOCRATIE ET RÉPUBLIQUE[22]

Le terme démocratie vient du grec ancien *démos*, peuple, population d'un pays (mais aussi le territoire appartenant à une communauté), et *kratos*, pouvoir, autorité, gouvernement.

La démocratie est le régime politique dans lequel le pouvoir est détenu ou contrôlé par le peuple, sans qu'il y ait de distinctions dues à la naissance, la richesse, la compétence.[23]

C'est à Athènes que l'on trouve les premières traces d'un régime politique démocratique. La règle dans la démocratie athénienne était simple : les représentants du peuple sont tirés au sort parmi ce dernier (mais certaines catégories du peuple sont exclues, comme les esclaves, les étrangers et les femmes).

Les principes et fondements de la démocratie sont :

- la règle de la majorité
- l'existence d'une « constitution » et d'une juridiction associée
- la séparation des pouvoirs (législatif, exécutif et judiciaire)
- la consultation régulière du peuple (élection et référendum)
- la pluralité des partis politiques
- l'indépendance de la justice
- la liberté des individus

La démocratie politique est donc née dans la Grèce antique. Pourtant, ce n'est pas avant le XVIIIe siècle que fut formulée la théorie de la séparation des pouvoirs (Montesquieu) et mis en place le suffrage universel (États-Unis, 1776), qui en sont deux des fondements. Le respect des libertés publiques est au cœur même du fonctionnement de la démocratie dite aujourd'hui « libérale ».

L'instauration d'un régime démocratique ne suffit jamais pour faire vivre ses principes, il faut des responsables politiques à même de les incarner. Comme le déclarait Pierre Mendès-France **« La démocratie est d'abord un état d'esprit[24]. »**.

22. Source : Larousse & La Toupie

23. Source : https: //www.toupie.org/Dictionnaire/Democratie.htm

24. *La République moderne*, Gallimard, 1962

Ce n'est pas seulement un État ayant ce type de gouvernement. C'est aussi un système de rapports établis à l'intérieur d'une institution, d'un groupe, etc., où il est tenu compte, aux divers niveaux hiérarchiques, des avis de ceux qui ont à exécuter les tâches commandées. « La démocratie est un idéal qui a été décliné de manière très différente à travers le temps. Entre la démocratie athénienne et nos démocraties représentatives, il y a un monde ! »[25], commente Loïc Blondiaux[26].

Plusieurs types de fonctionnement démocratique ont été identifiés

- **Démocratie directe**, système politique dans lequel le peuple exerce sa souveraineté sans l'intermédiaire d'un organe représentatif. (La désignation de représentants par tirage au sort, la consultation des citoyens par référendum et l'autogestion en matière économique constituent des pratiques courantes de la démocratie directe.).
- **Démocratie représentative**, dans laquelle le peuple élit ses représentants pour un mandat renouvelable ou non, selon la Constitution en vigueur.
- **Démocratie sociale**, système politique dans lequel le peuple exerce sa souveraineté dans le domaine économique et social comme dans le domaine politique.
- **Démocratie participative** comportant l'intervention des citoyens dans l'élaboration des décisions publiques, notamment par l'intermédiaire d'associations.
- **Démocratie populaire**, régime inspiré du marxisme-léninisme, fondé sur la toute-puissance d'un parti et sur l'économie d'État.

Quatre types de régimes selon le niveau de la démocratie[27]

- **Démocratie pleine :** État au sein duquel les libertés politiques/civiles sont respectées et qui repose également sur une culture politique propice à l'épanouissement de la démocratie. Le fonctionnement du gouvernement est satisfaisant. Les médias sont indépendants et diversifiés. Le pouvoir judiciaire est indépendant et les décisions judiciaires sont exécutées.
- **Démocratie imparfaite :** État au sein duquel les libertés civiles fondamentales sont respectées et qui dispose d'élections libres et équitables. Cependant, il existe des faiblesses importantes dans d'autres aspects de la démocratie, notamment des atteintes à la liberté des médias, des problèmes de gouvernance, une culture politique sous-développée et un faible niveau de participation politique.

25. Source : https://www.geo.fr/histoire/democratie-et-republique-quest-ce-qui-les-differencie-204499

26. Professeur des Universités au Département de science politique de la Sorbonne

27. Democracy Index 2015 - *Democracy in an age of anxiety, The Economist Intelligence Unit*, 2016, p.45-46. Source *Geo*. https : //atlasocio.com/classements/politique/democratie/classement-États-par-indice-de-democratie-monde.php

• **Régime hybride :** État au sein duquel les élections comportent des irrégularités importantes qui les empêchent souvent d'être libres et équitables. Les pressions exercées par le gouvernement sur les partis de l'opposition peuvent être courantes. La corruption a tendance à être généralisée et l'État de droit est faible. En règle générale, les journalistes sont soumis à des pressions et le pouvoir judiciaire n'est pas indépendant.

• **Régime autoritaire :** État au sein duquel le pluralisme politique est absent ou fortement circonscrit. Certaines institutions officielles de la démocratie peuvent exister, mais elles ont peu de substance. Les élections, si elles ont lieu, ne sont pas libres et équitables. Les violations des libertés civiles sont fréquentes. Les médias appartiennent généralement à l'État ou sont contrôlés par des groupes liés au régime en place. Il n'y a pas de pouvoir judiciaire indépendant.

L'*Economist Intelligence Unit*[28] établit depuis 2006, un classement des États du monde en fonction de leur niveau de démocratie.

Le *Democracy Index* (ou indice de démocratie) tente d'appréhender le niveau de démocratie d'un État donné en se basant sur 60 indicateurs regroupés en cinq catégories : processus électoral et pluralisme, libertés civiles, fonctionnement du gouvernement, participation politique, culture politique. L'indice obtenu, compris entre 0 et 10, permet une classification des pays selon quatre régimes : démocratie pleine, démocratie imparfaite, régime hybride, régime autoritaire.

Des citations nous invitent à nous interroger sur la démocratie, sur sa nature, sa richesse et ses limites :

« La démocratie est un mauvais système, mais elle est le moins mauvais de tous les systèmes. » Winston Churchill[29].

« La faiblesse des démocraties, c'est qu'il leur faille, trop souvent, se renier pour survivre. » Jean Rostand[30]

28. L'Economist Intelligence Unit (EIU) est une entreprise britannique appartenant à The Economist Group. Par ses recherches et ses analyses, l'EIU offre des prévisions et du conseil à ses clients. Il fournit aux pays, industries et aux entreprises des analyses mondiales. L'EIU fait anciennement partie de la Business International Corporation, une entreprise britannique acquise par l'organisation parente en 1986. Il est connu en particulier pour ses rapports mensuels par pays, ses prévisions nationales sur cinq ans, ses rapports de risque des pays, et ses rapports industriels. L'entreprise commercialise également des analyses portant sur des marchés particuliers ou des secteurs de marchés.

29. Officier, reporter, homme politique britannique, l'un des plus importants du XXe siècle.

30. Paris 1894-Ville-d'Avray 1977. *Inquiétudes d'un biologiste*, Stock.

« Mon idéal politique est l'idéal démocratique.
Chacun doit être respecté en tant que personne,
et personne ne doit être divinisé. » Albert Einstein[31]

Le mot **république** vient du latin *res publica*, ce qui signifie « le bien public » ou « la chose publique ». Souvent confondus avec le terme de démocratie, ces deux mots de la philosophie politique n'ont pourtant ni les mêmes racines, ni le même sens. Concernant la République, « tout commence à Rome », explique Loïc Blondiaux. « La République romaine est l'archétype de la République [...][32] ».

« Une République est un système politique dans lequel le pouvoir n'est pas exercé par un chef d'État de manière héréditaire, mais par des représentants du peuple, que ce dernier élit. »[33]

La notion de République sera aussi repensée au moment de la Révolution américaine, avec l'introduction de la notion de représentation, tandis qu'en France, la IIIe République développera d'autres spécificités, comme celles du rôle central de l'éducation et de la laïcité. La République s'oppose à la monarchie, mais n'est pas toujours synonyme de démocratie.

Différences entre Démocratie et République :

« La République est un régime fondé sur la représentation et donc sur l'élection, alors que la démocratie donne directement le pouvoir de faire les lois au peuple, comme à Athènes ».[34]

Une République n'est pas forcément une démocratie et inversement

31. *Comment je vois le monde.*

32. « La République romaine est l'archétype de la République, avec une conception assez particulière de l'organisation des pouvoirs : on essaie de mixer les pouvoirs, avec une composante plébéienne, une composante aristocratique, mais aussi des magistrats et des consuls, qui peuvent eux aussi incarner une certaine forme de pouvoir ». Loïc Blondiaux,
Source : https://www.geo.fr/histoire/democratie-et-republique-quest-ce-qui-les-differencie-204499

33. Source : https: //www.geo.fr/histoire/democratie-et-republique-quest-ce-qui-les-differencie-204499

34. *Ibid*

En effet, toutes les démocraties ne sont pas des Républiques et toutes les Républiques formelles ne sont pas en réalité des démocraties. Pensons par exemple à la République populaire de Chine, ou à la République populaire démocratique de Corée du nord. Il existe des républiques autoritaires. Une démocratie peut prendre la forme d'un autre régime que la République. C'est le cas de l'Angleterre, qui est une monarchie dans laquelle le pouvoir est entre les mains d'un Premier ministre, qui gouverne avec un parlement élu au suffrage universel direct. Différentes formes de républiques et de démocraties existent ; Si les concepts de république et de démocratie sont génériques, on les trouve souvent accolés à d'autres notions. Par exemple, des Républiques islamiques, des États dont la constitution dispose que l'islam est la religion officielle. C'est le cas en Afghanistan, en Iran et au Pakistan. Les modes de fonctionnement des républiques peuvent varier de manière importante, régime présidentiel, semi-présidentiel ou parlementaire.

« La République romaine est l'archétype de la République, avec une conception assez particulière de l'organisation des pouvoirs : on essaie de mixer les pouvoirs, avec une composante plébéienne, une composante aristocratique, mais aussi des magistrats et des consuls, qui peuvent eux aussi incarner une certaine forme de pouvoir. » Loïc Blondiaux[35]

Confiance des populations dans le statut de citoyen ?

Sur ce sujet de la citoyenneté, nous observons en France un double mouvement paradoxal tout à la fois d'ébranlement et de vitalité. Un ébranlement lié à la crise de confiance entre les Français et le système de représentation politique, la perception que le principe d'égalité de tous les citoyens devant la loi ne se traduit pas dans les faits, celle d'un délitement du service public et d'une absence de justice dans la répartition des richesses. Les fractures qui fissurent la société sont autant d'obstacles au sentiment de partager un même destin et d'appartenir à une même communauté. La conscience des devoirs inhérents à la citoyenneté s'est brouillée. La défense du pays ne repose plus sur le service militaire national obligatoire, le devoir de contribuer aux charges publiques est affecté par l'évasion fiscale massive, le civisme tourné vers le respect de l'intérêt

35. Professeur des Universités au Département de science politique de la Sorbonne

général de la Nation est estompé par des solidarités communautaires renforcées par les nouveaux réseaux sociaux numériques. Nous pourrions mentionner aussi le sujet déjà évoqué de la désobéissance civile adoptée même par des élus, ainsi que les interrogations juridiques concernant les citoyens apportant leur aide à des migrants en situation d'insécurité sanitaire, etc. Ces exemples peuvent être considérés par certains comme une transgression de la loi, et par d'autres au contraire, comme des actes de civisme.

Face à cette forme d'ébranlement que connaît la citoyenneté, s'observe dans le même temps une vitalité, ce que certains nomment même un renouveau de la citoyenneté. Ce dernier se traduit par de nouvelles formes d'expression de la citoyenneté, par la recherche de nouveaux modes de participation dans la vie de la communauté – sur les plans local et national – plus impliquants et plus concrets que la seule participation aux élections. Une nouvelle citoyenneté du quotidien, faite d'engagement et de solidarité, renoue avec une dimension fondamentale de la citoyenneté : l'exemplarité par l'action. Être citoyen, c'est d'abord s'engager au service du bien commun dans la vie quotidienne. Comme exemples, l'engouement pour le volontariat et le service civique, l'engagement associatif et dans l'économie sociale et solidaire. Notons aussi la revendication d'un rôle plus direct dans la prise de décision politique, avec des sollicitations pour l'instauration de Référendum d'initiative citoyenne. Face à ces revendications des mesures ont été prises au plan local comme les dispositifs de budgets participatifs dans certaines collectivités territoriales et la mise en place de convention citoyenne au plan national comme celle portant sur le climat[36]. Nous observons aussi la montée en puissance des possibilités d'expressions citoyennes offertes par le numérique, ce que certains qualifient de « citoyenneté numérique ». Par ailleurs, depuis 1791, de nombreux textes ont donné un rôle tout à fait central à l'école dans l'éducation à la citoyenneté. En 2017, en France, la loi « Égalité et Citoyenneté »[37] a été promulguée, avec pour objet de créer les conditions de la généralisation d'une culture de l'engagement citoyen tout au long de la vie. Venant s'ajouter aux conseils de quartiers[38], de nombreux conseils citoyens[39] ont été instaurés avec le soutien financier de l'État dans le cadre de la politique de la ville. Certains d'entre eux se sont saisis de la question de la citoyenneté culturelle.

---

36. Source : https: //www.conventioncitoyennepourleclimat.fr/

37. Loi n° 2017-86 du 27 janvier 2017 relative à l'égalité et à la citoyenneté. Legifrance.gouv.fr

38. Source : https: //www.collectivites-locales.gouv.fr/institutions/les-conseils-de-quartier

39. Source : https: //agence-cohesion-territoires.gouv.fr/sites/default/files/2021-11/CC_4Pages_elu_vdef.pdf

Moncef Marzouki a proposé ses réflexions sur l'articulation entre l'État et la citoyenneté : « La citoyenneté étatique subit les contrecoups de la déroute morale de la dictature. On peut dire qu'elle a son avenir derrière elle. On peut être le sujet de l'État, mais quand celui-ci fait naufrage, de quoi va-t-on devenir le sujet. Or l'État est en profonde déconfiture. La terreur policière, la corruption, la "voyoucratie", inaugurées par les basses pratiques, ont vu le jour avec l'avènement de l'État policier. Tout cela a frappé à mort le prestige de l'État. Or sans prestige, il n'y a pas d'identification. [...] Affranchis de la peur, de l'intimidation et du chantage, nous domestiquerons l'État et nous le mettrons au service de la société, non l'inverse. »[40]

Sur le sujet des devoirs, des obligations des citoyens, nous ne devons pas oublier d'aborder aussi le concept de devoir de désobéissance civile qui prend sa source à cette pensée du philosophe Saint Augustin[41] : « Une loi qui n'est pas juste n'est pas une loi. ». C'est ce principe qui a été appliqué par Nelson Mandela, Martin Luther King, Gandhi et bien d'autres. Le concept de désobéissance civile a été développé par le philosophe américain Henry David Thoreau dans son essai éponyme paru en 1849[42]. En France, la désobéissance civile est fréquemment un sujet d'actualité comme dans le cas des maires qui ont pris des arrêtés contraires aux décisions de l'État concernant l'usage des pesticides.

La citoyenneté universelle

Dans une approche allant au-delà des frontières des États, existe le concept de citoyen du monde, évoqué déjà dans l'Antiquité par les philosophes Socrate et Diogène[43]. Ce concept n'a pas donné le jour à un statut juridique, il relève d'une

---

40. *Ibid*

41. Saint Augustin, philosophe chrétien de l'Antiquité, naît en Algérie (354-430)

42. Source : https: //mrmondialisation.org/la-desobeissance-civile-lheritage-dhenry-david-thoreau/

43. Socrate est un philosophe grec du Ve siècle av. J.-C. (né vers -470/469, mort en -399). Il est connu comme l'un des créateurs de la philosophie morale. Devançant son époque de plusieurs milliers de siècles, il s'écriait : Je suis citoyen du monde. Diogène de Sinope est un philosophe grec de l'Antiquité, le plus célèbre représentant de l'école cynique (Sinope v. 413 – Corinthe, v. 327 av. J.-C.). Il est contemporain de Philippe II de Macédoine et de son fils Alexandre le Grand. Les portraits de Diogène qui nous ont été transmis divergent parfois, le présentant tantôt comme un philosophe débauché, hédoniste et irréligieux, tantôt comme un ascète sévère, volontaire, voire héroïque. La masse d'anecdotes légendaires sur Diogène montre que le personnage a profondément marqué les Athéniens. Il vit dehors, dans le dénuement, vêtu d'un simple manteau, muni d'un bâton, d'une besace et d'une écuelle. Dénonçant l'artifice des conventions sociales, il préconise en effet une vie simple, plus proche de la nature et se

pensée philosophique, du sentiment d'appartenir à un seul peuple, celui de la communauté humaine. Il exprime le souhait de voir établir un régime démocratique planétaire. Victor Hugo[44] déclarait :

**« Ne soyons plus anglais, ni français, ni allemands.
Soyons européens. Ne soyons plus européens,
soyons hommes. Soyons l'humanité.
Il nous reste à abdiquer un dernier égoïsme, la patrie »**

De nos jours, des chercheurs portent leurs réflexions sur la notion de citoyenneté universelle, ainsi le philosophe Alain Policar[45]. Ils s'interrogent sur comment le principe de citoyenneté pourrait-il être institué de manière égale pour tous les membres de la vaste communauté humaine.

Moncef Marzouki[46] décrit avec poésie son sentiment et sa vision d'une articulation entre nos racines locales et notre nature de terrien, faisant de nous des concitoyens du monde : « La nouvelle citoyenneté que nous devons élaborer doit assumer toutes ses racines. Nous ne sommes pas les sujets de l'État Nation appelé à disparaître tôt ou tard. Nous sommes les enfants du pays du jasmin, de l'Arabie et de Dâr al-Islâm. Mais notre identité doit se déployer comme un arbre majestueux dans l'atmosphère vivifiante de l'universalité. Enfants du terroir, nous sommes aussi enfants du monde et tous les humains sont nos concitoyens. »[47]

Le concept de cosmopolitisme créé par Diogène à partir des mots grecs *cosmos*, l'univers, et *politês*, citoyen, exprime la possibilité d'être né en un lieu et de toucher à l'universalité, sans renier sa particularité. Ce concept reste toujours d'actualité pour nombre d'hommes et de femmes dans le monde et peut contribuer à la promotion de l'idée d'une citoyenneté culturelle universelle.

contente d'une grande jarre couchée sur le flanc — en grec pithos — pour dormir. Diogène a l'art de l'invective et de la parole mordante. Il semble qu'il ne se prive pas de critiquer ouvertement les grands hommes et les autres philosophes de son temps (parmi lesquels Platon). Wikipedia.org

44. Extrait de Serge Champeau, Conférence donnée au FIAP Jean Monnet (Paris), le 24/07/2013. *Victor Hugo, Choses vues* (1887), dans *Œuvres complètes*, Histoire, Victor Hugo, éd. Robert Laffont, coll. « Bouquins », 1987, p. 1313

45. *Ibid*

46. *Ibid*

47. *Ibid*

3

CONCEPT DE CITOYENNETÉ CULTURELLE

Des liens importants existent entre les notions de culture et de citoyenneté. Elles touchent toutes les deux à nos droits et à nos modes de vie. Nos droits, puisque des droits culturels font partie des droits du citoyen et que des droits caractérisent de manière spécifique les cultures. Nos modes de vie car, comme nous l'avons vu précédemment, ceux-ci sont présents tout à la fois dans la définition de la culture et dans celle de la citoyenneté. Les notions de culture et de citoyenneté, renvoient aussi à celle du bien commun. Elles partagent également des vertus, car aussi bien l'une que l'autre sont fréquemment invoquées par les responsables politiques dans la plupart des pays comme facteurs essentiels de la cohésion sociale, du Vivre ensemble, et indispensables pour que la nation soit soudée. La culture et la citoyenneté, toutes deux ont à voir avec la sphère publique comme avec la sphère privée, comportent des dimensions individuelles et collectives. Elles mettent en jeu des affinités et des affiliations culturelles et politiques. Cependant, la citoyenneté est caractérisée par l'appartenance à une communauté politique donnée, à travers un statut de citoyen auquel sont attachés un certain nombre de droits et de devoirs. Alors qu'en revanche la culture ne peut pas s'acquérir par le biais d'une disposition juridique ou administrative. Des auteurs, sans le nommer ont contribué à la naissance de ce concept, tout particulièrement le sociologue britannique Raymond Williams, instigateur du courant des *Cultural Studies*[1]. Le terme citoyenneté culturelle semble avoir été inventé par l'anthropologue américain d'origine mexicaine

1. Les études culturelles (en anglais cultural studies), ou sciences de la culture, sont un courant de recherche d'origine anglophone à la croisée de la sociologie, de l'anthropologie culturelle, de la philosophie, de l'ethnologie, de la littérature, de la médiologie, des arts, etc. Source : Wikipedia

Renato Rosaldo[2], qui l'a employé pour la première fois à la fin des années 1980. Il l'a utilisé pour plaider en faveur de la démocratisation des établissements d'enseignement supérieur par la promotion de la diversité au sein des classes et dans les programmes ainsi que face à d'autres problématiques dans la société en général. Dans les années 1980 et 1990, comme lui, un grand nombre de chercheurs latino-américains en sciences sociales se sont servis de ce concept pour examiner la participation civique latino-américaine dans la revendication et la négociation de l'espace culturel.

Les raisons de son apparition

À l'analyse des développements effectués autour du concept de citoyenneté culturelle, plusieurs raisons peuvent être identifiées comme étant à l'origine de son apparition tant dans des domaines de la recherche en sociologie, anthropologie et politique, que dans des argumentaires de mouvements de revendications. Parmi les principales raisons, nous pouvons nous référer à un constat exprimé par de nombreux auteurs, celui des limites, voire de l'inopérabilité des concepts de démocratisation culturelle, de démocratie culturelle et d'accessibilité culturelle dans l'objectif de permettre l'effectivité des droits culturels pour toutes et tous. L'approche déviante de ces droits en France et au plan international, déviante parce que réduite à des questionnements identitaires, a aussi contribué à porter un intérêt particulier à ce concept.

De fait, la note dominante parmi les raisons évoquées pour lesquelles ce concept est convoqué à travers le monde, est celle de la problématique de la marginalisation de groupes humains, lesquels sont d'une grande diversité avec des caractéristiques très différentes. Nous trouvons en fonction des auteurs qui se sont penchés sur la citoyenneté culturelle, des spécificités en termes de langues, d'origines ethno/culturelles, de religion, de genre, d'orientations sexuelles, d'âges, de handicaps, etc. Nous aurons l'occasion de revenir sur chacun de ces items en faisant référence à ces auteurs.

2. Renato Rosaldo est un anthropologue culturel américain. Il a effectué des recherches sur le terrain parmi les Ilongots du nord de Luzon, aux Philippines, et il est l'auteur de Ilongot Headhunting: 1883–1974: *A Study in Society and History and Culture and Truth: The Remaking of Social Analysis.* Il est né le 15 avril 1941 à Urbana, Illinois, États-Unis. Source : Wikipedia.org (en anglais)

Définitions proposées de la citoyenneté culturelle

Il semble que les définitions de la citoyenneté culturelle déjà esquissées ont été basées sur les droits culturels, en mettant l'accent essentiellement sur le droit à l'expression de l'identité culturelle individuelle et collective, sur celui de pouvoir participer librement à la vie culturelle, ainsi que d'accéder à l'éducation, aux enseignements et à la création artistiques. Certains auteurs ont insisté sur la notion d'appropriation par les citoyennes et les citoyens des moyens de production et de diffusion culturelle. Au Canada, en 2012, un groupe de recherche a présenté dans leur publication « La citoyenneté culturelle comme clé interprétative de la participation »[3] ce qu'il considère comme les principales composantes de la citoyenneté culturelle. Ces définitions ont rarement intégré des caractéristiques inhérentes aux significations originelles et contemporaines de la citoyenneté, à savoir, des droits et des devoirs justiciables et la possibilité de participer à la gouvernance.

---

3. **La citoyenneté culturelle comme clé interprétative de la participation**
Document : *La participation culturelle des jeunes à Montréal : des jeunes culturellement actifs Version abrégée* (Page 158-176) Christian Poirier et Mariève K. Desjardins, Sylvain Martet, Marie-Odile Melançon, Josianne Poirier, Karine St-Germain Blais (avec la collaboration de Yanick Barrette) Rapport de recherche présenté à Culture Montréal, Institut national de la recherche scientifique Centre -Urbanisation Culture Société Montréal, Septembre 2012.
• Il s'agit d'une appropriation, par les individus, des moyens adéquats de création, production, diffusion et consommation culturelles, en lien avec notre définition de la culture et sa circulation (Chapitre 1). À cet égard, les individus ne sont pas que des « consommateurs » mais aussi des créateurs et des diffuseurs. • Propose une perspective allant du bas vers le haut, des citoyens aux institutions, ces dernières permettant d'établir les conditions propices à l'épanouissement culturel des individus. • Contrairement à la citoyenneté formelle, on retrouve une citoyenneté substantielle et différenciée selon les identités de chacun et les groupes d'appartenance. • Contribue à la construction identitaire personnelle ainsi qu'à la rencontre et aux interactions avec « autre » que soi ; ouvre un espace dialogique. • Permet une ouverture vers la sphère publique et le politique. • Tient compte des transformations du politique, comprenant non seulement les gouvernements et les partis politiques mais plus largement les citoyens et de nouveaux intermédiaires tels que les associations, les groupes d'intérêt, soit la société civile organisée composant la gouvernance culturelle et politique. • Insuffle des liens forts entre citoyenneté culturelle et citoyenneté politique, participation culturelle et engagement sociopolitique, communautaire, etc. • Témoigne de l'édification d'un espace collectif, d'une communauté riche de sens et rassembleuse dans la diversité de ses expressions. • Encourage l'expression des groupes plus alternatifs ou marginalisés par le mainstream, ouvre de nouveaux espaces culturels et politiques, engendre une pluralisation de l'espace public. • Prend acte de la complexification des échelles territoriales, du local (incluant les quartiers) à l'international. • S'articule à une vision proactive plutôt que défensive ou « réactive ». • Conçoit la culture comme vecteur de lien social. • Prend en considération les impacts élargis (personnels et sociaux) de la culture, les contextes et lieux différenciés, les multiples raisons et motivations, les différents modes de transmission de la culture et les définitions plurielles et complexes de la culture.

Pour une définition de la citoyenneté culturelle en cohérence avec les significations originelles et contemporaines du concept de citoyenneté.

En intégrant les caractéristiques de la citoyenneté dans le concept de citoyenneté culturelle celui-ci se démarque alors tout à fait des concepts de démocratisation culturelle et de démocratie culturelle. Rappelons que même le concept de démocratie culturelle, étrangement ne fait pas référence comme on aurait pu le penser, au regard du sens du mot démocratie, à la notion de gouvernance culturelle par le peuple. Fondamentalement il renvoie à la prise en considération des cultures émergentes, issues de diverses catégories de populations au-delà d'une culture émanant d'une élite dirigeante et légitimée par elle-même.

Il est essentiel de ne pas tomber dans ce type d'erreur, d'errance sémantique pour définir la citoyenneté culturelle. Au cas d'espèce les mots ont un sens important et précis qu'il convient de ne pas dévoyer lorsque l'on s'en réclame. Pouvoir participer à la gouvernance, est l'une des originalités de ce concept de citoyenneté culturelle et l'une de ses principales vertus car tout à fait essentielle.

En effet, comment serait-il concevable qu'un chef d'État, des ministres, des élus puissent élaborer des politiques permettant l'effectivité des droits culturels sans concertation, sans mise en place de dispositifs permettant leur coconstruction avec les citoyennes et citoyens concernés ? Comment sans cette approche prendre en compte la diversité des modes de vie présente sur un territoire, les besoins souvent très spécifiques en termes d'accessibilité, de personnes aveugles, sourdes, handicapées mentales, motrices, polyhandicapées, âgées en manque d'autonomie, malades d'Alzheimer, ceux des personnes en grande précarité, sans domicile, en situation d'illectronisme et de plus ceux des personnes vivant en isolement contraint dans des Ehpad, foyers de vie pour personnes handicapées et en lieu de détention ? Sans réelles dynamiques de coconstruction l'exercice de la citoyenneté culturelle ne sera pas possible pour de vastes populations et ainsi les fractures sociales et culturelles ne feront que s'aggraver de manière vertigineuse faisant perdre tout espoir de cohésion sociale et de respect de la dignité humaine notamment des personnes les plus vulnérables. Il convient donc que la définition de la citoyenneté culturelle intègre toutes ces dimensions primordiales que nous venons d'aborder.

COMPTE TENU DE CES CONSIDÉRATIONS, JE PROPOSE CETTE DÉFINITION DE LA CITOYENNETÉ CULTURELLE :

La Citoyenneté culturelle est indissociable du statut de citoyen. Elle repose sur un socle de droits culturels justiciables, sur des principes inscrits dans la constitution, dans des textes législatifs d'un État et dans des accords internationaux que celui-ci a ratifiés, gage de notre appartenance à la Communauté humaine. Elle est consacrée aussi par des textes réglementaires imposant des conditions d'accessibilité pour des établissements, des services, des produits et des activités ainsi que pour des sites Internet. Elle induit des devoirs pour les citoyen(ne)s et leur offre la possibilité de contribuer à l'élaboration des politiques impactant son effectivité. Elle crée des obligations à des acteurs en responsabilité dans les secteurs publics et privés.

En France, le Service public de la culture reconnu par décisions jurisprudentielles du Conseil d'État[4], constitue un bien commun essentiel pour l'effectivité

4. Colloque : *L'invention du service public culturel. Le rôle du Conseil d'État* - 26 et 27 novembre 2021. Source : conseil-etat.fr

Reconnaissance juridique du service public culturel : En France la reconnaissance du service public de la culture sur le plan juridique est souvent sujette à interrogations et débats. Voici comment Bruno Lasserre, Vice-président du Conseil d'État en a rappelé sa réalité en introduction du colloque *L'invention du service public culturel. Le rôle du Conseil d'État* qui s'est tenu en novembre 2021 à Paris au Conseil d'État. « D'origine jurisprudentielle, l'émergence de la notion de service public culturel a traduit, à un moment particulier de notre histoire, la légitimité renouvelée de la puissance publique à intervenir en matière culturelle. [...] il a fallu attendre le début du XXe siècle et l'effervescence doctrinale et jurisprudentielle qui avait fait du service public la pierre angulaire du droit administratif alors en construction, pour qu'apparaisse la notion de service public culturel. Sa reconnaissance fut à vrai dire hésitante : en 1916, dans sa décision Astruc, le Conseil d'État déniait encore à une salle de spectacle, en des termes dénués d'ambiguïté, toute vocation à assurer une activité d'intérêt public. Sept ans plus tard, dans sa décision Gheusi, il franchit toutefois un premier pas en déclarant, à propos de l'Opéra-Comique, que le contrat conclu entre l'État et les personnes dirigeant cet établissement « présentait le caractère d'une concession de service public », en se gardant pour autant bien de dire que toutes les activités théâtrales, et à plus forte raison les autres activités culturelles des personnes publiques, pouvaient être considérées comme des services publics. C'est en 1959 qu'une reconnaissance beaucoup plus explicite et considérée comme définitive – mais rien ne l'est-il jamais ? – est exprimée dans l'arrêt Dauphin, qui portait sur l'allée des Alyscamps, à Arles, même si le Conseil d'État y prend la précaution de qualifier le service public en cause à la fois de culturel et de touristique. Il acheva d'en faire une notion autonome avec son arrêt Association MJC de Saint-Maur de1983. D'un point de vue juridique, cette jurisprudence du Conseil d'État emporte la soumission des activités qualifiées de

de la Citoyenneté culturelle. Il relève de principes constitutionnels pour la garantie de son égal accès, de sa continuité et de son adaptabilité. Du point de vue des droits, dans les États ayant ratifié les principaux traités internationaux abordant les droits culturels, notamment le PIDESC, Pacte international relatif aux droits économiques, sociaux et culturels, il s'agit principalement du droit de participer librement à la vie culturelle, de la liberté d'opinion et d'expression individuelle et collective ainsi que du respect des diversités culturelles et cela dans les limites fixées par l'État en conformité avec les textes internationaux sur lesquels il s'est engagé.

La possibilité du plein exercice de la citoyenneté culturelle implique que les États respectent les exigences d'accessibilité universelle, d'égalité des chances et de non-discrimination présentes dans de nombreux textes réglementaires. Elle suppose le droit de toutes et tous de contribuer à la conception des politiques culturelles afin de permettre, grâce à la prise en compte des besoins spécifiques, la création d'un environnement capacitant, condition indispensable pour l'effectivité de la citoyenneté culturelle.

La citoyenneté culturelle implique de la part des citoyennes, des citoyens et des gouvernances, la pratique d'un civisme culturel, c'est-à-dire de l'attachement dans sa vie personnelle et dans ses responsabilités professionnelles ou d'élus, au respect des droits culturels et de leurs obligations et devoirs respectifs.

---

services publics culturels au droit administratif et aux grands principes qui régissent le service public – la continuité, l'égalité et la mutabilité, ainsi que des règles particulières encadrant, par exemple, la gestion ou le financement de ces services. » Introduction de Bruno Lasserre, Vice-président du Conseil d'État. Colloque co-organisé par les comités d'histoire du Conseil d'État et du ministère de la Culture, en partenariat avec, la Comédie-Française et l'Institut des sciences sociales du politique.

Décisions du Conseil d'État :

CE 7 avril 1916, Astruc et Société du Théâtre des Champs-Elysées, Sirey, III[ee]partie, page 41, note Hauriou
CE 21 juillet 1923, Sieur Gheusi, Lebon 1923, p. 639
CE, 11 mai 1959, Dauphin, Lebon 1959, p. 294
CE 21 janvier 1983, Association MJC de Saint-Maur, n° 37308
CE 7 juillet 1975, Commune des Ponts-de-Cé, Lebon p. 797
CE 20 juillet 1990, Ville de Melun et Association Melun Culture, Lebon p. 220
CE 12 juin 1959, Syndicat des exploitants des cinématographes de l'Oranie, Rec. p. 363
CE 6 avril 2007, Ville d'Aix-en-Provence, n° 284736
CE 25 mars 1988, Commune d'Hyères c. Serre, n° 61257, p. 668
CE 6 avril 2007, Commune d'Aix-en-Provence, n° 284736

La citoyenneté culturelle engage donc les individus les uns envers les autres et envers l'État. Et elle engage les gouvernances étatiques, celles des collectivités, d'établissements et de services vis-à-vis des individus. Revendiquer et promouvoir l'effectivité de la citoyenneté culturelle suppose la connaissance des droits culturels, des obligations et des devoirs y afférents, une conscience morale et politique, un esprit de tolérance, le sens de l'intérêt général, le souci de l'autre et une ouverture au monde.

Se repérer dans la diversité des droits culturels, des devoirs et des obligations y afférents

La notion de citoyenneté implique l'égalité devant la loi, l'attribution de droits et le rôle protecteur de l'État envers les citoyennes et les citoyens notamment pour ce qui est de leurs droits culturels, des droits nombreux et peu connus. Il y a donc lieu de rappeler ce que sont ces droits au cœur de la citoyenneté culturelle.

**Ces droits reposant sur des grands principes fondateurs qui sont essentiellement :
la liberté, l'égalité des chances, de traitement, la non-discrimination et l'accessibilité universelle**

Dans certains pays comme la France la fraternité est également inscrite parmi les principales valeurs ainsi que la laïcité[5]. **On distingue trois catégories de droits apparues successivement :**

① **Des droits dits de première génération, les droits-libertés**, premiers droits à être reconnus, liberté d'expression, d'opinion, de réunion, d'association, etc. Ils peuvent être individuels ou collectifs et offrent aux individus une certaine autonomie et la possibilité d'agir sans être soumis à un pouvoir arbitraire. Ce sont ces droits que reconnaît la *Déclaration des droits de l'homme et du citoyen* de 1789[6]. Parmi ces droits, les droits politiques, droit de vote et d'éligibilité, permettent de participer aux décisions de la vie publique.

5. Ibid

6. Source : vie-publique.fr

② **Des droits de deuxième génération, les droits-créances**, à la différence des droits-libertés, ils ont un coût. Leur appellation souligne la nécessité de l'intervention de l'État pour qu'ils soient mis en œuvre et protégés. Il s'agit de droits économiques, sociaux et culturels, tels que le droit à l'instruction, à la culture, le droit à la santé, le droit au travail ou le droit d'appartenance à un syndicat. En France, ils sont inscrits dans le préambule de la Constitution. L'affirmation de ces droits a coïncidé avec la création de l'État-providence, à savoir d'un État plus interventionniste économiquement et socialement.

③ **Plus récemment sont apparus les droits dits de troisième génération** qui concernent non seulement les citoyens d'un même État, mais impliquent plus largement l'ensemble de la communauté internationale tels le droit à un environnement sain, le droit des générations futures, le droit d'ingérence humanitaire.

Pour se repérer dans les textes qui abordent les droits culturels, nous pouvons en dégager des catégories en fonction de leurs contenus. En voici une typologie suivie de développements.

Typologie de contenus des textes afférents aux droits culturels et pour leur effectivité

- **Affirmation d'aspirations à des idéaux**, à l'incarnation de principes, de valeurs ayant trait aux droits culturels de personnes et de groupes humains
- **Engagements pour le respect de droits inhérents à des thématiques concernant les modes de vie et des pratiques culturelles et artistiques** ainsi que pour la prise de mesures pour leur effectivité
- **Engagement sur le respect des droits culturels de catégories de populations,** (peuples, minorités, enfants, personnes âgées, handicapées, détenues, immigrées, gens du voyage, etc.)
- **Obligations et responsabilités** posées pour les gouvernances Étatiques et celles de collectivités
- **Obligations pour des établissements, des services, des créateurs de produits** culturels en matière d'accessibilité, d'égal accès de toutes et tous
- **Obligations pour les personnes** et certains organismes de respect de limitations concernant la liberté d'expression
- **Obligations d'instauration de dispositifs** accordant des moyens pour l'effectivité des droits culturels : aides humaines, financières, techniques, services, (avec notamment la reconnaissance dans certains États d'un service public culturel), etc.

Abordons maintenant les droits culturels reconnus aux personnes, puis ceux concernant des groupes humains spécifiques, ensuite les obligations, responsabilités, et devoirs posés pour les gouvernances et enfin celles pour les personnes.

Textes portant sur les droits culturels au plan international

RECONNUS AUX PERSONNES

Depuis près d'un siècle de nombreux textes, déclarations, conventions, traités ont été adoptés au plan international pour la reconnaissance de droits culturels des personnes, certains spécifiques à la culture, d'autres comportant cette dimension parmi les thématiques abordées.

En voici présentés les principaux :

- **Déclaration universelle des droits de l'homme (ONU - 1948)**

Article 22 : « Toute personne en tant que membre de la société a droit à la Sécurité sociale : elle est fondée à obtenir la satisfaction des droits économiques, sociaux et culturels indispensables à sa dignité et au libre développement de sa personnalité grâce à l'effort national et à la coopération internationale compte tenu de l'organisation et des ressources de chaque pays. »

Article 27 : « 1. Toute personne a le droit de prendre part librement à la vie culturelle de la communauté., de jouir des arts et de participer au progrès scientifique et aux bienfaits qui en résultent ; 2. Chacun a droit à la protection des intérêts moraux et matériels découlant de toute production scientifique, littéraire et artistique dont il est l'auteur. »

- **Pacte international relatif aux droits économiques, sociaux et culturels (PIDESC 1966)**

Article 13 : « Les États parties au présent pacte reconnaissent le droit de toute personne à l'éducation. Ils conviennent que l'éducation doit viser au plein épanouissement de la personnalité humaine et du sens de sa dignité et renforcer le respect des droits de l'homme et des libertés fondamentales. Ils conviennent en outre que l'éducation doit mettre toute personne en mesure de jouer un rôle utile dans une société libre, favoriser la compréhension, la tolérance et l'amitié entre toutes les nations et tous les groupes raciaux, ethniques et religieux et encourager le développement des activités des Nations unies pour le maintien de la paix. »

• **Déclaration universelle de l'Unesco sur la diversité culturelle de 2001**

Article 5 - Les droits culturels, cadre propice de la diversité culturelle. Les droits culturels sont partie intégrante des droits de l'homme, qui sont universels, indissociables et interdépendants. L'épanouissement d'une diversité créatrice exige la pleine réalisation des droits culturels, tels qu'ils sont définis à l'article 27 de la Déclaration universelle des droits de l'homme et aux articles 13 et 15 du Pacte international relatif aux droits économiques, sociaux et culturels. Toute personne doit ainsi pouvoir s'exprimer, créer et diffuser ses œuvres dans la langue de son choix et en particulier dans sa langue maternelle ; toute personne a le droit à une éducation et une formation de qualité qui respectent pleinement son identité culturelle ; toute personne doit pouvoir participer à la vie culturelle de son choix et exercer ses propres pratiques culturelles, dans les limites qu'impose le respect des droits de l'homme et des libertés fondamentales[7].

Principales thématiques abordées touchant à la vie culturelle et artistique :

- Liberté de participer à la vie culturelle de la communauté
- Liberté d'opinion et d'expression
- Liberté de culte
- Respect et protection des identités et diversités culturelles
- Droit de toutes et tous d'accéder à l'éducation, à l'enseignement, à la création artistique, à Internet
- Protection de la propriété intellectuelle, artistique et des droits moraux
- Droit de participer à l'élaboration et à l'évaluation des actions et des politiques culturelles

RECONNUS À DES GROUPES HUMAINS

Face aux constats des discriminations dont ont été et dont sont encore victimes de nombreux groupes humains, des textes importants ont été adoptés par la communauté internationale pour les protéger.

• **Déclaration universelle de l'Unesco sur la diversité culturelle de 2001**

Article 4 – Les droits de l'homme, garants de la diversité culturelle. La défense de la diversité culturelle est un impératif éthique, inséparable du respect de la

7. https: //www.unesco.org/

dignité de la personne humaine. Elle implique l'engagement de respecter les droits de l'homme et les libertés fondamentales, en particulier les droits des personnes appartenant à des minorités et ceux des peuples autochtones. Nul ne peut invoquer la diversité culturelle pour porter atteinte aux droits de l'homme garantis par le droit international, ni pour en limiter la portée.

• **Convention de l'Unesco de 2005 sur la protection et la promotion de la diversité des expressions culturelles**

Article 3 - Principe de l'égale dignité et du respect de toutes les cultures.

La protection et la promotion de la diversité des expressions culturelles impliquent la reconnaissance de l'égale dignité et du respect de toutes les cultures, y compris celles des personnes appartenant aux minorités et celles des peuples autochtones[8].

• **Convention de l'Onu relative aux droits de l'enfant adoptée en 1989**

Article 31 : « Les États parties respectent et favorisent le droit de l'enfant de participer pleinement à la vie culturelle et artistique... ».

• **Convention de l'Onu relative aux droits des personnes handicapées (2006)**

Article 30 - 1 : « Les États Parties reconnaissent le droit des personnes handicapées de participer à la vie culturelle, sur la base de l'égalité avec les autres [...] ». Elle porte aussi des exigences d'accessibilité universelle et de non-discrimination.

Rappel des thématiques abordées dans les textes concernant les groupes humains

- Droit à l'autodétermination des peuples
- Reconnaissance et protection des langues
- Respect des communautés et identités culturelles, des modes de vie
- Liberté de culte

8. https://fr.unesco.org/creativity/publications/textes-de-convention-2005

RECONNU À LA COMMUNAUTÉ HUMAINE

Des textes internationaux contribuent à la prise de conscience de notre appartenance à la communauté humaine via sa dimension culturelle. Leur importance est considérable car ils peuvent contribuer à limiter les effets dévastateurs des obsessions identitaires.

• Convention pour la protection du patrimoine mondial, culturel et naturel adoptée par la Conférence générale de l'UNESCO, le 16 novembre 1972. [9]

La Convention définit le genre de sites naturels ou culturels dont on peut considérer l'inscription sur la liste du patrimoine mondial. Elle fixe les devoirs des États parties dans l'identification de sites potentiels, ainsi que leur rôle dans la protection et la préservation des sites. En signant la Convention, chaque pays s'engage non seulement à assurer la bonne conservation des sites du patrimoine mondial qui se trouvent sur son territoire, mais aussi à protéger son patrimoine national. Les États patries sont encouragés à intégrer la protection du patrimoine culturel et naturel dans les programmes de planification régionaux, à mettre en place du personnel et des services sur leurs sites, à entreprendre des études scientifiques et techniques sur la conservation et à prendre des mesures pour conférer à ce patrimoine une fonction dans la vie quotidienne des citoyens. Elle explique le mode d'utilisation et de gestion du Fonds du patrimoine mondial et les conditions et modalités de l'assistance financière internationale.

L'UNESCO, avec l'aide du Conseil international des monuments et des sites (ICOMOS), a amorcé la préparation d'un projet de convention sur la protection du patrimoine culturel[10].

---

9. L'idée de créer un mouvement international pour protéger le patrimoine est née après la Première Guerre mondiale. La Convention concernant la protection du patrimoine mondial, culturel et naturel procède de la fusion de deux mouvements distincts : le premier, centré sur les dangers menaçant les sites culturels et le second, axé sur la préservation de la nature. L'événement qui a suscité une prise de conscience internationale particulière a été la décision de construire le barrage d'Assouan en Égypte, ce qui aurait inondé la vallée où se trouvaient les temples d'Abou Simbel, trésors de la civilisation de l'Égypte ancienne. En 1959, l'UNESCO a décidé de lancer une Campagne internationale à la suite d'un appel des gouvernements égyptien et soudanais. La recherche archéologique dans les zones qui allaient être inondées a été accélérée ; enfin, les temples d'Abou Simbel et de Philae ont été démontés, déplacés et réassemblés. La campagne a coûté environ 80 millions de dollars EU, la moitié provenant de dons d'une cinquantaine de pays, ce qui a démontré l'importance d'un partage des responsabilités entre pays pour préserver les sites culturels exceptionnels. Ce succès a été suivi d'autres campagnes de sauvegarde, notamment pour sauver Venise et sa lagune (Italie) et les Ruines archéologiques de Mohenjo Daro (Pakistan), et pour restaurer l'Ensemble de Borobudur (Indonésie).

10. Sources : fr.unesco.org et whc.unesco.org

L'idée de concilier la conservation des sites culturels et celle des sites naturels vient des États-Unis d'Amérique. Une conférence à la Maison-Blanche à Washington, D.C., en 1965, a demandé la création d'une « Fondation du patrimoine mondial » qui stimulerait la coopération internationale afin de protéger « les lieux, les paysages et les sites historiques les plus extraordinaires pour le présent et l'avenir de toute l'humanité ». En 1968, l'Union internationale pour la conservation de la nature (UICN) a formulé des propositions analogues à ses membres. Ces propositions furent présentées à la Conférence des Nations Unies sur l'Environnement humain à Stockholm en 1972. Finalement, toutes les parties concernées se sont mises d'accord sur un texte unique. La Convention concernant la protection du patrimoine mondial, culturel et naturel a été adoptée par la Conférence générale de l'UNESCO, le 16 novembre 1972.

• **Convention de 1954 pour la protection des biens culturels en cas de conflit armé**

La Convention de La Haye de 1954 est le premier et le plus complet des traités multilatéraux consacrés exclusivement à la protection du patrimoine culturel en temps de paix comme en cas de conflit armé. Elle vise à protéger les biens culturels, tels que les monuments d'architecture, d'art ou d'histoire, les sites archéologiques, les œuvres d'art, les manuscrits, les livres et autres objets présentant un intérêt artistique, historique ou archéologique, ainsi que les collections scientifiques de toute nature, quelles que soient leur origine ou leur propriété.

Les États parties à la Convention bénéficient de leur propre engagement, avec l'objectif de préserver l'héritage culturel des conséquences de conflits armés possibles grâce aux mesures suivantes :

- Adopter des mesures préventives telles que la préparation d'inventaires, la planification de mesures d'urgence pour protéger les biens contre les risques d'incendie ou d'effondrement des bâtiments, et la préparation du déménagement des biens culturels vers des lieux sûrs ;
- Développer des initiatives qui garantissent le respect des biens culturels situés sur leur propre territoire ou sur le territoire d'autres États Parties. Cela implique de s'abstenir d'utiliser ces biens d'une manière qui pourrait les exposer à la destruction ou à la détérioration en cas de conflit armé, et de s'abstenir de tout acte d'hostilité dirigé contre eux ;
- Inscrire les biens culturels de très haute importance au Registre international des biens culturels sous protection spéciale afin d'obtenir une protection spéciale pour ces biens ;

- Marquer certains bâtiments et monuments importants du signe distinctif de la Convention ;
- Fournir un lieu de refuge éventuel pour protéger les biens culturels meubles ;
- Créer des unités spéciales au sein des forces militaires chargées de la protection des biens culturels ;
- Établir des sanctions en cas de violation de la Convention ;
- Promouvoir la Convention auprès du grand public et de groupes cibles tels que les professionnels du patrimoine culturel, les militaires ou les forces de l'ordre.

• **Dans le cadre d'une réflexion internationale, à remarquer, l'apparition des neurodroits, un nouveau cadre de droits en développement pour la protection des « droits humains de l'esprit »**[11]. Les évolutions de la technologie biomédicale, des possibilités offertes par les diverses neurotechnologies de « surveiller » et de « moduler » l'activité cérébrale, ont suscité et suscitent des préoccupations notamment parmi des membres de la communauté scientifique et chez des responsables politiques en termes d'éthique et de droit.

Elles ont donné le jour au concept de « neurodroits » nommés également « Droits humains de l'esprit ».

Selon Marcello Ienca, chercheur en éthique biomédicale, ils peuvent être définis comme : « Les principes éthiques, juridiques sociaux ou naturels de liberté ou de droit lié au domaine cérébral et mental d'une personne ; c'est-à-dire les règles normatives fondamentales pour la protection et la préservation du cerveau et de l'esprit humain. »

L'une des préoccupations est le droit à la vie privée mentale, à la protection de nos données mentales et le droit à la liberté cognitive, la préservation de l'identité personnelle. Nous voyons là que ces questionnements concernent pleinement le sujet de la citoyenneté culturelle. À noter que le Chili est le premier État à avoir adopté une loi portant sur les neurodroits (le 29 septembre 2021).

11. Source : actu epfl.ch article de Célia Luterbacher : « Que sont les neurodroits et pourquoi en avons-nous besoin ? »

Textes portant sur les droits culturels au plan européen

Il est important de distinguer au plan européen deux institutions, le Conseil de l'Europe et l'Union européenne[12]. Des textes peuvent émaner de l'une ou de l'autre.

L'Union européenne (UE) est une union composée d'États membres qui se sont regroupés dans les domaines économique et politique, afin d'assurer le maintien de la paix en Europe et de favoriser le progrès économique et social. L'UE compte 27 États membres. L'UE est juridiquement créée par le traité sur l'Union européenne (TUE) signé à Maastricht le 7 février 1992, et entré en vigueur le 1er novembre 1993. L'UE est une organisation unique. Ce n'est ni une fédération, ni une confédération d'États, ni une organisation internationale. Elle est néanmoins dotée de la personnalité juridique par le traité de Lisbonne (art. 47 TUE), ce qui lui permet de conclure des traités ou d'adhérer à des conventions. L'Union possède des institutions fortes, auxquelles les États membres ont transféré une partie de leurs compétences. Le Traité de Lisbonne signé le 13 décembre 2007 et entré en vigueur le 1er décembre 2009, a substitué l'UE à la Communauté européenne. Le traité instituant la Communauté européenne, qui la régissait, est rebaptisé « Traité sur le fonctionnement de l'Union européenne (TFUE) ». Le TUE et le TFUE sont les deux traités distincts et complémentaires qui régissent l'UE.

Le Conseil de l'Europe est une organisation distincte de l'Union européenne. Il a été créé par le traité de Londres du 5 mai 1949, signé par dix États (Belgique, Danemark, France, Irlande, Italie, Luxembourg, Norvège, Pays-Bas, Royaume-Uni et Suède). Le Conseil de l'Europe est la principale organisation des États attachés aux valeurs démocratiques et au pluralisme politique. Ainsi, ses objectifs principaux sont : de défendre les droits de l'homme et la prééminence du droit ; de rechercher des solutions aux problèmes de société ; de développer la stabilité démocratique en Europe ; de favoriser la prise de conscience et la mise en valeur de l'identité culturelle de l'Europe et de sa diversité. Il possède des institutions et des objectifs différents qui lui sont propres. Le Conseil de l'Europe est une organisation intergouvernementale. Il regroupe 46 États dont les 27 États membres de l'Union européenne (UE). Il représente plus de 800 millions d'Européens. Il ne faut pas confondre le Conseil de l'Europe avec le Conseil européen qui lui est une institution de l'UE. Il réunit les chefs d'État et de gouvernement des États

---

12. Source : vie-publique.fr

membres ; Le Conseil de l'Union européenne, ou conseil des ministres, est également une institution de l'UE. Il rassemble les ministres des gouvernements des États membres. À la suite de la décision du comité des ministres du 16 mars 2022, la Fédération de Russie a cessé d'être un État membre du Conseil de l'Europe. La Russie était membre du Conseil de l'Europe depuis 1996. La guerre lancée par la Russie contre l'Ukraine depuis le 24 février 2022 témoigne d'un « mépris à l'égard de l'essence même du Conseil de l'Europe », a statué le comité des ministres.

AU NIVEAU DU CONSEIL DE L'EUROPE

• **La Convention européenne des droits de l'homme** : la Convention de sauvegarde des droits de l'homme et libertés fondamentales, plus connue sous le nom de Convention européenne des droits de l'homme adoptée par le Conseil de l'Europe a été ouverte à la signature à Rome le 4 novembre 1950 et est entrée en vigueur le 3 septembre 1953. Elle a été le premier instrument concrétisant et rendant contraignants certains des droits énoncés dans la Déclaration Universelle des Droits de l'Homme. Depuis son adoption en 1950, la Convention a été amendée plusieurs fois et enrichie de nouveaux droits qui sont venus s'ajouter au texte initial. La liberté de pensée, de conscience et de religion est protégée par l'article 9. La liberté d'expression est protégée par l'article 10 qui précise que « ce droit comprend la liberté d'opinion et la liberté de recevoir ou de communiquer des informations ou des idées sans qu'il puisse y avoir ingérence d'autorités publiques et sans considération de frontières ».

Article 19 : il prévoit qu'afin « d'assurer le respect des engagements résultant pour les Hautes Parties contractantes de la présente Convention et de ses protocoles, il est institué une Cour européenne des droits de l'homme. »[13]. Créée en

13. La Cour peut être saisie par une personne physique, une organisation non gouvernementale ou un groupe de particuliers qui se prétend victime d'une violation des droits reconnus dans la Convention et ses protocoles, par l'un des États contractants. La Convention prévoit également la possibilité de requêtes interétatiques, introduites par un État contre un autre État. La Cour est composée de 47 juges, soit un par État partie à la CEDH, élus pour une durée de neuf ans non renouvelable, avec une limite d'âge fixée à 70 ans. Les juges siègent à titre individuel et ne représentent aucun État. Leur fonction leur interdit toute activité incompatible avec leurs devoirs d'indépendance et d'impartialité.En près d'un demi-siècle, la Cour a rendu plus de 10 000 arrêts. Obligatoires pour les États concernés, ceux-ci conduisent les gouvernements à modifier leur législation et leur pratique administrative dans de nombreux domaines. Le Comité des Ministres du Conseil de l'Europe veille à ce que les arrêts soient exécutés, notamment à ce que les sommes d'argent allouées par la Cour aux requérants en réparation du préjudice qu'ils ont subi leur soient effectivement versées. Les frais de fonctionnement de la Cour sont à la charge du Conseil de l'Europe, lequel est financé par des contributions provenant des États membres, qui sont fixées en fonction de barèmes tenant compte de la population et du produit national brut.

1959, la Cour siège à Strasbourg depuis le 1er novembre 1998. Elle est compétente lorsqu'un État membre du Conseil de l'Europe, qui a ratifié la Convention et ses protocoles additionnels, ne respecte pas les droits et les libertés qui y sont reconnus. Cependant, elle intervient en dernier recours, c'est-à-dire lorsque le requérant a épuisé l'ensemble des voies de recours internes (on parle de compétence subsidiaire).

• **La Charte des droits fondamentaux de l'Union européenne** : elle comporte 54 articles consacrant les droits fondamentaux des personnes au sein de l'UE. Ceux-ci sont répartis entre six valeurs individuelles et universelles constituant le socle de la construction européenne : dignité, liberté, égalité, solidarité, citoyenneté et justice. Nous pouvons remarquer un point intéressant à son article 25 car il porte sur une population souvent oubliée pour ce qui est de leurs droits culturels :

Article 25 : « L'Union reconnaît et respecte le droit des personnes âgées à mener une vie digne et indépendante et à participer à la vie sociale et culturelle. ».

• **La Convention de Faro sur la valeur du patrimoine culturel pour la société** : la Convention de Faro met en avant les aspects importants du patrimoine, dans son rapport aux droits de l'homme et à la démocratie. Elle encourage à prendre conscience que l'importance du patrimoine culturel tient moins aux objets et aux lieux qu'aux significations et aux usages que les gens leur attachent et aux valeurs qu'ils représentent. Elle est une « convention cadre » qui définit les enjeux, les objectifs généraux et les champs possibles d'intervention dans lesquels les États membres sont invités à progresser. Chaque partie contractante peut décider des moyens qui conviennent le mieux pour la mise en œuvre, en fonction de ses cadres législatifs et institutionnels, de ses pratiques et de son expérience spécifique. Comparée aux autres conventions, la « convention-cadre » ne crée pas d'obligation d'action. Elle suggère plus qu'elle n'impose. La Convention a été adoptée par le Comité des Ministres du Conseil de l'Europe le 13 octobre 2005, et ouverte à la signature des États membres à Faro (Portugal) le 27 octobre de la même année. Elle est entrée en vigueur le 1er juin 2011.

Les actions concrètes donnent vie et sens aux conventions du Conseil de l'Europe. Elles confèrent aux mots une puissance, contribuant ainsi à ce que les politiques publiques apportent des changements sociaux positifs.

En s'appuyant sur une définition améliorée du patrimoine et en mettant l'accent sur les communautés du patrimoine et le principe de responsabilité partagée[14].

AU NIVEAU DE L'UNION EUROPÉENNE

De nombreuses directives sur l'accessibilité ont favorisé l'effectivité des droits culturels, telles celles portant sur le sous-titrage, la langue des signes, l'audiodescription pour le cinéma et la télévision, l'obligation de se conformer au Référentiel général d'amélioration de l'accessibilité (RGAA)[15] des sites Internet publics, etc. Ces directives ont fait l'objet de déclinaisons dans les législations des États membres de l'UE. À noter l'adoption d'une résolution concernant les droits culturels des personnes handicapées et l'adoption récente d'une Directive sur l'accessibilité :

- **Résolution du 6 mai 2003** du Conseil des ministres de l'éducation, de la jeunesse et de la culture de l'Union européenne « Accès des personnes handicapées aux infrastructures et activités « culturelles »[16].

- **Acte législatif européen sur l'accessibilité[17] - 2019** : c'est une directive qui vise

---

14. Source : Convention de Faro 2005 sur la valeur du patrimoine culturel pour la société. https://www.coe.int/fr/web/culture-and-heritage/faro-convention

15. accessibilite.numerique.gouv.fr

16. https://cemaforre.asso.fr/downloads/resolution_fr.pdf

17. Source : ec.europa.eu.
• **Les entreprises** bénéficieront : de règles communes en matière d'accessibilité dans l'UE ce qui contribuera à réduire les coûts ; d'échanges transfrontières facilités ; de davantage de débouchés pour leurs produits et services accessibles.
• **Les personnes handicapées et les personnes âgées** bénéficieront d'un plus grand nombre de produits et services accessibles sur le marché ; de produits et services accessibles à des prix plus compétitifs ; d'un accès facilité aux transports, à l'éducation et au marché du travail ; d'un plus grand nombre d'emplois nécessitant une expertise en matière d'accessibilité.
• **Produits et services couverts :** l'acte législatif européen sur l'accessibilité couvre les produits et les services qui ont été reconnus comme les plus importants pour les personnes handicapées, tout en étant les plus susceptibles d'être soumis à des exigences divergentes en matière d'accessibilité dans les différents pays de l'UE. La Commission a consulté les parties intéressées et des experts en matière d'accessibilité et a tenu compte des obligations découlant de la convention des Nations unies relative aux personnes handicapées. Ces produits et services comprennent : les ordinateurs et systèmes d'exploitation, les distributeurs automatiques de billets, les distributeurs de titres de transport et les bornes d'enregistrement automatiques, les smartphones, les équipements de télévision reliés à des services de télévision numériques, les services de téléphonie et équipements connexes, l'accès à des services de médias audiovisuels, tels que les émissions télévisées et les équipements grand public correspondants, les services liés au transport aérien, ferroviaire, par voie de navigation intérieure et par autobus de passagers, les services bancaires, les livres électroniques, le commerce électronique.

à améliorer le fonctionnement du marché intérieur des produits et services accessibles, en supprimant les obstacles créés par des règles divergentes dans les différents États membres.

AU NIVEAU DE LA FRANCE

La France bénéficie d'un ensemble de textes rappelant les droits culturels pour sa population, pour des catégories spécifiques de personnes et concernant certaines thématiques.

En voici les principaux :

- **Préambule de la Constitution française de 1946 :** « La Nation garant l'égal accès de l'enfant et de l'adulte à [...] la culture. »

- **Lois du service public, dites lois de Rolland,** regroupent l'ensemble des principes applicables à tout service public. Le Conseil constitutionnel à plusieurs reprises a reconnu les principes d'égal accès au service public, de garantie de sa continuité, de sa mutabilité et de son adaptabilité comme ayant valeurs de principes constitutionnels.

- **Reconnaissance juridique d'un service public de la culture** par construction jurisprudentielle du Conseil d'État[18].

- **Loi n° 98-657 du 29 juillet 1998 d'orientation relative à la lutte contre les exclusions**

Article 140 : L'égal accès de tous, tout au long de la vie, à la culture, à la pratique sportive, aux vacances et aux loisirs constitue un objectif national. Il permet de garantir l'exercice effectif de la citoyenneté. [...].

- **Loi NOTRe, Nouvelle Organisation Territoriale de la République**

Article 103 : « La responsabilité en matière culturelle est exercée conjointement par les collectivités territoriales et l'État dans le respect des droits culturels énoncés par la Convention sur la protection et la promotion de la diversité des expressions culturelles du 20 octobre 2005. »[19]

---

18. *Ibid*

19. Loi 2015-991 du 7 août 2015 portant sur la Nouvelle Organisation Territoriale de la République (NOTRe)

• **Loi LCAP, Liberté de la Création, Architecture, Patrimoine, promulguée en 2016**

Article 3 : « L'État à travers ses services centraux et décentralisés, les collectivités territoriales et leurs groupements ainsi que leurs établissements publics définissent et mettent en œuvre dans le respect des droits culturels énoncés par la Convention de l'Organisation des nations unies pour l'éducation, la science et la culture, sur la protection et la promotion de la diversité des expressions culturelles du 20 octobre 2005, une politique de service public construite en concertation avec les acteurs de la création artistique. »[20]

• **Loi n° 2021-1717 du 21 décembre 2021, dite loi Robert, relative aux bibliothèques et au développement de la lecture publique,**

NOR : MICX2115869L. JORF n°0297 du 22 décembre 2021.
https://www.legifrance.gouv.fr/jorf/jo/2021/12/22/0297

Concernant les personnes handicapées, la loi qui a refondu la politique nationale du handicap, la Loi « Égalité des droits et des chances, participation et citoyenneté des personnes handicapées » du 11 février 2005, a donné lieu à plusieurs décrets dont certains aspects concernent la culture :

• **Décret sur la Prestation de compensation du handicap**[21] qui a reconnu la culture comme besoin essentiel à l'existence et ouvrant droit à compensation en aides humaines et techniques.

• **Décret sur l'accessibilité des établissements**[22] recevant du public qui pose, par-delà les exigences d'accessibilité de leur cadre bâti, celle de leurs prestations qui doivent être pour les personnes handicapées accessibles comme pour les personnes valides ou à défaut présenter une égale qualité d'usage.

---

20. Source : https: //www.culture.gouv.fr/Thematiques/Monuments-Sites/Actualites/Loi-relative-a-la-liberte-de-la-creation-a-l-architecture-et-au-patrimoine

21. Décret 2005-1591 du 19 décembre 2005 relatif à la prestation de compensation à domicile pour les personnes handicapées. Annexe 2-5 du Code de l'action sociale et des familles. Référentiel pour l'accès à la prestation de compensation.
https://www.legifrance.gouv.fr/jorf/id/JORFARTI000001875857

22. Décret n° 2006-555 du 17 mai 2006 relatif à l'accessibilité des établissements recevant du public, des installations ouvertes au public et des bâtiments d'habitation et modifiant le code de la construction et de l'habitation. Source : legifrance.gouv.fr

Étant donné la méconnaissance des textes portant sur les droits culturels, en cas de discriminations concernant l'accès à la culture, ce sont en général les textes portant spécifiquement sur les discriminations qui sont mobilisés, tout particulièrement cette loi de 2008 :

• **Loi n° 2008-496 du 27 mai 2008 portant diverses dispositions d'adaptation au droit communautaire dans le domaine de la lutte contre les discriminations**

Article 1 : Constitue une discrimination directe la situation dans laquelle, sur le fondement de son origine, de son sexe, de sa situation de famille, de sa grossesse, de son apparence physique, de la particulière vulnérabilité résultant de sa situation économique, apparente ou connue de son auteur, de son patronyme, de son lieu de résidence ou de sa domiciliation bancaire, de son état de santé, de sa perte d'autonomie, de son handicap, de ses caractéristiques génétiques, de ses mœurs, de son orientation sexuelle, de son identité de genre, de son âge, de ses opinions politiques, de ses activités syndicales, de sa capacité à s'exprimer dans une langue autre que le français, de son appartenance ou de sa non-appartenance, vraie ou supposée, à une ethnie, une nation, une prétendue race ou une religion déterminée, une personne est traitée de manière moins favorable qu'une autre ne l'est, ne l'a été ou ne l'aura été dans une situation comparable. Constitue une discrimination indirecte une disposition, un critère ou une pratique neutre en apparence, mais susceptible d'entraîner, pour l'un des motifs mentionnés au premier alinéa, un désavantage particulier pour des personnes par rapport à d'autres personnes, à moins que cette disposition, ce critère ou cette pratique ne soit objectivement justifiée par un but légitime et que les moyens pour réaliser ce but ne soient nécessaires et appropriés. [...]

EN BELGIQUE, UNE SPÉCIFICITÉ INTÉRESSANTE

Une démarche est à souligner en Belgique car elle est rare et marque bien là l'idée d'une référence au concept originel de citoyenneté.

• **Décret du 21 novembre 2013 de la Fédération Wallonie-Bruxelles 2013 :**

« Les populations participent activement à la définition, la gestion et l'évaluation de l'action culturelle mise en œuvre par le centre culturel [...]. »

Devoirs et obligations des gouvernances étatiques, locales, d'entreprises, d'établissements, de services ainsi que des citoyennes et des citoyens

Lorsque l'on évoque les droits culturels, on oublie trop souvent de rappeler que ceux-ci vont de pair avec des obligations et des devoirs et qu'il s'agit là d'un point tout à fait essentiel car sans leur respect les droits culturels, la citoyenneté culturelle ne peuvent être effectifs. Par ailleurs on brandit souvent les devoirs des citoyennes et des citoyens, mais bien peu les obligations, les responsabilités des gouvernances en ce domaine.

Concernant les gouvernances il est intéressant de se reporter à l'Observation générale 21 qui regroupe la plupart des textes essentiels. On y trouve notamment cette mention issue du Pidesc : « L'obligation de respecter le droit de participer à la vie culturelle exige de l'État qu'il s'abstienne d'en entraver directement ou indirectement l'exercice. », ou encore, à son Article 15 - 3° Les États parties au présent pacte s'engagent à respecter la liberté indispensable à la recherche scientifique et aux activités créatrices ».

Pour les citoyennes et les citoyens, des devoirs sont posés dans des textes internationaux déjà mentionnés et précisés de manières diverses dans le cadre législatif des États. Il s'agit principalement de limitations dans la liberté d'expression, reposant sur l'interdiction de troubler l'ordre public, d'inciter à la haine, à la discrimination, à la violence contre les personnes, de porter atteinte à l'État lui-même, etc. Dans la *Déclaration des droits de l'homme et du citoyen* de 1789, il est stipulé :

**Art. 4. La liberté consiste à pouvoir faire tout ce qui ne nuit pas à autrui : ainsi, l'exercice des droits naturels de chaque homme n'a de bornes que celles qui assurent aux autres membres de la Société la jouissance de ces mêmes droits.
Ces bornes ne peuvent être déterminées que par la Loi.**

PORTÉE JURIDIQUE DES DROITS CULTURELS, LEUR JUSTICIABILITÉ

Ce point est tout à fait essentiel car il est une idée trop répandue, selon laquelle les droits culturels ne seraient qu'un ensemble de principes éthiques, de droits à la portée essentiellement philosophique et morale, sans dimensions contraignantes. Ce n'est pas le cas, mais il est nécessaire de distinguer les textes ayant uniquement une force symbolique, certes très importante, de ceux ayant une portée juridique, un caractère obligatoire, et qui peuvent être mobilisés dans le cadre des luttes contre des discriminations culturelles, des violations de ces droits. Tout d'abord il faut se rappeler que derrière ce mot, Droit, ce sont bien des significations contrastées.

Le propos n'est pas ici d'exposer l'histoire riche, vaste et ancienne du droit, mais de rappeler quelques notions utiles à la compréhension des droits culturels, telles celles de droit naturel[23], droit religieux, droit coutumier, droit positif, droits civils, droit international entre autres.

Le droit naturel est un concept qui a inspiré la création des droits humains universels et donc aussi des droits culturels. Il est apparu à la Renaissance porté par l'école de Salamanque[24], et développé par le philosophe néerlandais Hugo Grotius[25] (1583 – 1645). Il a connu un essor pendant le siècle des Lumières avec des penseurs tels Thomas Hobbes, John Locke et Jean-Jacques Rousseau notamment dans son Contrat social. Le droit naturel est considéré comme l'ensemble des droits que chaque individu possède du fait de son appartenance à l'Humanité et non de par la société dans laquelle il vit. Ses principales composantes sont la liberté, l'égalité, le droit de propriété, toutes considérées comme innées et universellement valables. Il est à différencier du droit positif qui correspond au droit en vigueur, applicable, édicté par un État et qui est donc changeant selon les régimes politiques, les lieux et les époques. Le concept du droit naturel, confondu parfois avec l'idée d'un « état originel, naturel », a pu susciter des critiques à son encontre, comme l'illustrent ces propos de Stendhal dans Le Rouge et le Noir : « Il n'y a point de droit naturel : ce mot n'est qu'une antique niaiserie.

---

23. Droit naturel, *Toupictionnaire : le dictionnaire de politique.*
QPC et droit de la culture conseil-constitutionnel.fr

24. Source : https: //audiotheque.alderan-philo.org/la-philosophie-de-la-renaissance/1206-lecole-de-salamanque-et-le-droit-naturel.html

25. Source : https: //www.universalis.fr/encyclopedie/grotius/

Avant la loi, il n'y a de naturel que la force du lion, ou le besoin de l'être qui a faim, qui a froid, le besoin en un mot. ». Ce concept ne doit pas être sujet à mépris, car même si le droit naturel n'est pas un droit revêtant une portée juridique répétons-le, il a joué un rôle considérable comme source d'inspiration, il est à l'origine de l'avènement des droits humains fondamentaux et universels dont font partie les droits culturels.

Le droit religieux est en vigueur aujourd'hui dans plusieurs pays. Il peut soutenir la prévalence de principes comme ceux de la Charia[26], sur les valeurs affirmées par les textes internationaux sur les droits de l'Homme, venant ainsi en contester toute portée et fortement entraver les libertés dans l'accès à la culture. Dans certains cas il pose l'interdiction des pratiques musicales et de bien d'autres activités culturelles ainsi que de certains choix de mode de vie. Quant au droit coutumier, nous pouvons remarquer qu'il peut être introduit dans la constitution de certaines démocraties. C'est notamment le cas en France concernant la Nouvelle-Calédonie. Ainsi le statut civil coutumier y est un régime dérogatoire au régime civil français. Il est reconnu aux Kanaks en vertu de l'article 75 de la Constitution. Ce statut concerne le droit civil, donc essentiellement les questions des affaires familiales, de successions et de gestions des biens, notamment les terres coutumières. Cette particularité juridique peut toucher aux droits culturels, notamment aux choix de modes de vie et de pratiques culturelles et artistiques.

Concernant le droit international, les déclarations permettent à des États d'exprimer des aspirations, d'affirmer des objectifs à atteindre en termes d'idéaux, mais n'ont pas un caractère contraignant contrairement aux traités, aux conventions, aux pactes et accords divers. Mais de plus, les tensions, voire des conflits permanents entre la souveraineté des États et la potentielle primauté du droit international laissent souvent peu de portée juridique à ce dernier comme le démontre et le dénonce Monique Chemillier-Gendreau, spécialiste du droit international[27]. Toutefois, de nombreux accords internationaux comportent des dispositifs de suivi, de contrôle qui amènent les États à

26. La charia (en arabe : الشريعة, šarīʿa, /ʃaˈriːʕa/) représente dans l'islam diverses normes et règles doctrinales, sociales, culturelles et relationnelles édictées par la révélation. Le terme utilisé en arabe dans le contexte religieux signifie « chemin pour respecter la loi [de Dieu] ». Source : Wikipedia.org

27. Monique Chemillier-Gendreau, *Un autre droit pour un autre monde, Comment sortir des impasses du droit international contemporain*, éditions Pedone, 2023.

rendre des comptes, par le biais de rapports qui sont soumis à diverses instances onusiennes. Parallèlement à la dimension juridique, les dynamiques de sensibilisation, voire de pédagogie, qui en résultent ne sont pas négligeables tant au plan national qu'international. Parmi les textes internationaux déjà mentionnés, même si la Déclaration universelle des droits de l'homme détient une force symbolique primordiale et qu'elle est rappelée dans bien des introductions de textes de lois, elle n'a pas un caractère obligatoire. Cependant elle a inspiré des textes qui eux sont contraignants, tel le Pacte international relatif aux droits économiques, sociaux et culturels (Pidesc) qui comporte comme déjà évoqué, à son article 15 un contenu très important sur les droits culturels[28].

Rappelons ici un extrait de l'Observation générale 21 du Comité des droits économiques, sociaux et culturels[29] se rapportant au PIDESC :

III. Obligations des États Parties

A - OBLIGATIONS JURIDIQUES GÉNÉRALES

44. *Le Pacte impose aux États parties l'obligation avec effet immédiat de garantir l'exercice, sans discrimination, du droit énoncé au paragraphe 1-a de l'article 15, de reconnaître les pratiques culturelles et de ne pas entraver leur exercice et leur développement*

45. *Même si le Pacte prévoit la réalisation « progressive » des droits qui y sont énoncés et prend en considération les contraintes dues à la limitation des ressources disponibles, il impose aux États parties l'obligation précise et constante d'adopter des mesures concrètes délibérées visant l'application intégrale du droit de chacun de participer à la vie culturelle.*

28. Source : https: //www.ohchr.org/fr/instruments-mechanisms/instruments/international-covenant-economic-social-and-cultural-rights

29. Source : https: //droitsculturels.org/wp-content/uploads/2012/07/OBSERVATION_GENERALE_21-droits-culturels.pdf

Selon Laura Anghel[30] : « L'adoption, le 20 octobre 2005, de la Convention sur la protection et la promotion de la diversité des expressions culturelles, par la 33e Conférence générale de l'Unesco, représente une étape majeure pour l'émergence d'un droit culturel international. Cette convention est le premier document international à valeur juridique à statuer sur l'importance de la culture et de la diversité culturelle dans le domaine des politiques culturelles, mais également dans ceux de la coopération internationale, du développement ou encore des droits de l'homme. La valeur spécifique des biens et des services culturels en tant que porteurs de valeurs, de sens et d'identités est donc juridiquement et internationalement reconnue. »

Rappelons également que *La Convention européenne des droits de l'homme* adoptée par le Conseil de l'Europe est un instrument concrétisant et rendant contraignants certains des droits énoncés dans la *Déclaration Universelle des Droits de l'Homme* et qu'il est possible dans certaines conditions de saisir la Cour européenne des droits de l'homme[31]. Par ailleurs certains pays ont intégré dans leur constitution ou dans ce que l'on nomme le bloc de constitutionnalité des textes qui n'ont pas en eux-mêmes de portée juridique, mais qui de ce fait en acquiert une tout à fait importante.

C'est le cas en France de la *Déclaration des droits de l'Homme et du citoyen* de 1789 qui comporte des articles concernant les droits culturels, notamment les articles 10 et 11 :

- **Art. 10.** Nul ne doit être inquiété pour ses opinions, même religieuses, pourvu que leur manifestation ne trouble pas l'ordre public établi par la Loi.
- **Art. 11.** La libre communication des pensées et des opinions est un des droits les plus précieux de l'Homme : tout Citoyen peut donc parler, écrire, imprimer librement, sauf à répondre de l'abus de cette liberté dans les cas déterminés par la Loi.

C'est le cas également de l'alinéa 13 du préambule de la constitution française : « La Nation garantit l'égal accès de l'enfant et de l'adulte à l'instruction, à la formation et à la culture. » qui a été reconnu par le Conseil constitutionnel comme faisant partie du bloc de constitutionnalité et détenteur de ce fait

30. Laura Anghel, *La convention sur la diversité des expressions culturelles : état des lieux*, CNRS Éditions 2008. Source : www.cairn.info

31. Source : https: //www.echr.coe.int/Pages/home.aspx?p=home&c=fre

d'une force juridique[32]. En termes de justiciabilité du droit d'accès à la culture, nous ne devrions pas négliger la reconnaissance juridique du service public culturel par le Conseil d'État[33]. À cette reconnaissance sont associées toutes les exigences d'application des principes d'égal accès, de continuité et de mutabilité y afférentes.

Dans sa thèse parue en 2014, Céline Romainville[34] aborde les difficultés persistantes autour des droits culturels et leurs origines. Elle écrit : « D'abord le nombre de recherches approfondies au niveau juridique conduites sur le droit à la culture, à l'exception des travaux de Mylène Bidault, d'Yvonne Donders, d'Elsa Stanatopoulou et d'autres auteurs, n'a pas permis de développer les contours d'un droit au contenu indéterminé dans sa formulation. D'une manière assez générale, il est observé néanmoins que les droits culturels font l'objet d'un intérêt croissant ces dernières décennies, mais qu'ils ne constituent pas à ce jour un corpus de droits suffisamment investi par les professionnels concernés. De ce fait les magistrats, les juges, les avocats sont peu formés sur ce domaine du droit et ce sont alors plutôt les textes portant sur les discriminations qui vont être mobilisés dans le cas de plaintes pour violations de droits culturels à l'exception notable des litiges concernant les droits d'auteur. Toutefois on constate par exemple qu'en France la cour de cassation accepte de plus en plus notamment l'invocation de la violation du Pidesc. ». La question des usages en termes d'interprétation des textes concernant leur portée juridique par les diverses instances juridictionnelles, selon les pays, les juges et les professionnels de la chaîne des acteurs concernés est une problématique majeure sur ce sujet de la justiciabilité des droits culturels.

En conclusion sur les droits culturels, il faut souligner l'importance de l'Observation générale 21 parce qu'elle regroupe la plupart des textes importants au plan international. De même, il est intéressant de se rapporter à la Déclaration de Fribourg sur les droits culturels de 2007, issue de débats approfondis pendant de nombreuses années, tenus au sein d'un groupe d'experts[35].

---

32. Source : https: //www.vie-publique.fr/fiches/275483-quest-ce-que-le-bloc-de-constitutionnalite

33. *Ibid* (service public de la culture)

34. Céline Romainville, *Le droit à la culture, une réalité juridique ; le droit de participer à la vie culturelle en droit constitutionnel et international*, Bruylant, 2014.

35. Source : https: //droitsculturels.org/observatoire/la-declaration-de-fribourg/

Les approches du concept de citoyenneté culturelle à travers le monde

Le concept de citoyenneté culturelle apparaît à travers le monde dans divers cadres de réflexions et d'actions.

SUR LE CONTINENT AMÉRICAIN, DANS LES DÉBATS AUTOUR DES QUESTIONNEMENTS IDENTITAIRES, DE LA DIVERSITÉ CULTURELLE ET DES MARGINALISATIONS.

Selon Adelaida R. del Castillo[36], « La citoyenneté culturelle fait partie d'un débat plus large sur le pluralisme culturel qui a commencé aux États-Unis au début du XXe siècle. Celui-ci a subi au moins trois transformations notables, à commencer par, au cours du premier quart du XXe siècle, des tentatives de préservation des cultures immigrées principalement européennes vis-à-vis de l'État, suivies par les mouvements intégrationnistes des droits civiques des années 1960 et 1970 et enfin, l'intégration de la « différence » et d'un multiculturalisme qui a commencé dans les années 1980 ». Elle indique aussi : « Jamais destinées à déstabiliser l'autorité de l'État nation ou son idéologie, ces « politiques de la différence » ont contribué à donner la parole à la citoyenneté démocratique américaine. »

Dans une approche assez similaire, Judith Vega, écrit :

> « La citoyenneté culturelle est un concept développé dans les discussions sur la société multiculturelle, la société des médias, le consumérisme et la théorie politique.
>
> Il permet d'aborder les différentes manières dont la citoyenneté se confond avec la culture, soit à travers des processus de mondialisation (impliquant de nouvelles identités culturelles, des immigrations, des industries culturelles) soit par des modes d'action de plus en plus orientés vers les questions des modes de vie. Toujours selon Judith Vega : « Face à ces défis, la bonne vieille notion de citoyenneté semble avoir besoin d'aide. ». [37]

---

36. Cultural Citizenship, https://www.encyclopedia.com/history/dictionaries-thesauruses-pictures-and-press-releases/cultural-citizenship

37. *Cultural Citizenship in Political Theory*, Judith Vega, Pieter Boele van Hensbroek June 23, 2014 by Routledge, 112 Pages

Renato Rosaldo écrit qu'en relation avec la sphère publique « il faut considérer les catégories qui sont visiblement inscrites sur le corps, telles que le genre et la race, et leurs conséquences pour une pleine participation démocratique. Dès qu'une femme ou une personne de couleur entre sur la place publique, la différence et l'inégalité font surface. Il est difficile de dissimuler les différences de genre et de race, et étant donné les normes préjudiciables sous lesquelles nous vivons encore, les inégalités vont faire surface ». Il existe certains obstacles visibles à la citoyenneté culturelle, même pour les personnes qui peuvent avoir les pleins droits légaux de la citoyenneté.

« La citoyenneté culturelle est un concept convoqué dans les luttes des personnes en position sociale subordonnée pour accéder aux ressources et à la reconnaissance de leur voix sur la place publique. ». Renato Rosaldo[38]

Rodolphe Solbiac a participé aux journées d'études consacrées au thème « Citoyenneté culturelle et mémoire collective dans la Caraïbe et ses diasporas » qui se sont tenues en 2013. Il est l'auteur de l'ouvrage *Émergence d'une identité caribéenne canadienne anglophone*. Il explore l'inscription de la mémoire indo-caribéenne et afro-caribéenne dans l'identité canadienne.

Il présente le contexte et les données littéraires indispensables à l'écriture de la mémoire au Canada à une période où l'identité et la culture nationales font l'objet de nombreux débats. Il analyse notamment le statut des mémoires extraterritoriales dans le débat sociétal canadien. Il pose l'état des lieux de la recherche sur la mémoire dans la sphère culturelle américano-caribéenne. Selon Alexandra Roch de l'université des Antilles, « l'originalité de la réflexion de Rodolphe Solbiac se situe dans la recomposition ou la re-territorialisation de la culture caribéenne, qu'elle soit barbadienne, trinidadienne ou jamaïcaine.

Il soulève également la problématique de la transmission culturelle caribéenne entre les Caribéens-canadiens de première et deuxième générations. Car la mémoire caribéenne « n'est pas considérée comme une mémoire à

---

38. Rosaldo R., 1999. *Cultural citizenship, inequality and multiculturalism*, In : R.D. Torres, et al., eds. Race, identity and citizenship. Oxford : Blackwell, 253-261.
Rosaldo R. « Cultural Citizenship, Inequality, and Multiculturalism » in Flores W.V. & Benmayor R. (dir.), *Latino Cultural Citizenship: Claiming identity, Space, and Rights*, Boston, Beacon Press 1997, p. 27-38.

transmettre, mais comme le souvenir des douleurs, des souffrances, de la misère d'un pays que l'on a quitté pour s'émanciper ». Il examine les effets de la mémoire caribéenne sur la problématique de la définition d'une mémoire nationale canadienne.

« Le concept de citoyenneté culturelle devient pour ces écrivains caribéens un droit de communiquer à propos de la différence culturelle et de la représenter ». Rodolphe Solbiac[39]

SUR LE CONTINENT AFRICAIN, À L'OCCASION DE RECHERCHES SUR LA MARGINALISATION DES JEUNES ET SUR LES RELATIONS ENTRE RELIGION ET CITOYENNETÉ

Marie-Nathalie Leblanc et Muriel Gomez-Perez[40] ont mené des enquêtes dans plusieurs pays francophones d'Afrique de l'Ouest sur des processus en cours chez la jeunesse dont le poids démographique est considérable, sur ses pratiques citoyennes face à son exclusion des centres du pouvoir économique, politique et ses difficultés sociales. Pour leurs analyses, selon leur propos dans la publication portant sur les résultats de leur recherche, elles convoquent le concept de citoyenneté culturelle : « Nous utiliserons la notion de « citoyenneté culturelle » élaborée par Toby Miller[41] (1998) dans le cadre de ses travaux sur la technologie et

39. Rodolphe Solbiac est maître de conférences habilité à diriger des recherches en études anglophones postcoloniales et Cultural Studies à l'université des Antilles. Il est membre du CRILLASH : Centre de Recherches Interdisciplinaires en Lettres, Langues, Arts et Sciences Humaines. Rodolphe Solbiac, *Émergence d'une identité caribéenne canadienne anglophone*, L'Harmattan, 2015. Extrait vidéo de : «Citoyenneté culturelle et mémoire collective dans la Caraïbe et ses diasporas» : journée d'étude, le 18 avril 2013. Université des Antilles et de la Guyane, en ligne : http://www.manioc.org/fichiers/V13144

40. Leblanc, M.-N. & Gomez-Perez, M. (2007). Jeunes musulmans et citoyenneté culturelle : retour sur des expériences de recherche en Afrique de l'Ouest francophone. *Sociologie et sociétés*, 39(2), 39–59. https : //doi.org/10.7202/019083ar (Leblanc & Gomez-Perez, 2007, p.40).
Concernant les objectifs de l'enquête : « [...] et ce afin de répondre à trois objectifs principaux :
1) mieux cerner les pourtours du nouvel activisme des jeunes musulmans ;
2) mesurer les variations du processus de réaffirmation de l'identité religieuse dans les milieux étudiants et associatifs, ainsi que ses logiques dans un contexte de fort regain religieux en Afrique de l'Ouest francophone, à partir de la fin des années 1970 et plus encore dans les années 1980-1990 ;
3) appréhender la capacité des jeunes musulmans à innover dans leurs stratégies de contrôle de l'espace public. ». p.40

41. Toby Miller, *Technologies of Truth*, Cultural Citizenship and the Popular Media, 1997. Toby Miller est associate professor in the Department of Cinema Studies at New York University et auteur de The Well-Tempered Self : Citizenship, Culture, and the Postmodern Subject (1993), Contemporary Australian Television (with Stuart Cunningham, 1994), et The Avengers (1997).
Source : https : //www.upress.umn.edu/book-division/books/technologies-of-truth

la réceptivité des médias de masse aux États-Unis [...] ». La notion de citoyenneté culturelle qu'il propose désigne les pratiques des spectateurs qui reconfigurent l'espace public et les enjeux de la citoyenneté dans les sociétés démocratiques.

Chez Miller, la citoyenneté ne se limite pas au statut légal du citoyen et à la relation exclusive entre un État, une population donnée et un territoire spécifique. Selon lui, tandis que la citoyenneté nationale correspond à un statut juridique (définie en termes généraux de droit de vote, droit de se porter candidat aux élections, droit de détenir un passeport), etc., il considère que :

> **« [...], la citoyenneté culturelle se revendique au-delà des limites juridiques de l'État. Elle évoque un ensemble de pratiques et de droits (droit à l'expression, à l'auto-détermination identitaire, à la diversité, etc.) à même de suggérer qu'une société donnée ne se limite pas à un espace politique et économique restreint. »**
>
> Toby Miller

Selon ces chercheuses qui ont coordonné cette enquête, le concept de citoyenneté culturelle favorise le débat public, l'échange d'idées et permet à des groupes d'individus souvent marginalisés d'exprimer leurs identités et de revendiquer leurs propres projets moraux. De plus, les pratiques associées à la citoyenneté culturelle ne s'inscrivent pas nécessairement en opposition à l'État ou à la Nation. D'après leurs enquêtes : « les jeunes musulmans investissent l'espace public sans pour autant ignorer l'État. Ils veulent en réalité instaurer coûte que coûte un dialogue avec l'État afin que celui-ci ne les ignore pas et tienne compte minimalement de leurs aspirations et de leurs projets moraux de société. En revanche, la violence contre l'État survient au moment où les jeunes musulmans prennent conscience que le dialogue est biaisé ou inexistant, dans des contextes de tensions politiques imputables à des États autoritaires, dirigistes et dominants ou à des démocraties en trompe-l'œil. »

AU QUÉBEC

Le chercheur Christian Poirier de l'Institut national de la recherche scientifique (INRS) décrit la citoyenneté culturelle comme : « Une évolution du rapport entre l'État et l'art, passant de la démocratisation de la culture (mouvement du haut vers le bas) à la démocratie culturelle qui fait référence à l'appropriation par les individus des moyens de création, production, diffusion et consommation culturelles (mouvement du bas vers le haut, soit des citoyens aux institutions). L'individu n'est plus simplement considéré comme spectateur et consommateur, mais devient à la fois créateur et diffuseur. ». Pour Simon Brault[42], le concept de citoyenneté culturelle nous permet de nous extraire de la dynamique d'opposition souvent simpliste et stérile entre démocratisation (de la culture savante, la culture comme accès aux œuvres) et démocratie culturelle (la culture comme expression). En effet, pour lui, il s'agit d'intégrer les enjeux concrets de la démocratie culturelle tout en les dépassant, en les portant à un niveau sociologique, sinon même politique. C'est l'angle retenu par un organisme comme Culture Montréal qui intervient sur le territoire de la ville avec l'objectif de modifier profondément le pouvoir, le leadership et la gouvernance culturels qui se sont affirmés et consolidés au niveau de la ville en reproduisant les mécanismes des politiques culturelles étatiques avec prédominance des experts, organisation en silos disciplinaires, division entre les arts et les lettres, le patrimoine et les industries culturelles, opposition des finalités (démocratisation, stimulation économique, tourisme et autres) et relégation du citoyen au rang de public ou, pire, de consommateur. Sur le plan politique, on ne parle donc plus simplement de reconnaissance de droits culturels ou d'accès à l'offre culturelle produite, programmée et diffusée par les institutions.

« On s'intéresse aux êtres humains, aux citoyens, comme acteurs culturels, comme décideurs, comme agents de création, comme producteurs et, même, comme diffuseurs de culture. » Simon Brault

Line Grenier[43], chercheuse, Professeure à l'Université des arts et des sciences de Montréal, a porté une réflexion sur « les articulations de la citoyenneté culturelle et de l'identitaire dans le champ musical au Québec. ». À cet effet, elle s'est penchée sur la première exposition d'envergure nationale consacrée à la musique populaire québécoise, «Je vous entends chanter», en tant que selon elle « terrain clé pour l'étude du dispositif qui rend possible l'articulation de ce domaine musical comme lieu privilégié de production de la citoyenneté culturelle et de l'identitaire au Québec. ».

42. En France, en mai 2014 à Nantes ont été organisées les Rencontres « Changer la ville grâce à la citoyenneté culturelle » À cette occasion, Simon Brault, président de Culture Montréal et vice-président du Conseil des Arts du Canada a développé son approche de la citoyenneté culturelle.

43. Sources : erudit.org
recherche.umontreal.ca

Toujours au Québec, dans des recherches sur les personnes sourdes, Véronique Leduc[44] titulaire de la Chaire de recherche du Canada sur la citoyenneté culturelle des personnes sourdes et les pratiques d'équité culturelle (Département de communication sociale et publique) a soutenu notamment le projet « On vous fait signe ! », Citoyenneté culturelle des personnes sourdes et pratiques d'accessibilité culturelle. Elle rappelle que « les personnes sourdes sont une minorité culturelle et linguistique. [...] Que minorisées, elles rencontrent de nombreux obstacles (préjugés, discrimination, invisibilité) et connaissent un taux de participation culturelle et citoyenne moindre ». Elle pose cette question :

> **« Dans nos sociétés où une supériorité est conférée à celles et ceux qui entendent et où les langues de signes sont peu valorisées, comment les personnes sourdes conçoivent-elles leur expérience de la citoyenneté culturelle, notamment leur sentiment d'appartenance à la société et leur participation culturelle ? ».**
>
> Véronique Leduc

Ce projet vise à développer une meilleure compréhension, d'une part, de la citoyenneté culturelle des personnes sourdes et d'autre part, des pratiques d'accessibilité culturelle en interrogeant et en documentant les principaux enjeux qu'elles soulèvent.

EN FRANCE, DANS LE CADRE DE RÉFLEXIONS SUR LE SERVICE PUBLIC DE LA CULTURE ET SUR LES DISCRIMINATIONS CULTURELLES SUBIES PAR DES PERSONNES EN SITUATION DE HANDICAP

En France, l'utilisation du concept de citoyenneté culturelle est émergente. Il est intéressant de remarquer son emploi lors de rencontres importantes « L'art et la culture dans les territoires : un service public essentiel », organisées le 29 novembre 2022 au Théâtre national populaire de Villeurbanne.

---

44. *CRSH Développement Savoir*, 2019-2021. Dans la foulée de la loi fédérale sur l'accessibilité, reconnaissant les langues des signes québécoise, américaine et autochtones comme langues premières des personnes sourdes au Canada, Véronique Leduc et son équipe de recherche documentent les enjeux de citoyenneté culturelle des personnes sourdes à partir de leurs perspectives. Ils travailleront également à co-construire des pratiques exemplaires d'équité culturelle et à co-développer des lignes directrices en éthique de la recherche avec les personnes sourdes.

À l'initiative de cet événement, France urbaine et le Syndicat national des entreprises artistiques et culturelles (SYNDEAC) qui ont réuni à leurs côtés les principales associations d'élus : Association des Maires de France, Association des Maires Ruraux de France et Régions de France. Leur programme comportait notamment cette thématique : « Citoyenneté culturelle : la question des usagers », développée comme suit : « Comme tout service public, le service public de la culture existe pour et par ses usagers, non pour des clients. À cet égard, l'intérêt général que poursuivent les élus et les défenseurs du service public culturel les fait s'interroger quant à la relation aux habitants, à celles et ceux pour et avec lesquels un projet culturel est pensé, financé, conçu, diffusé. Les « usagers du territoire » doivent ainsi se trouver au cœur de la citoyenneté culturelle, qui ne peut s'imaginer sans parler de la nécessaire accessibilité à la culture de chacun·e[45]. »

Par ailleurs, toujours en France, j'ai mobilisé ce concept de citoyenneté culturelle dans des recherches que j'ai menées sur les discriminations culturelles subies par des personnes en situation de handicap notamment à l'occasion du rapport de la société civile sur l'application de la convention de l'Onu relative aux droits des personnes handicapées, ayant été mandaté pour la rédaction de la partie portant sur son article 30 consacré à la participation à la vie culturelle[46]. En 2020, le Collectif national Droits culturels et Vivre ensemble Agapé dont je suis le Porte-parole, s'est engagé pour l'effectivité de la citoyenneté culturelle, en particulier lors de l'élaboration de son projet de proposition de loi « Prohibition de l'exclusion culturelle absolue et continuité d'accès et adaptabilité du service public de la culture pour les personnes en isolement contraint[47] »

45. https://franceurbaine.org/actualites/lart-et-la-culture-dans-les-territoires-un-service-public-essentiel-rendez-vous-le-29

46. Rédaction de la partie portant sur la participation à la vie culturelle, article 30 de la Convention des Nations Unies relative aux droits des personnes handicapées, par Cemaforre sur mandat du CFHE pour le rapport de la société civile sur son application.
Document disponible en ligne : https://www.ohchr.org/sites/default/files/Documents/Issues/CulturalRights/10thAnniversary/NGOs/6.1._CEMAFORRE_Contribution_Art30_ONU.pdf

47. Document disponible en ligne : https://cemaforre.asso.fr/downloads/Agape_actions/PPL_Agape_v24032023.pdf

À TRAVERS LE MONDE DANS LES ARGUMENTAIRES DES MOUVEMENTS DE REVENDICATIONS DES LGBT

Dans de nombreux pays certains acteurs des mouvements de lutte contre les harcèlements, les discriminations, les violences à l'encontre des personnes lesbiennes, gays, bisexuelles, Trans, ont introduit dans leurs argumentaires la thématique de la citoyenneté culturelle. C'est le cas notamment à Taiwan, en Pologne, en France.[48]

LORS DE RENCONTRES INTERNATIONALES PORTANT SUR LES POLITIQUES CULTURELLES

Lors de **l'Année européenne de la citoyenneté en 2013**, a été réalisé un ouvrage publié en juillet de la même année *La citoyenneté culturelle en actes* dans un format bilingue français/anglais, aux éditions Universitaires d'Avignon. Cet ouvrage a bénéficié d'une préface de José Manuel Barroso qui était à cette période, le Président de la Commission européenne. Cette réalisation a été à l'initiative du Festival d'Aix-en-Provence, de RESEO, et de l'Association des Orchestres de France. Elle est issue des Rencontres européennes Culture et éducation organisées en 2009. Elle fait part d'expériences très riches soutenues dans diverses villes à travers l'Europe, telles Berlin, Londres, Nancy, Porto, Lyon, Marseille et autres, portées par des institutions culturelles prestigieuses, des lieux culturels et des artistes aux moyens plus modestes. Les réflexions qu'elle présente portent essentiellement sur la question de l'accès à la culture, aux œuvres, celle de la participation à des créations artistiques notamment de publics scolaires, de ceux dits fragiles, ou empêchés. La citoyenneté y est mentionnée en tant qu'apprentissage possible du respect des personnes et des choses dans le cadre d'activités artistiques collectives.

Par contre, paradoxalement, bien que le titre de l'ouvrage soit, rappelons-le *La citoyenneté culturelle en actes*, la notion de citoyenneté culturelle n'y est nommée, ni abordée ni définie à aucun endroit.

Son titre est néanmoins le signe d'une appropriation croissante du concept de citoyenneté culturelle et par ailleurs cette publication est particulièrement

48. Monika Baer, Katarzyna Majbroda et Janina Radziszewska, « Une législation (in)utile ? Les politiques urbaines et les expériences des LGBT à Wroclaw, Pologne », *Droit et cultures*, mis en ligne le 09 mai 2019 ; source : http : //journals.openedition.org/droitcultures/5141 ; DOI : https : //doi.org/10.4000/droitcultures.5141

riche d'intérêt de par les témoignages d'expériences et les réflexions qui y sont rapportées et qui peuvent nourrir les questionnements sur ce nouveau concept.

Le premier Sommet des Amériques sur la culture[49]**, qui s'est tenu le 10 mai 2018** à Ottawa au Canada, a été consacré au thème de la citoyenneté culturelle. Il a réuni des représentants de 21 pays, pour discuter sur l'essor de la citoyenneté culturelle. Son objectif était de « contribuer à bâtir des démocraties qui respectent, font prévaloir et protègent le droit de chacun de participer à la vie culturelle ».

En 2019, dans le cadre de la 40e **session de la Conférence générale de l'UNESCO**, Mohamed Zinelabidine Ministre des Affaires Culturelles a appelé à l'adoption de l'approche tunisienne de la réforme de la politique culturelle d'ici 2030 et dans son allocution au Forum des Ministres de la Culture, prononcée devant 107 ministres de la culture, il a rappelé l'importance de « consacrer les valeurs de **la citoyenneté culturelle** et de la liberté, la décentralisation, la politique de proximité et l'encouragement de l'initiative et le droit à la culture pour tous. »[50]

---

49. conseildesarts.ca

50. Réforme de la politique culturelle d'ici 2030
Dans une allocution au Forum des Ministres de la culture Mohamed Zinelabidine appelle à l'adoption de l'approche tunisienne de la réforme de la politique culturelle d'ici 2030. Article publié sur Tunisie.co le 20/11/2019
https://tunisie.co/article/12707/actus/actualites/reforme-de-la-politique-culturelle-d-ici-2030-064515
Conseil «Éducation, jeunesse, culture et sport», 21-22 novembre 2019. Principaux résultats - Vendredi 22 novembre 2019
https://www.consilium.europa.eu/fr/meetings/eycs/2019/11/21-22/

Deuxième partie

LA CITOYENNETÉ CULTURELLE EN TENSION

DANS LA TOILE DES POUVOIRS ÉTATIQUES, ÉCONOMIQUES, MÉDIATIQUES ET DES RADICALITÉS

La citoyenneté culturelle, nous venons de le voir, repose sur un socle de nombreux droits, mais il est important d'appréhender l'ensemble des forces qui vont exercer sur elle des tensions qui vont limiter ou favoriser considérablement les possibilités de son exercice selon les régions du monde, les régimes politiques et bien d'autres paramètres. Celle-ci se trouve de fait en tension dans une véritable toile de pouvoirs étatiques, économiques, médiatiques, de radicalités et de nos jours, des algorithmes. Toutes ces forces peuvent également venir en soutien à l'effectivité de la citoyenneté culturelle et nous ne devons pas négliger le poids dans l'histoire des penseurs et aujourd'hui celui des organismes de défense des droits humains fondamentaux dont les droits culturels.

1

RAPPORTS DES ÉTATS AUX ARTS, À LA CULTURE ET AUX INDUSTRIES CULTURELLES

Étant donné que ce sont les États qui accordent la citoyenneté, observons leurs rapports à la culture pour mieux comprendre de quelle manière la citoyenneté culturelle peut connaître des visages bien divers. Les rapports qu'ils entretiennent avec la culture et leurs types d'implication conditionnent les possibilités d'exercice de la citoyenneté culturelle. Les arts, la culture, sous toutes leurs formes, comme la peinture, la musique, la danse, le théâtre sont à l'essence même de la nature humaine et ils font partie de nos besoins essentiels à l'existence. Les expressions artistiques possèdent des vertus, pouvant avoir des effets considérables sur les plans individuels et collectifs. Depuis des temps les plus anciens de l'histoire de l'Humanité, les femmes et les hommes, les groupes sociaux ont perçu et compris les possibilités qu'elles offrent et ont su aussi les instrumentaliser selon les modes d'organisation sociale pour divers usages. Cette instrumentalisation des arts et de la culture est présente dans tout type de société. Elle n'est pas l'apanage des régimes totalitaires, toutes les démocraties dans leur diversité la pratiquent aussi avec divers objectifs et selon des approches particulières.

> **« [...] Il ne se trouve aucun régime politique qui soit resté complètement insensible aux arts, à la culture et aux atours de leur instrumentalisation »** Jean-Gilles Lowies[1]

Les rapports des États avec la culture sont très divers selon la nature des régimes politiques, absolutisme, totalitarisme, théocratie, démocratie, régimes

1. Jean-Gilles Lowies, *Décider en culture PUG*, UGA éditions, 2020

hybrides et leurs caractéristiques culturelles (État monoculturel, interculturel, multiculturel, etc.). Des chercheurs des sciences de la culture, et des politiques culturelles ont contribué à apporter un éclairage sur leurs motivations et modes d'implication. Voici parmi les principales finalités qui peuvent animer bien souvent des gouvernances et qui marquent les rapports des États à la culture.

Finalités des mobilisations des États dans le domaine des arts, de la culture et des industries culturelles

Ces finalités sont multiples et adoptées de manière très variées selon les États. Dans certains cas elles sont posées comme des objectifs découlant de la nature même des besoins humains et dans d'autres elles relèvent d'instrumentalisations ancrées dans des stratégies politiques. En voici présenté un tableau récapitulatif non-exhaustif et des développements pour chaque point.

Typologie des finalités pouvant être poursuivies

- Rassembler, unifier, pacifier, donner accès à une transcendance
- Glorifier et sacraliser des leaders
- Propager, promouvoir des idéaux et des idéologies
- Développer l'économie, la création d'emplois
- Divertir, distraire les individus et les peuples
- Émanciper les individus et les peuples
- Protéger les droits culturels, garantir l'effectivité de la citoyenneté culturelle
- Promouvoir le sentiment d'appartenance à la communauté humaine

RASSEMBLER, UNIFIER, PACIFIER, DONNER ACCÈS À UNE TRANSCENDANCE

Il s'agit là de finalités parmi les plus anciennement poursuivies. En effet les arts, tout particulièrement via le chant (tout État adopte un hymne national), la danse, la musique ont été toujours très présents dans divers rituels permettant de souder les communautés et aussi de les relier à une transcendance. Cette fonction possible des arts, de la culture est utilisée, voire instrumentalisée par tous les régimes politiques. Cela peut générer des phénomènes d'exacerbation identitaire, de poussées du nationalisme aux conséquences tragiques. Certaines démocraties instrumentalisent les arts et la culture à des fins de pacification de quartiers dits sensibles, dans des objectifs de régénération urbaine. En France ces actions sont très présentes dans le cadre de la « Politique de la Ville ». Certains chercheurs parlent de sociothérapie par le sport et la culture. Le développement et la promotion d'un patrimoine culturel et artistique national sont promus aussi dans l'objectif de renforcer un sentiment d'appartenance à un État, à une nation et d'en assurer son rayonnement. Ainsi, en France, avec Louis XIV, le Roi Soleil, au XVIIe siècle, on assiste à la création des premières institutions culturelles. Il décide en 1661 de créer l'Académie royale de danse, qui assurera à la France un rayonnement international jusqu'à aujourd'hui, de par ses travaux sur la codification du langage chorégraphique classique, encore utilisé aujourd'hui dans le monde entier et l'éclat de ses ballets. Puis en 1669 il institue l'Académie royale de musique, et en 1680 la Comédie Française qui sera réorganisée par Napoléon Ier. Ces dernières années, la Fête de la musique initiée par le ministère de la culture ainsi que d'autres évènements de portée nationale comme les journées du Patrimoine et du Matrimoine participent des dynamiques contribuant à la fois à la vie culturelle et à la cohésion sociale et nationale.

GLORIFIER ET SACRALISER DES LEADERS

La culture reste souvent instrumentalisée par des dirigeants d'États et des responsables d'autorités locales pour leur permettre de laisser la trace de leur passage en responsabilité, et d'assurer pour certains, du moins dans leur esprit, une forme d'immortalité. Cela se traduit par de Grands travaux parfois pharaoniques en référence aux pyramides d'Égypte. Ils ne sont pas toujours marqués du sceau du souci de l'intérêt général, de la démocratisation culturelle, de l'effectivité de la citoyenneté culturelle. Néanmoins, certaines réalisations participent à un enrichissement du patrimoine culturel local, national et parfois mondial. Elles présentent pour certaines l'intérêt de faire travailler des artistes, des artisans et de permettre le développement et la perpétuation de savoir-faire d'une très grande richesse. Elles peuvent aussi contribuer à un rayonnement culturel nécessaire et présenter des bénéfices pour les citoyennes et les citoyens des territoires de leur implantation. Dans de nombreux pays totalitaires les politiques culturelles sont consacrées massivement à de véritables cultes de la personnalité, à la gloire de leurs leaders, les exemples ne manquent pas au fil des siècles et encore de nos jours. Il y a plusieurs millénaires, nous pouvons penser aux pyramides des Aztèques en Amérique du Sud et des Égyptiens sur le continent Africain. Au XVIIe siècle, en France, Louis XIV, le Roi soleil a englouti une part colossale du budget national dans la construction du Château de Versailles pour sa glorification. Cette tradition de l'intervention du pouvoir s'est perpétuée, avec la plupart du temps l'implication très personnelle et déterminée du Chef de l'État lui-même. Une vision de la monarchie éclairée perdure avec les « Présidents monarques », mais aussi avec certains « roitelets locaux », maires, présidents de conseils départementaux et régionaux. Par-delà l'édification d'arcs de triomphe pour communiquer sur ses victoires, Napoléon Ier assura la promotion d'un style artistique particulier, la Peinture de l'Histoire, pour sa propre glorification. Cette fonction possible des arts et de la culture a conduit à des « politiques spectacles », à des cérémonies d'ampleur, à l'instrumentalisation de festivals, de fêtes en tout genre. Cette orientation dans les politiques culturelles est dénoncée au cœur même de démocraties[2]. En effet, les rapports qu'entretiennent culture et communication sont aujourd'hui encore souvent à l'origine de dérapages et suscitent bien des polémiques et des critiques.

PROPAGER, PROMOUVOIR DES IDÉAUX ET DES IDÉOLOGIES

Tous les États ont bien compris la place centrale que peut occuper la culture, les arts dans la transmission, la promotion d'idéologies, ainsi que pour lutter contre certaines. Des États totalitaires n'hésitent pas à intégrer la responsabilité des politiques culturelles parmi celles du ministère de la propagande ou bien des mœurs. Les révolutionnaires de tout temps et de toutes orientations ont utilisé les arts et la culture pour transmettre leurs messages et appeler à rejoindre leurs mouvements. Ils se sont appuyés sur des chants, mais aussi sur des livres, des dessins tels des caricatures et bien d'autres modes d'expression.

En France sous le Général de Gaulle le pouvoir exécutif disposait de médias d'information qu'il contrôlait très directement et selon Olivier Donnat[3] l'action culturelle de l'État gaulliste, avait parmi ses objectifs celui d'affaiblir l'influence du Parti communiste auprès des artistes et des acteurs de l'éducation populaire. Pour ce qui est des régimes communistes, ceux-ci utilisent ouvertement la culture pour la propagande de leur idéologie. Les États-Unis quant à eux, ont utilisé de manière délibérée leurs productions artistiques, musicales, cinématographiques, Hollywood, Walt Disney pour propager leurs idéologies à l'international.

---

2. François de Mazières, *Le grand gâchis culturel*, Albin Michel 2017. David Lisnar, Christophe Tardieu, *La culture nous sauvera*, Éditions de l'Observatoire 2021

3. O. Donnat, *Les institutions culturelles en France depuis la Libération*, hyp3rion.free.fr.

« Qui plus est, la culture constituant un système de symboles et de significations, le pouvoir dans les sociétés contemporaines repose de plus en plus sur la capacité de contrôler ces codes symboliques, soit le pouvoir de construire du sens. Cette construction à partir des matériaux culturels présents dans une société peut renforcer l'idéologie dominante ou permettre l'épanouissement de représentations alternatives et plus indépendantes. »

Nick Stevenson[4]

DÉVELOPPER L'ÉCONOMIE ET LA CRÉATION D'EMPLOIS

Des politiques d'investissement dans les industries culturelles, dans les arts, dans le secteur culturel d'une manière générale sont menées car elles sont sources de création d'emplois et de revenus considérables pour les États. En France la culture[5] représente 3,5 % du Produit intérieur brut (PIB) et 670 000 emplois directs et 800 000 emplois indirects.

Certains régimes politiques qui n'ont pas une réputation très forte concernant la liberté d'expression artistique ont toutefois compris les enjeux économiques liés à la culture. Ainsi le marché de l'art chinois est pleinement intégré au marché international. La Chine est avec les États-Unis le leader mondial en termes de volume de ventes d'objets d'art contemporain, selon les études menées par le site Artprice. Dans le Top 100 des artistes contemporains par chiffre d'affaires pour les années 2013-2014, 47 noms étaient chinois. C'est seulement à partir de 1991 que le Parti communiste chinois a adopté le concept de « marché de la culture »[6] et a mis en avant son développement pour montrer qu'il travaille à la réforme culturelle et à la diversification des politiques publiques et ainsi redorer son image.

4. « Cultural citizenship can be said to have been fulfilled to the extent to which society makes commonly available the semiotic and material cultures necessary in order to make social life meaningful, critique practices of domination, and allow for the recognition of difference under conditions of tolerance and mutual respect (Stevenson, 1997). » Issu de : *La citoyenneté culturelle comme clé dans la participation* -123dok.net

5. https://www.culture.gouv.fr/Presse/Archives-Presse/Archives-Communiques-de-presse-2012-2018/Annee-2014/Etude-conjointe-sur-l-apport-de-la-culture-a-notre-economie-confiee-a-l-inspection-generale-des-finances-et-a-l-inspection-generale-des-affaires-cu

6. *Entre rééducation des artistes et développement effréné, où va la culture en Chine ?* Émilie Frenkiel. Dans *Nectart* 2016/1 (N° 2), pages 68 à 77 - cairn.info.fr

« Une politique de développement double de la sphère culturelle autorise alors les unités de travail institutionnelles à fonctionner comme des unités de service, à s'enregistrer comme des entreprises et à faire des profits. Cette politique en vigueur dès les années 1980 et 1990 signale la reconnaissance par le gouvernement chinois de la valeur économique de la culture. » David Throsby[7]

DIVERTIR, DISTRAIRE LES INDIVIDUS ET LES PEUPLES

Parmi les finalités dans notre rapport avec les arts et la culture et l'instrumentalisation que peuvent en faire certains États, le divertissement est en bonne place. Qui n'a pas entendu un jour cette célèbre citation attribuée à tort à l'empereur romain César : Panem et circenses, littéralement « du pain et des jeux du cirque » et traduit régulièrement par « Du pain et des jeux » ? Elle est une expression latine forgée dans la Rome antique. Elle nous rappelle que les jeux sont bien utiles aux dirigeants pour leur attirer les faveurs du peuple et leur soumission. Néanmoins, les arts et la culture peuvent en effet nous permettre aussi de manière positive de nous distraire, de nous évader et finalement dans certains cas de nous cultiver. Cette thématique renvoie à celle des loisirs et nous pouvons nous référer aux réflexions autour de l'avènement de ce que certains ont appelé une « civilisation des loisirs ».

Elle a été favorisée par la croissance économique dans des pays développés, annoncée au début des années 1960 par le sociologue Joffre Dumazedier.[8]

ÉMANCIPER LES INDIVIDUS ET LES PEUPLES

À travers le monde, bien des révolutions ont revendiqué que les arts et la culture soient rendus accessibles à tous en proclamant qu'ils sont vecteurs d'épanouissement personnel et d'émancipation pour les individus et les peuples. Ce sont ces idées qui ont été portées en France notamment par Condorcet lors de la révolution française de 1789, conduisant à l'instauration de l'instruction publique et qui ont inspiré dans le Programme du Conseil national de la résistance les engagements pour des politiques d'éducation populaire, puis

7. *The Economics of Cultural Policy*, Cambridge University press 2010

8. Insee.fr -Une pause dans la marche vers la civilisation des loisirs - *Économie et Statistique* n° 352-353 – 2002 - Alain Chenu et Nicolas Herpin

d'éducation artistique et culturelle. Il est intéressant de remarquer qu'en France, c'est au tout début du XXe siècle qu'est reconnue la notion de service public de la culture.[9]

PROTÉGER LES DROITS CULTURELS ET GARANTIR L'EFFECTIVITÉ DE LA CITOYENNETÉ CULTURELLE

De nombreux États rappellent dans leurs communications inhérentes à leur gouvernance de la culture les droits culturels, surtout ces dernières années. Mais ils en font souvent une interprétation qui leur donne une portée souvent limitée aux questionnements identitaires, occultant la base des droits culturels qui repose sur le droit de toutes et de tous de participer librement à la vie culturelle. Par ailleurs cette mention des droits culturels se résume souvent à divers slogans de communication, le droit à la culture, droit à la culture pour chacun et pour tous, comme une coquille vide, sans qu'aucune mesure forte de contrôle sur l'effectivité des droits culturels ne soit prise.

Par ailleurs la notion de citoyenneté culturelle semble plutôt absente des discours et des plans d'action. Ainsi même certains États totalitaires prennent des mesures pour protéger les droits culturels de minorités tout en privant la plupart de la population de la liberté d'expression. Quant aux démocraties certaines n'assurent aucune protection des droits culturels des populations vulnérables telle celle des personnes âgées en manque d'autonomie, des malades d'Alzheimer et développent des politiques qui les maintiennent à l'écart d'un accès à la culture dans le cadre du droit commun. Nous constatons que c'est le cas par exemple de la France si nous observons ses politiques conçues et mises en œuvre en direction des personnes âgées vivant en Ehpad (700 000 personnes) ou nous devrions dire plutôt l'absence totale de politique prenant en considération ces populations.

PROMOUVOIR LE SENTIMENT D'APPARTENANCE À LA COMMUNAUTÉ HUMAINE

De nombreux États dans le cadre de leur adhésion à divers accords internationaux, collaborent financièrement et via d'autres actions aux travaux que

9. Colloque *L'invention du service public culturel. Le rôle du Conseil d'État* - 26 et 27 novembre 2021, *Ibid.* www. conseil-etat.fr. « C'est en effet au tournant du XXe siècle, et en fait dès la fin des années 1880, que l'on voit la notion (de service public culturel) émerger du côté des juridictions judiciaires d'abord, puis du côté de la juridiction administrative, avec l'arrêt Astruc et Société du Théâtre des Champs-Élysées © ville de Paris du 7 avril 1916 puis l'arrêt Sieur Gheusi du 27 juillet 1923.

mène l'Unesco pour la reconnaissance et la protection du Patrimoine culturel mondial, favorisant ainsi une prise de conscience de notre appartenance à la communauté humaine. Il s'agit là d'une dimension tout à fait primordiale et sur laquelle les populations ne sont pas suffisamment informées et sensibilisées.

Modes de gouvernances culturelles des États

Les niveaux d'effectivité de la citoyenneté culturelle sont fonction de nombreux facteurs, notamment des modes de gouvernance adoptés par les États en matière culturelle. En fait, même s'il est possible de dégager une forme de typologie en la matière, il est observable que la plupart des États ont un fonctionnement hybride, associant plusieurs de ces modes de gouvernance avec des intensités très contrastées. Cependant certains États totalitaires entrent vraiment dans une seule catégorie. Des chercheurs tels Hillman Chartrand, McCaughey et Colbert ont contribué à dégager une typologie de ce que nous pouvons considérer comme des référentiels en termes de gouvernance culturelle[10].

Typologie des modes de gouvernance culturelle étatique

- État facilitateur
- État mécène
- État architecte
- État ingénieur
- État régulateur
- État coordinateur
- État-providence
- État vigile
- État exterminateur de cultures

L'ÉTAT FACILITATEUR

Le modèle de l'État facilitateur consiste par exemple à accorder des crédits d'impôt, des avantages fiscaux aux entreprises et aux particuliers pour favoriser leurs investissements dans les arts et la culture. En France cette dynamique a été renforcée par la Loi Aillagon[11]. Dans cette approche, l'accès à la culture doit être

10. *De nouvelles dynamiques convergentes dans la gouvernance culturelle : regards croisés sur la Tunisie et la Suisse*, Lisa Marx and Sonia Mbarek-Rais – journals.edition.org

11. La loi du 1er août 2003 relative au mécénat, aux associations et aux fondations, dite «loi Aillagon» est un texte législatif français. Cette loi modifie notamment la loi du 1er juillet 1901 relative au contrat d'association, la loi du 23 juillet 1987 sur le développement du mécénat et le Code général des impôts (CGI). Source : Wikipedia

garanti par un pluralisme de contributeurs. L'État facilitateur s'abstient de tout choix artistique et culturel, d'ingérence dans la culture, affirmerait une neutralité sur les orientations, les choix artistiques en termes de subventionnements.

L'ÉTAT MÉCÈNE

À travers le monde, dans tout type de régimes, des monarques, des princes, des chefs d'États de tout statut ont exercé à titre personnel ou au nom de leur pays, le rôle de mécène.

En France avant la révolution de 1789, à la Renaissance, au XVe et XVIe siècles, avec François Ier, avec les Médicis en Italie, avec Frédéric II en Prusse et bien d'autres, des artistes d'exception ont bénéficié de leurs soutiens pour développer leur art et nous profitons encore aujourd'hui de ces actions. Pensons ainsi à Leonard de Vinci, Michel-Ange, Raphaël et tant d'autres. De nos jours les États se portent directement acquéreur d'œuvres pour les faire entrer dans les musées.

Le Pouvoir, État et collectivités territoriales, soutient la création artistique en attribuant des bourses à des créateurs et en passant des commandes d'œuvres d'art de toute nature (peintures, sculptures, monuments, etc.).

L'ÉTAT ARCHITECTE

Le modèle de l'État architecte est caractérisé par une emprise forte du politique dans le domaine culturel et artistique. Dans ce modèle, différents acteurs interviennent dans la gestion des biens, des activités et des institutions culturelles mais les responsables politiques et les hauts fonctionnaires des administrations concernées ont un rôle prédominant. En France, De Gaulle a installé un nouvel État, architecte, providence, mécène, initiateur et régulateur, dans lequel la démocratisation culturelle se concrétise par la confrontation du peuple aux Arts. Son ministre de la culture, André Malraux ne pense pas la culture uniquement par le service public, et organise des systèmes d'aide au secteur privé, ainsi, en instaurant un fonds de soutien au théâtre privé à travers une taxe sur chaque billet vendu.

L'ÉTAT INGÉNIEUR

Dans le modèle ingénieur l'État est propriétaire des moyens de production et de diffusion culturelles et employeur des professionnels de la culture. Il en assure donc un contrôle à tous les niveaux, y compris dans celui de la création.

Ce modèle lorsqu'il a été adopté se trouve souvent bousculé aujourd'hui par les influences des multinationales des industries culturelles et des réseaux sociaux qui détiennent le pouvoir de dépasser les frontières des États, même ceux ayant des régimes très autoritaires.

L'ÉTAT RÉGULATEUR, L'ÉTAT VIGILE

Nous pouvons parler aussi de l'État régulateur et peut-être un jour, nous pourrions l'espérer, de vigile face aux dangers des lois du marché, des impérialismes culturels nationaux et transnationaux à l'origine de déséquilibres, d'atteintes aux libertés de choix culturels, d'exclusions, de discriminations et de ségrégations culturelles.

L'ÉTAT PROVIDENCE

Nous pouvons évoquer aussi le concept de l'État providence pour ce qui est de la gouvernance culturelle. L'exemple du soutien apporté en France aux artistes intermittents pendant les deux années de confinement liées à la crise du Covid-19 en est une bonne illustration. En effet pendant que dans certains pays, par milliers des artistes qui ne pouvaient plus exercer leur métier suite aux obligations de fermetures de lieux culturels, ont dû se reconvertir dans d'autres activités, en France, ceux-ci, bénéficiant d'un maintien d'une allocation leur permettant de survivre, ont pu continuer à s'entraîner, à créer, à travailler sur de nouvelles productions artistiques. L'intervention de l'État peut être indispensable pour faire face à certaines situations de crises, aux « défaillances du marché ». C'est le cas également quand les établissements culturels privés ne parviennent pas à l'équilibre.

L'ÉTAT EXTERMINATEUR DE CULTURES

À travers les siècles de nombreux États, sur tous les continents se sont montrés capables d'organiser l'extermination délibéré de cultures, voire de civilisations lors de guerres de conquêtes et dans le cadre de diverses formes de dominations, d'occupations de territoires. Nous pouvons, bien sûr, dégager certaines spécificités en termes de gouvernance culturelle, des tendances qui différencient les régimes totalitaires, des démocraties. Dans les régimes totalitaires, la culture fait partie intégrante de l'État. Ils adoptent le modèle ingénieur comme développé par l'URSS, la Corée du nord. Dans la plupart des pays totalitaires, les professionnels dont les artistes et la population dans son ensemble sont appelés à s'impliquer dans ce qui est nommé **le patriotisme culturel.** Cela est apparu notamment en Chine. Il ne s'agit pas d'une simple « préférence nationale » en termes de consommation culturelle, voire de protection des cultures locales, nationales comme en France avec les mesures prises d'exigences de quotas de chansons françaises pour les médias radiophoniques mais de prendre en considération dans les créations artistiques elles-mêmes les idéologies du régime. Certains États vont très loin dans des extrêmes, ainsi en 2021, les Talibans, dès qu'ils ont pu reprendre le pouvoir en Afghanistan, ont interdit les pratiques musicales et organisé des destructions d'instruments de musiques.

« Sa puissance (celle de l'État totalitaire) doit pénétrer partout, et contrôler la vie de la nation dans tous ses aspects, qu'il s'agisse d'art, de droit, de morale, de religion ou de science. »

Karl Popper[12]

Quant aux démocraties qui sont engagées dans le respect des droits humains fondamentaux, des droits culturels, dont la liberté d'expression, elles sont confrontées à ce que certains chercheurs nomment l'oxymore « Politique culturelle ». En effet, l'expression politique culturelle renvoie à l'idée d'un pouvoir qui s'exerce sur la culture et le mot culture à l'idée de liberté. Jean-Gilles Lowies dans son livre, *Décider en culture*, a abordé la problématique de cet oxymore par cette formule :

« Le droit-devoir d'intervenir dans la sphère culturelle est limité par le droit-liberté à l'autonomie artistique et culturelle. »

Jean-Gilles Lowies[13]

Les appréhensions, les réticences envers une « culture d'État » se sont souvent exprimées, notamment à la création en France du Ministère de la culture en

12. Karl Raimund Popper, né le 28 juillet 1902 à Vienne, en Autriche, et mort le 17 septembre 1994 à Londres, au Royaume-Uni, est un enseignant et philosophe des sciences du XXe siècle. C'est un penseur anticonformiste qui, dans toutes ses œuvres, a invité à la réflexion, au dialogue et à la confrontation des idées. Source : Wikipédia.

13. *Ibid*

1959[14]. La plupart des démocraties laissent se développer les capacités d'action des industries culturelles, de multinationales dont celles du GAFAM, en fonction des zones d'influences géopolitiques dans lesquelles elles sont situées (Amérique, Asie, Monde arabe, etc.). Paradoxalement alors qu'Internet ouvre sur une infinité d'offres culturelles et artistiques, ces dynamiques vont considérablement impacter le bain culturel qui nous imprègne, en termes notamment de musiques, de livres, de films, etc. Elles limitent les choix culturels possibles et finalement les souverainetés culturelles individuelles et collectives, voire peut-être parfois les annihiler. Même si la plupart des démocraties n'imposent pas par la force une vision monolithique de la culture, et une vie culturelle uniformisée, néanmoins, elles orientent de manière subtile et très prégnante la nature des cultures dans lesquelles évoluent leurs citoyennes et citoyens.

De nombreux questionnements demeurent autour des rapports des États avec la culture : Les légitimités des politiques culturelles, les dispositifs de contrôle, de censure et leur niveau d'intervention et les puissances d'influence supraétatiques. Nous pouvons observer des degrés très divers d'implication de l'État dans le domaine de la culture, intervention forte de l'État comme en France qualifiée parfois par certains d'État culturel, d'État maître d'œuvre des politiques culturelles, prenant à sa charge une part essentielle de la vie culturelle. Il existe divers modèles d'organisation étatique, politico-administrative, et d'architecture institutionnelle. L'importance de l'architecture institutionnelle et le rôle du gouvernement central peuvent être forts ou faibles, comme dans le cas des fédérations où la culture est gérée par les nations, par les États fédérés. Il est intéressant pour approfondir ce sujet des modes de gouvernances, de s'interroger sur les processus de décision. Jean-Gilles Lowies a exploré cette problématique notamment dans son livre *Décider en culture*. Les modèles en termes de mécanismes de prises de décisions sont multiples. Les aspects multifactoriels de la prise de décisions sont nombreux et complexes, qui décide,

14. En France, l'étatisation de la culture entreprise sous de Gaulle, par André Malraux a suscité de nombreuses critiques notamment de la part de la gauche, qui craignait que « le Coup d'État permanent » s'étende à la culture. À l'étranger, la création d'un ministère de la Culture est considérée avec circonspection, comme en Italie et en Allemagne, deux pays qui ont vu de telles administrations apparaître sous les régimes fascistes. Marc Fumaroli dans son ouvrage intitulé *L'État culturel*, ironise sur la vision religieuse de la culture adoptée par Malraux, souhaitant que les Français soient touchés par la grâce, au sein des « cathédrales modernes » que pourraient représenter les nouvelles Maisons de la Culture. L'ère Malraux n'a pas été marquée par l'idée d'une citoyenneté culturelle, dans le sens originel, puisque l'idée centrale était celle d'une culture légitimée par le pouvoir, émanant donc d'« en Haut ».

quand, comment et pour du court terme, moyen et long terme. Nous pouvons nous interroger aussi sur les compétences des décideurs, les rapports établis entre experts et les responsables politiques[15].

Par ailleurs, le ministre de la culture est loin de détenir la réalité du pouvoir de décision. Il est soumis au pouvoir d'autres membres du gouvernement notamment le ministre des finances, les responsables des partis majoritaires, etc. Les modèles de délégation des prises de décision varient également selon les régimes politiques.

Concepts en politiques culturelles et modes d'interventions

Les politiques culturelles sont fonction de l'idée de l'État sur la culture, les arts, les industries culturelles et cette idée varie en fonction des régimes politiques, des cultures et des époques.

> **« Les politiques culturelles sont le ou les moments de convergences et de cohérence, entre d'une part des représentations du rôle que l'État peut faire jouer à l'art et à la culture à l'égard de la société et d'autre part, l'organisation d'une action publique. »**
>
> **Philippe Urfalino[16]**

Les États et les collectivités interviennent par des financements pour la création et le fonctionnement d'établissements et de services culturels, la nomination de responsables à des postes dans les administrations centrales, déconcentrées et à la direction d'institutions culturelles, le lancement de Grands travaux

15. « Vous vous trompez Madame la Ministre, le ministère de la Culture ne s'est jamais occupé des pratiques amateurs ! ». Ndlr : Propos tenus par Jean-Jacques Aillagon, ministre de la Culture, en séance de la Commission nationale Culture et Handicap, le 5 mai 2003, interrompant Marie-Thérèse Boisseau, Secrétaire d'État aux personnes handicapées, et alors qu'était assise à deux mètres d'eux Anne Minot, alors Chef du bureau des pratiques amateurs dans ce ministère apparaissant officiellement dans l'organigramme... Jean-Jacques Aillagon était en responsabilité à ce poste ministériel depuis plus d'un an, et issu par ailleurs du monde de la culture depuis de nombreuses années. Lorsqu'il lui est rappelé l'existence entre autres du Protocole Culture-justice, du Programme culture à l'hôpital, des conventions avec les fédérations d'éducation populaire, celui-ci quelque peu embarrassé a indiqué qu'il demanderait à ses services de lui faire une note sur les actions du ministère de la Culture touchant aux pratiques amateurs.

16. Philippe Urfalino, *L'invention de la politique culturelle* – La Documentation française - 1996

culturels, de grandes fêtes, etc. Depuis la fin du XVIIIe siècle divers concepts ont été élaborés et mobilisés pour la définition et la mise en œuvre de politiques culturelles qui impactent encore aujourd'hui considérablement la conception et la mise en œuvre des politiques culturelles. En voici une liste non-exhaustive.

Concepts sur lesquels peuvent se développer des politiques culturelles

- L'éducation populaire
- La démocratisation culturelle
- La politique des publics
- L'éducation artistique et culturelle
- La démocratie culturelle
- L'accessibilité culturelle
- L'exception culturelle
- Le développement durable en politique culturelle
- Les droits culturels
- La citoyenneté culturelle

Sans les développer, précisons néanmoins certains de ces concepts qui peuvent en effet contribuer à l'effectivité de la citoyenneté culturelle.

ÉDUCATION POPULAIRE

On fait remonter les origines de l'idée d'éducation populaire à la fin du XVIIIe siècle avec la remise par Condorcet[17] de son rapport sur l'instruction civique. En France et au-delà de ses frontières, deux courants idéologiques, le socialisme laïc ouvrier et le christianisme social ont porté le concept de l'éducation populaire. Dans cet élan, seront créés divers mouvements comme en 1943, *Peuple et culture* avec son manifeste :

> **« Ouvriers, syndicalistes, ingénieurs, officiers, professeurs, artistes, nous nous efforcerons de poser suivant les réalités de l'époque, les bases d'une véritable éducation des masses et des élites. ».**

17. À l'Assemblée nationale législative, est créé un comité d'Instruction publique dont Condorcet est élu président et Pastoret vice-président, les autres membres étant Carnot, Jean Debry, Arbogast et Romme. Condorcet préside, en outre, l'une des trois sections, celle relative à l'organisation générale de l'Instruction publique. Le 5 mars 1792 il est nommé rapporteur du projet de décret sur l'organisation générale de l'instruction publique que le comité doit présenter à l'Assemblée. Dans *La Bibliothèque de l'homme public*, il avait déjà publié en 1791 cinq mémoires sur l'Instruction publique constituant un véritable plan. Le projet qu'il rédige à la Législative, fidèle aux idées qu'il avait exposées, est approuvé par le comité le 18 avril et présenté à l'Assemblée nationale les 20 et 21 avril 1792.
Source : www.2-assemblee-nationale.fr

« La culture populaire ne saurait être qu'une culture commune à tout un peuple. Elle n'est pas à distribuer. Il faut la vivre ensemble pour la créer. »

Ce manifeste proclame aussi vouloir :

« Rendre la culture au peuple et le peuple à la culture. »

L'objectif est de montrer que :

« l'éducation déborde du cadre scolaire et qu'un large secteur d'activités est ouvert à l'éducateur après l'école et autour de l'école, dans les associations culturelles et les mouvements de jeunesse. Il s'agit de l'idée d'une participation collective des citoyens à l'édifice, d'une coconstruction, d'une éducation partagée, d'un Vivre ensemble, d'une culture développée par tous et pour tous. »

À partir des années 60, le concept et les actions menées dans cette approche vont reculer face à l'option de publics à satisfaire, d'une offre à faire connaître et consommer. On assiste alors à une professionnalisation du secteur, avec la mise en place d'une filière, de diplômes, de relations salariales pour des emplois d'animation ; cette dynamique a poussé ce champ d'activités aux marges de l'engagement militant et du bénévolat. Progressivement, l'esprit qui a animé le mouvement pour l'éducation populaire va s'étioler.

DÉMOCRATISATION CULTURELLE

Même si André Malraux – nommé par le Général de Gaulle pour diriger le premier ministère de la culture instauré en France – n'a jamais réellement utilisé l'expression « Démocratisation culturelle », il est à l'origine de ce concept. Le décret du 24 juillet 1959 donne à ce premier ministère de la Culture la mission de :

« rendre accessibles les œuvres capitales de l'humanité, et d'abord de la France, au plus grand nombre possible de Français ».

Il s'agit moins de faire venir tout le monde à la culture, que de permettre à tous ceux qui le désirent, d'y accéder.

Pour Malraux, l'action culturelle doit être fondée sur le « choc esthétique », qui consiste à croire aux qualités intrinsèques de l'œuvre pour procurer une émotion au public, sans qu'il y ait besoin de médiation. Il plaque sa vision de la Culture au ministère, considérant que l'amour de l'art vient par la confrontation vivante aux œuvres. Il sépare la mission du « faire connaître » qu'il donne à l'université de celle de « faire aimer », qu'il assigne aux artistes. Au Québec, la logique de démocratisation culturelle a été adoptée dès la création du Ministère des Affaires culturelles de Georges-Émile Lapalme en 1961. Et pour Guy Bellavance[18], l'action culturelle publique a dès ce moment surtout voulu : « rendre accessible à un plus large public une culture « savante » ou « érudite », « lettrée » ou « cultivée », un corpus reconnu d'emblée comme bien public et valeur universelle, un contenu que les premiers décideurs pouvaient croire encore relativement incontesté. ».

« La démocratisation culturelle se caractérise par une dynamique du haut, vers le bas. » Alice Chatzimanassis[19]

Les principales critiques du concept de démocratisation culturelle portent sur l'idée de culture « légitime », y aurait-il à l'inverse une culture « illégitime » qui ne mérite pas d'être diffusée et n'y aurait-il pas là le risque d'imposer à tous une certaine culture, celle des élites, des classes supérieures de la population ?

« Les difficultés à "imposer" la démocratisation d'une certaine culture "cultivée" » peuvent conduire à douter de la pertinence du projet de démocratisation lui-même. » Guy Bellavance[20]

---

18. Guy Bellavance s'intéresse aux problématiques du travail et de la participation dans le domaine des arts en relation aux théories sociologiques de la culture. Ses recherches ont principalement porté sur les conditions de vie et de pratique professionnelle dans le domaine des arts, la diversification des goûts et de la consommation culturelle au sein des nouvelles classes moyennes, l'action culturelle des pouvoirs publics au Québec et au Canada, l'organisation socio-économique des arts visuels, l'inclusion des arts et de la culture en milieu urbain et l'impact culturel des technologies numériques. Titulaire sortant de la Chaire Fernand-Dumont sur la culture (2010-2019), il a également fondé le laboratoire/art et société/terrains et théories (l/as/tt) qu'il codirige depuis 2009. Source : https: //inrs.ca/la-recherche/professeurs/guy-bellavance/

19. Détentrice d'une maîtrise en histoire de l'art de l'Université libre de Bruxelles (2007), Alice Chatzimanassis est également titulaire, depuis 2010, d'une maîtrise en muséologie de l'Université du Québec à Montréal. Dans ce contexte, elle a effectué un stage au musée d'Ixelles, à Bruxelles, et renouvelé son expérience auprès de cette institution en y réalisant une évaluation muséale pour son travail dirigé de maîtrise. Cette première expérience de terrain l'a amenée à s'engager, dès septembre 2011, dans le doctorat international en muséologie, médiation et patrimoine (UQAM/Université d'Avignon et des Pays de Vaucluse). Source : https: //www.erudit.org/fr/revues/museo/2013-v6-n2-museo0857/1018931ar/

20. *Ibid.*

LA POLITIQUE DES PUBLICS

L'État et les collectivités territoriales se sont engagés depuis plusieurs décennies dans des politiques dites des publics, à la suite de l'échec de politiques de démocratisation culturelle. La formulation « Publics spécifiques » recouvre des catégories de populations très diverses, ayant en effet des caractéristiques de contextes de vie et des besoins parfois spécifiques. Les appellations varient parfois selon les professionnels concernés et peuvent être sujettes à polémiques ou débats. Parmi le plus souvent rencontrées : les publics dits empêchés, les personnes souffrant d'illettrisme, en précarité, issues de l'immigration, les publics les plus éloignés de la culture, les jeunes de quartiers sensibles, de zones prioritaires, de banlieues, les personnes handicapées, hospitalisées, détenues, etc. Il est possible de citer aussi les scolaires, les seniors, les touristes étrangers et bien d'autres catégories.

Concernant ces politiques des publics, d'élargissement des publics, Ariane Salmet[21] a écrit : « La participation du ministère de la Culture à une politique interministérielle (avec les ministères chargés de la justice, de la santé, de la ville, de la jeunesse et des sports, des personnes handicapées...) lui a permis de s'ouvrir à des populations diversifiées, à des publics qui ne sont pas ses habitués. Mais ces actions soulèvent deux questions : celle d'une instrumentalisation du culturel au profit du social et celle de l'évacuation de la "question des publics" au profit d'une politique à destination de publics spécifiques. »

La question qui se pose de manière de plus en plus cruciale est celle du choix entre introduire des mesures spécifiques dans les politiques de droit commun ou développer des politiques spécifiques en parallèle aux politiques de droit commun. La dernière option ne risque-t-elle pas de marginaliser plus définitivement ces populations ?

L'ÉDUCATION ARTISTIQUE ET CULTURELLE

En France, selon l'article L121-6 du Code de l'éducation : « L'éducation artistique et culturelle est principalement fondée sur les enseignements artistiques. Elle comprend également un parcours pour tous les élèves tout au long de leur scolarité [...]. Ce parcours est mis en œuvre localement ; des acteurs du monde culturel et artistique et du monde associatif peuvent y être associés. »

---

21. Ariane Salmet, *Culture au pluriel* : http: //www.culture.gouv.fr

La circulaire d'orientation du ministère de la culture du 3 janvier 2005 donne une définition très claire de l'éducation artistique et culturelle :

« L'éducation artistique et culturelle associe le rapport direct aux œuvres, leur analyse et leur mise en relation avec les autres champs du savoir, ainsi que l'initiation à la pratique effective d'un art. »

LA DÉMOCRATIE[22] CULTURELLE

La notion de démocratie culturelle a été forgée comme contre-modèle au paradigme de la démocratisation culturelle. L'expression « démocratie culturelle » apparaît pour la première fois dans la déclaration finale du colloque « Prospective du développement culturel » à Arc-et-Senans en 1972 en France. Cette rencontre devait amener les ministres à poser les bases d'une stratégie culturelle en vue de la conférence intergouvernementale de l'Unesco pour les politiques culturelles en Europe (conférence intitulée *Eurocult*) qui allait se tenir à Helsinki en juin de la même année :

« Toute politique culturelle a pour objectif fondamental la mise en œuvre de l'ensemble des moyens capables de développer les possibilités d'expression et d'assurer la liberté de celle-ci. Il s'agit de reconnaître à l'homme le droit d'être auteur de modes de vie et de pratiques sociales qui aient signification. Il y a en conséquence lieu de ménager les conditions de la créativité où qu'elles se situent, de reconnaître la diversité culturelle en garantissant l'existence et le développement des milieux les plus faibles [...] Des actions immédiates s'imposent : [...] réaliser les conditions d'une démocratie culturelle comportant, dans une perspective de décentralisation et de pluralisme, l'intervention directe des intéressés. »

22. Le concept se précise davantage sous la plume d'Augustin Girard et Geneviève Gentil dans *Développement culturel : expériences et politiques* (1972). L'ouvrage, commandité par l'Unesco : « La démocratisation de la culture repose sur deux postulats implicites : seule la haute culture, valeur sacralisée, mérite d'être diffusée et il suffit qu'il y ait rencontre entre l'œuvre et le public (indifférencié) pour qu'il y ait développement culturel [...] La démocratie culturelle, au contraire, a pour principe l'expression des subcultures particulières et leur mise en relation avec les subcultures plus universelles par l'apprentissage des moyens de communication. »

Le concept de démocratie culturelle permet de développer une culture, moins restrictive, moins élitiste, et hiérarchisée.

Les principes majeurs du concept de démocratie culturelle peuvent se résumer en trois points : la réhabilitation de toutes les cultures contre l'hégémonie de la haute culture, qui n'est que l'une d'entre elles mais qui, pour des raisons historiques et à cause des valeurs qui la sous-tendent, s'est imposée comme la culture dominante ; la démocratie culturelle dénonce la supériorité d'une forme de culture sur les autres puisque toutes possèdent une valeur propre ; elle privilégie une définition anthropologique de la culture : celle-ci s'étend désormais aux cadres et aux styles de vie et à leurs diverses formes d'expression, y compris les plus marginales et celles dites mineures. La notion de culture recouvre en ce sens aussi bien les traditions et les coutumes que la créativité populaire, les pratiques locales. Sur le terrain, l'action culturelle doit faire en sorte que chaque groupe puisse développer sa propre culture et bénéficier d'une reconnaissance sociale et institutionnelle. Le pouvoir politique, au lieu de diffuser une offre standardisée, doit aller à la rencontre des aspirations et des besoins de tous en matière de culture, elle reconnaît l'influence des dispositions personnelles sur le choix des pratiques culturelles.

Passer d'une culture « pour tous » à une culture « avec tous »

CONCEPT DE L'ACCESSIBILITÉ CULTURELLE

L'élaboration de ce concept a été nourrie de ceux de *Design for all*, d'*Universal access*, d'accessibilité universelle qui prônent l'idée que les produits, les dispositifs, les services doivent être conçus pour être accessibles à tous, en prenant donc en considération tous les besoins spécifiques. Ci-dessous la définition du concept de l'accessibilité culturelle conçue et portée dans le cadre des travaux du Pôle européen de l'accessibilité culturelle[23].

23. www.e2ca.org

L'accessibilité culturelle est l'outil conceptuel qui doit permettre d'appliquer le droit d'accès à la culture en évitant toute présence ou création de discriminations, de barrières physiques, sensorielles, mentales, cognitives, psychologiques, sociales, financières et culturelles.

L'accessibilité culturelle concerne l'accès aux médias, aux œuvres, au patrimoine, aux contenus numériques ainsi qu'à toutes les pratiques artistiques et culturelles, d'éveil, amateurs et professionnelles. Elle s'applique aux lieux culturels et aux actions hors les murs et au sein des lieux de vie des personnes en situation de handicap et personnes âgées en perte d'autonomie. Elle implique la prise en considération de tous les citoyens dans leur diversité, dans la conception et la mise en œuvre des politiques culturelles, dans la création et la gestion des établissements culturels, de leurs offres, de leurs politiques des publics, dans la fabrication des produits des industries culturelles.

L'EXCEPTION CULTURELLE FACE AUX RÈGLES DU MARCHÉ

« L'exception culturelle s'alimente aux craintes d'une industrialisation de la culture – qui serait plus mercantile que culturelle – et se fonde sur la nécessaire intervention des États face à un commerce international profondément inégal », explique David Atkinson[24], chercheur au Centre d'études sur les médias (CEM)

24. Pour David Atkinson, la diversité culturelle peut se voir plus globalement que le simple ajout d'une clause concernant la culture dans un traité international. Il explique ce changement sémantique par un changement de politique. Avec la mondialisation, le danger pèse sur les pays qui n'ont pas de politique protectrice de leur culture et qui seraient « tentés de troquer des concessions en matière de culture contre un plus grand accès aux marchés étrangers dans d'autres secteurs où ils espèrent voir leurs biens et services pénétrer. Ces concessions finiraient par créer une pression croissante sur les pays qui refusent d'ouvrir leur marché culturel », analyse-t-il. Cela explique pourquoi la communauté internationale a changé sa position, et opté pour une notion plus active et globale de « diversité culturelle ». Contrairement à l'exception, la diversité est consacrée textuellement. Son origine repose en grande partie sur la « Déclaration universelle de l'UNESCO sur la diversité culturelle » de novembre 2001. « Le but final, tel qu'il est énoncé dans cette première version est de donner à tous les pays les moyens de protéger et promouvoir la diversité des expressions culturelles à l'intérieur comme à l'extérieur de leurs frontières », énonce le rapport *L'UNESCO et la question de la diversité culturelle*, publié par l'Organisation des Nations Unies pour l'éducation, la science et la culture. Ce rapport est complété quelques années plus tard, en octobre 2005, avec « La Convention sur la protection et la promotion de la diversité des expressions culturelles », traité adopté à Paris à l'occasion de la 33e session de la Conférence générale de l'UNESCO. Entré en vigueur en 2007, ce texte se veut être un véritable instrument juridique en reconnaissant notamment la spécificité des biens et services culturels et

de l'Université Laval à Québec, dans *De « l'exception culturelle » à la « diversité culturelle » : les relations internationales au cœur d'une bataille planétaire.* Laurence Benhamou, conseil en production audiovisuelle, ancienne avocate aux barreaux de Paris et de Californie, résume ainsi la notion : « L'exception culturelle est un principe juridique qui a fondé il y a plus de vingt ans la volonté de soutenir la création et de promouvoir la diversité. » L'exception culturelle est souvent vue comme propre à la France de par notre système d'intervention étatique très protecteur de la culture et compte tenu des engagements historiques et précurseurs en la matière (soutien aux productions cinématographiques, prix unique du Livre, liberté de la presse, etc.).

Jack Lang, alors ministre de la Culture, a déclaré en 1981 devant l'Assemblée nationale : « Ce régime dérogatoire est fondé sur le refus de considérer le livre comme un produit marchand banalisé. » Néanmoins, lors de négociations, c'est bien l'Europe communautaire qui a défendu la culture, et non uniquement la France. Même si cela n'a pas été toujours simple. L'exception culturelle est devenue une expression couramment utilisée par le grand public au début des années 1990. Médias et artistes découvrirent et prirent le GATT (*General Agreement on Tariffs and Trade*, en français : accord général sur les tarifs douaniers et le commerce, AGETAC, signé le 30 octobre 1947) comme cheval de bataille. 25 ans après, on continue de l'invoquer à multiples reprises, cette notion a pourtant été troquée pour le terme plus global de « diversité culturelle », sur un plan juridique et politique.

Même s'il n'existe toujours pas de définition légale de l'exception culturelle, Pierre Lescure, dans son rapport dénommé *Acte II de l'exception culturelle à l'ère du numérique*, remis en mai 2013, en donne celle-ci : « Sans nier la dimension économique de la culture, l'exception culturelle vise à reconnaître et protéger sa dimension éthique, politique et sociale, qui est l'un des fondements de la dignité humaine. » Le juriste Serge Regourd, auteur d'un « Que sais-je ? », intitulé *L'exception culturelle* (édition Puf, 2013), a théorisé à plusieurs reprises la notion : « Par exception, il faut entendre exception à un principe. En l'occurrence, le principe, c'est celui de la libéralisation et du libre-échange. » Chaque pays peut l'invoquer pour ériger sa culture comme exception aux traités internationaux.

----

la souveraineté des États en la matière. L'Union européenne a ratifié le traité en 2006. Cependant, certains sont toujours attachés aux termes de l'exception culturelle. Ils le revendiquent comme un outil juridique pour défendre la diversité culturelle et ne veulent pas abandonner la pression.

En d'autres termes, l'exception culturelle est organisée pour faire barrage aux effets pervers de la mondialisation dans le domaine de la culture.

LE DÉVELOPPEMENT DURABLE EN POLITIQUE CULTURELLE

Depuis plusieurs décennies à travers le monde, des chercheurs en sociologie, en management culturel et de bien d'autres domaines ont suscité l'introduction du concept de développement durable et des diverses problématiques qu'il aborde, dans les politiques culturelles.

En 2015, l'Institut national du patrimoine a organisé une première sensibilisation des acteurs du patrimoine aux enjeux du développement durable. Depuis, la conservation du patrimoine est en pleine reconfiguration dans l'optique de concilier l'activité et les pratiques professionnelles aux enjeux liés au développement durable et à l'écoresponsabilité, tout en répondant aux impératifs de la préservation des objets de musées. Sur ce sujet, un séminaire a été inscrit dans la scolarité des élèves en deuxième année de deuxième cycle de l'École du Louvre et dans la formation initiale des élèves conservateurs de l'Institut national du patrimoine.

Il a été proposé le 14 octobre 2021 avec une approche de la démarche de développement durable appliquée au patrimoine avec pour ambition de dresser un état des lieux des pratiques et des approches théoriques dans le domaine. Comme indiqué dans la présentation de ce séminaire : « le ministère de la Culture intègre désormais pleinement les valeurs du développement durable dans l'ensemble des politiques culturelles qu'il mène : la création artistique, les médias et les industries culturelles, la transmission, et bien entendu les patrimoines et l'architecture, dont la préservation pour les générations futures s'inscrit par principe dans le temps long. Ainsi, conservation, monstration et protection des patrimoines, qu'ils soient bâtis ou naturels, mobiliers ou immatériels, sont autant de politiques culturelles permettant de déployer des actions en faveur d'une planète plus durable. » [...] « Les enjeux liés au développement durable sont aujourd'hui majeurs : l'environnement est fragilisé, la biodiversité est menacée, le changement climatique comme l'épuisement des ressources exigent des adaptations décisives, urgentes et responsables. Pour relever ce défi collectif, le développement durable doit être défini comme une politique culturelle, permettant d'apporter des réponses sociétales et civilisationnelles aux questions posées à l'humanité.

Le ministère de la Culture et au-delà tous les acteurs culturels ont une responsabilité particulière dans cette prise de conscience. » Les intervenants pour ce séminaire ont été : Aude Porcedda et Olivier Lerude[25].

Cette démarche de prise en considération du développement durable, et donc notamment de l'écologie ne doit pas être confondue avec l'écologie culturelle. Cette expression est née avec l'apparition de la théorie qu'elle désigne, c'est-à-dire dans les années 1950, celle portée par l'anthropologue Julien Steward. Selon lui, l'environnement naturel conditionne pour beaucoup les hommes qui l'habitent, notamment dans le fonctionnement des sociétés qu'ils mettent en place.

Tous les domaines des pratiques culturelles et artistiques sont concernés par la transition écologique et de nombreux professionnels s'interrogent dans le champ du spectacle vivant. Ainsi, le 15 novembre 2021, ARTCENA[26] et la SACD ont ouvert un cycle de rencontres, consacré à l'écologie dans le spectacle vivant pour mener une réflexion sur le rôle à jouer des lieux de diffusion de la culture, du cirque, du théâtre, et des arts de la rue, dans la transition vers un monde plus durable. Les principales questions posées sont : quels outils disponibles pour mesurer l'impact environnemental d'une tournée, d'un spectacle, quelles initiatives à l'œuvre au sein des structures et comment les mutualiser, comment l'écologie et le développement durable imprègnent-ils d'ores et déjà la création contemporaine ?

Comme le soulignent les organisateurs :

« Toutes ces questions, rendues encore plus urgentes et nécessaires depuis le début de la pandémie, amènent à repenser le modèle économique ultralibéral de la culture et à lui réinventer une approche transdisciplinaire mêlant intérêts humains et environnementaux. »

25. Séminaire *Le développement durable dans les politiques culturelles*. Aude Porcedda est professeure à l'université du Québec à Trois-Rivières, directrice de la collection 21 aux éditions Hermann (Paris). Olivier Lerude est agrégé d'histoire, docteur en sciences politiques et architecte urbaniste en chef de l'État. Aujourd'hui Haut fonctionnaire au Développement durable du ministère de la Culture, il porte les enjeux soulevés par le développement durable dans le champ culturel. Source : inp.fr

26. *Culture et développement durable* | ARTCENA par Margaux Coratte. Source : artcena.fr

Même si tous ces concepts que nous venons d'aborder se sont, pour la plupart, succédés dans le temps, ils coexistent aujourd'hui avec divers niveaux d'intensité dans leur application au cœur des politiques et des actions culturelles.

Par-delà cette palette de concepts à même d'animer des politiques culturelles, de nombreuses initiatives sont venues forger une diversité d'approches pour favoriser l'accès de toutes et tous à la culture.

Une diversité de modes d'actions pour favoriser l'accessibilité des pratiques culturelles

- médiation culturelle,
- résidences d'artistes dans des institutions diverses,
- actions hors les murs,
- portage culturel, culture à domicile (via le numérique et des intervenants artistiques et culturels),
- tiers lieux, circuits courts de la culture,
- etc.

Le secteur culturel dispose d'une richesse considérable en ressources humaines, une myriade d'emplois dans les domaines du spectacle vivant, du patrimoine, des arts visuels, de la presse, du livre, de l'audiovisuel, de l'architecture, du cinéma, de l'éducation et de l'enseignement artistique, etc. Aux côtés des porteurs des politiques publiques, des mouvements de solidarité[27] se mobilisent de plus en plus souvent bénévolement pour permettre la participation de populations en difficultés à la vie culturelle.

27. Parmi ces principaux mouvements, en France, ATD Quart Monde, fondé par le Père Joseph Wresinski, a placé la culture au cœur de ses engagements, dans sa lutte contre la misère. Le ministère de la Culture a précisé des objectifs de partenariats avec de nombreuses associations du domaine de la solidarité dans le cadre des conventions pluri-annuelles d'objectifs 2016-2018 : ATD Quart Monde, le Secours populaire français, la Fédération nationale des associations d'accueil et de réinsertion sociale (FNARS), La Cimade, Emmaüs Solidarité, le Secours catholique – Caritas France, Jeunesse ouvrière chrétienne – Avenir et Joie (la JOC), la Fédération nationale des associations solidaires d'action avec les Tsiganes et les gens du voyage (FNASAT-Gens du voyage), Cultures du Cœur, la Fondation Apprentis d'Auteuil.

Des dispositifs étatiques de contrôle et de censure

Dans le cadre de textes internationaux et nationaux, des libertés d'opinion, d'expression, de création, ont été reconnues, mais des limites ont été également posées qui ont évolué au fil des siècles et selon les territoires et les courants de pensée en vigueur. Ces limites touchent aux modes de vie et aux pratiques culturelles, artistiques et elles ont toujours été sujettes à de nombreux débats et controverses, et encore de nos jours. Certaines peuvent paraître évidentes comme l'interdiction de l'incitation au meurtre, à la haine raciale, à la pédophilie, mais d'autres sujets semblent plus difficiles à traiter, comme le blasphème, la sexualité, la contraception, l'avortement, la séparation entre sphères publique et privée et même la notion de troubles à l'ordre public, etc. À noter qu'il existe des différences d'approches notables entre les démocraties elles-mêmes, concernant les interdictions sur certains sujets. On peut citer à titre d'exemples, le port du voile, le négationnisme, le blasphème. Même dans des démocraties certaines opinions ne peuvent être exprimées. C'est le cas en France et dans de nombreuses autres démocraties à propos de l'existence des chambres à gaz ayant servi à l'extermination de millions de juifs par les nazis. Dans ces pays, ce fait ne peut être nié, contesté, il s'agit là d'une opinion qui ne peut être exprimée en public sous peine de poursuites en justice. C'est le cas en France depuis la promulgation de la loi, dite loi Gayssot[28], sur le négationnisme. Aux États-Unis cela reste autorisé. Concernant le blasphème, il est permis en France depuis 1881 mais interdit notamment en Italie où il est passible d'amendes. Dans plusieurs pays musulmans dotés de régimes autoritaires, il est passible de la peine de mort.

Les États quel que soit leur régime politique ont tous instauré des dispositifs leur permettant d'exercer des contrôles, voire des censures à l'encontre de discours, d'articles, de livres, de spectacles, de dessins, de chansons, de productions artistiques et culturelles de toute nature ainsi que de certains modes de vie. Selon les États les formes d'organisation varient. En voici quelques exemples.

D'autres organismes importants de portée nationale sont impliqués sur le sujet de la vie culturelle, tels les Restos du Cœur qui ont créé une mission culture-loisirs, Les petits frères des Pauvres, la Fondation Hôpitaux de Paris-Hôpitaux de France, VMEH, etc. Une question centrale au cœur des actions de ces mouvements est à n'en pas douter celle du choix entre accompagner l'action publique ou finalement s'y substituer. Toutefois, face à un nombre inquiétant de situations d'urgence, il n'est pas possible non plus de se contenter de débats théoriques...

28. Loi n°90-615 du 13 juillet 1990 tendant à réprimer tout acte raciste, antisémite ou xénophobe, dite loi Gayssot.

EN FRANCE[29]

L'histoire de la censure en France a connu diverses périodes avec des évolutions radicales. Avec la Révolution, de par la séparation de l'Église et de l'État a été instaurée la laïcisation de la censure. Par ailleurs, il semble loin le temps d'une seule chaîne de télévision contrôlée par l'État et dont le contenu du journal d'information était soumis au ministre de l'information avant sa diffusion. Alain Peyrefitte, qui occupa ce poste entre 1962 et 1966, l'a confirmé à plusieurs occasions. Par ailleurs, n'oublions pas pour ce qui est de la création artistique, que de nombreuses chansons célèbres ont subi en France la censure, comme *Le déserteur* de Boris Vian, *Ma France* de Jean Ferrat, *Les Ricains* de Michel Sardou, et tant d'autres et plus récemment des productions de rappeurs. Dans l'article « Les 10 meilleurs clips censurés du rap français » de l'Équipe CANAL PLUS[30] on peut trouver des exemples et des développements intéressants. Ils évoquent notamment « J'appuie sur la gâchette » de NTM. Selon eux, « Si Kool Shen et Joey Starr ont fini par prendre un abonnement au Palais de Justice au cours des années 1990, c'est bien avec le clip de J'appuie sur la gâchette qu'ils connaissent leurs premiers déboires judiciaires. En cause ? Des images et des paroles qui inciteraient au suicide. ». Ils citent également « 78 » d'Expression Direkt (*feat. Big Red*) révélé au grand public grâce à « Mon esprit part en couilles », présent sur la BO du film La Haine. Dans le clip de 78, par exemple, les rappeurs de Mantes-la-Jolie poursuivent arme à la main les fascistes de l'Hexagone. Le propos a été considéré comme une incitation à la haine. Le rappeur Morsay a été dans le viseur des syndicats de police pour le clip « J'ai 40 meufs », où il apparaît armé et rappe : « J'nique la police municipale ». Même le ministre de la culture de l'époque, Frédéric Mitterrand, monte au créneau et explique que « la liberté d'expression ne doit pas être le prétexte à des dérives incitant à la haine ou à la violence ». Le débat persiste aujourd'hui encore lorsqu'il s'agit d'engager des procédures de censure à l'encontre de productions artistiques.

Pour les domaines de l'audiovisuel, du numérique et pour le cinéma, des dispositifs de contrôle ont été mis en place. Le 1er janvier 2022, le Conseil supérieur de l'audiovisuel (CSA) et la Haute Autorité pour la diffusion des œuvres et la

29. « Un accroc béant dans le pacte républicain » Claude Patriat, article la-Croix.com, 22 février 2012. *La fin du monopole d'État en France pour la télévision*. Loi n°74-696 du 7 août 1974 relative à la radiodiffusion et télévision. JORF du 8 août 1974. https : //www.legifrance.gouv.fr/jorf/id/JORFTEXT000000333539

30. jack.canalplus.com - Les 10 meilleurs clips censurés du rap français

protection des droits sur Internet (Hadopi) ont été fondus dans un nouveau dispositif, l'Arcom[31] : l'Autorité de régulation de la communication audiovisuelle et numérique.

L'Arcom est une autorité publique indépendante (API) qui dispose de la personnalité morale et est donc directement responsable en cas de litige.

L'Arcom peut, dans le cadre des pouvoirs qui lui sont assignés par la loi, adopter des décisions individuelles visant un éditeur ou distributeur en particulier. Ces décisions sont de diverses natures. Il peut s'agir d'autorisation de faire usage de la ressource hertzienne, d'une reconduction simplifiée d'autorisation ou d'un agrément.

Dans le cadre de son activité de suivi des programmes, l'Autorité peut également choisir d'adresser, en cas de manquement constaté, de simples lettres ou des courriers de mise en garde aux éditeurs ou aux distributeurs leur rappelant la nécessité de se conformer à leurs obligations. En outre, l'Autorité peut mettre en demeure les éditeurs et les distributeurs de respecter leurs obligations. Il s'agit là du préalable nécessaire au prononcé d'une sanction. Ces décisions individuelles (mise en demeure et sanction) sont publiées au Journal officiel et notifiées à l'éditeur ou au distributeur concerné.

---

31. **Le fonctionnement de l'Arcom est collégial et indépendant.** Le collège de l'Arcom est composé de 9 membres nommés par décret pour un mandat de 6 ans non renouvelable. La création de l'Arcom s'inscrit dans un vaste mouvement d'évolution de la régulation de la communication audiovisuelle et numérique. L'Autorité incarne le nouveau modèle de la régulation que : une régulation plus à l'écoute des publics et de leurs préoccupations, mais aussi résolument engagée dans la défense des libertés de communication et de création. Ce changement majeur s'accompagnera d'importantes adaptations des organisations internes.

Le collège de l'Arcom - Les décisions L'Autorité de régulation de la communication audiovisuelle et numérique (Arcom) peut, dans le cadre des pouvoirs qui lui sont assignés par la loi, adopter des décisions individuelles visant un éditeur ou distributeur en particulier. Adoptées par l'assemblée plénière de l'Autorité, ces décisions sont de diverses natures. Il peut par exemple s'agir de décisions d'autorisation de faire usage de la ressource hertzienne, d'une reconduction simplifiée d'autorisation ou d'un agrément donné à la modification du nom d'un service ou à un changement tardif de programmation. Dans le cadre de son activité de suivi des programmes, l'Autorité peut également choisir d'adresser, en cas de manquement constaté, de simples lettres ou des courriers de mise en garde aux éditeurs ou aux distributeurs leur rappelant la nécessité de se conformer à leurs obligations. En outre, l'Autorité peut mettre en demeure les éditeurs et les distributeurs de respecter leurs obligations. Il s'agit là du préalable nécessaire au prononcé d'une sanction (sauf dans le cas où l'Arcom suspend l'autorisation ou la retire sur le fondement de l'article 42-3 de la loi du 30 novembre 1986). Ces décisions individuelles (mise en demeure et sanction) sont publiées au Journal officiel et notifiées à l'éditeur ou au distributeur concerné. Source : https : //www.arcom.fr/nos-ressources/espace-juridique

Pour ce qui est des productions cinématographiques[32], la première commission nationale de censure en France, s'est réuni en 1916. Elle a été remaniée plusieurs fois changeant de tutelle et de composition, ce qui influence ses décisions. En 1961, en pleine guerre d'Algérie, un nouveau code de censure a été mis en place (scénarios, affiches, moins de 13 ans) C'est en 1990 que la commission devient « de classification des œuvres cinématographiques ». Elle abandonne deux des principales armes de la censure : l'avis préalable et la coupure de passages des films. La commission est composée de fonctionnaires, de professionnels et d'experts et admet des « jeunes » parmi ses membres. Tout film, français ou étranger, de court ou de long-métrage, ainsi que toute bande-annonce, destinés à une projection publique en salles doivent être préalablement présentés aux comités de classification et le cas échéant à la commission de classification qui les visionnent intégralement et collectivement. Diverses mesures sont prévues par la réglementation : autorisation pour tous publics, interdiction aux mineurs de moins de douze ans, de seize ans ou de dix-huit ans, éventuellement assorties d'un avertissement.

AUX ÉTATS-UNIS[33]

Le premier amendement de la Constitution des États-Unis pose de manière assez radicale le principe de la liberté d'expression :

Freedom of speech :
« Le Congrès ne fera aucune loi relative à l'établissement d'une religion, ou à l'interdiction de son libre exercice ou pour limiter la liberté d'expression, de la presse ou le droit des citoyens de se réunir pacifiquement ou d'adresser à l'État des pétitions pour obtenir réparation des torts subis. ».

Il est néanmoins possible d'observer dans ce pays où persistent de forts relents de racisme et une forme de puritanisme, des différences de traitement selon les cas. Ainsi des propos racistes d'un membre du Ku Klux Klan ne seront

32. Source : https : //www.cnc.fr/a-propos-du-cnc/les-datescles-du-cnc_1242898

33. darkness-fanzine.over-blog.com
[extrait de « Censorship in America » in *Politique & Religion*, Collec. Darkness, censure et cinéma, LettMotif, 2018, pp. 262-268.] À l'occasion du 50e anniversaire du système actuel de cotation des films mis en place aux États-Unis le 1er novembre 1968.

pas forcément condamnés alors que des contenus pornographiques pourront l'être. Aux États-Unis, le contrôle cinématographique est organisé par la Motion Picture Association of America (MPAA), une association interprofessionnelle chargée de défendre les intérêts du cinéma américain à travers le monde, à laquelle les plus grands studios hollywoodiens ont choisi de souscrire. La MPAA a pour mission d'organiser et uniformiser la classification des films avant leur sortie en salles aux États-Unis. À la mort d'Eric Johnston en 1964, la MPAA a cherché un président et de nouvelles règles plus conformes aux modes de vie de la population. Jack Valenti, ancien conseiller du Président Johnson, en prend la tête en juin 1966.

Il accompagne la promulgation d'un nouveau code le 20 septembre 1966, plus souple que le précédent. En 1968, pendant cinq mois, les neuf grands studios membres de la MPAA, les représentants de l'association des exploitants de salles, le comité des distributeurs et importateurs de films ainsi qu'une assemblée de producteurs et de distributeurs indépendants élabore un nouveau système d'autorégulation.

Les associations religieuses et les syndicats sont également conviés aux discussions. Le 7 novembre 1968, Jack Valenti annonce l'adoption du Rating, un système de cotation conciliant les libertés constitutionnelles avec la protection des mineurs. La Production Code Administration (PCA) est transformée en Classification and Rating Administration (CARA)[34].

34. Aux États-Unis : « [...] quatre catégories sont créées le 1er novembre 1968 : G pour les films visibles par tous, M pour ceux réservés à un public averti, R pour les œuvres interdites aux spectateurs de moins de 16 ans non accompagnés, et X pour les films strictement interdits aux mineurs de 16 ans. À l'origine, la classification X est imposée par les exploitants de salles aux studios pour éviter d'éventuelles décisions d'interdiction par des juridictions locales. Dans la pratique, la classification G est attribuée aux dessins animés et films pour les jeunes enfants. En 1969, le M devient GP puis PG en 1972. La classification R interdit la projection d'un film aux mineurs de 16 ans non accompagnés en 1968. La limite d'âge est portée à 17 ans en 1970. Une catégorie intermédiaire, PG-13 est créée en 1984 pour les films déconseillés aux moins de 13 ans. La limite d'âge de la catégorie X est portée à 18 ans en 1970 puis abaissée à 17 ans en 1972. Aucun brevet n'ayant été déposé par la MPAA sur la lettre X, l'industrie du porno s'en empare pour en faire un label et attirer le spectateur en lui promettant des images strictement interdites aux mineurs. En 1990, les controverses liées aux classements X de Tie me Up! Tie me Up! (Attache-moi) de Pedro Almodovar, Henry, Portrait of a Serial Killer de John McNaughton, et Henry and June de Philip Kaufman, conduisent Jack Valenti à remplacer le X infamant et discriminatoire aux yeux du public, des producteurs, des distributeurs et des exploitants de salles, par un classement NC-17 aux effets identiques mais protégé par un copyright.

EN CHINE[35], EN RUSSIE (DU TEMPS DE L'URSS), EN CORÉE DU NORD, DANS L'ALLEMAGNE NAZIE.

Le président chinois Xi Jinping a frappé les esprits en Chine et au plan international en octobre 2014 en dénonçant la vulgarité du monde de l'art ; il a proposé que les artistes soient « envoyés à la campagne vivre au contact des masses chaque année » afin d'y « acquérir un point de vue correct sur l'art », pour ensuite mieux servir les valeurs socialistes, comme au temps de la Révolution culturelle[36] et de l'envoi des jeunes instruits à la campagne. Sermonnant un

---

Depuis 1968, les actes de censure ne sont plus imposés mais laissés à l'appréciation des studios ou du réalisateur lorsqu'il dispose du final cut. Par exemple, Paul Verhoeven explique que la MPAA lui a demandé d'adoucir certaines séquences pour éviter le classement X de Total Recall en 1990, dont celle durant laquelle une naine tue un soldat à coups de couteau. Les décisions de la CARA ne sont pas définitives et peuvent évoluer jusqu'à la date de sortie du film en salles, en fonction de la version qui lui est présentée. En cas de désaccord persistant, le réalisateur peut faire appel de la décision de classification devant la commission des recours (Rating Appeals Board) constituée de représentants de l'industrie du cinéma, de la vidéo et des exploitants de salles. Si le nouveau système de cotation ne s'impose qu'aux membres de la MPAA, la possibilité de sortir un film non classé, distribué en salles hors des circuits traditionnels, reste toujours possible. En réalité, les exploitants de salles, majoritairement membres de la National American Theater Organization (NATO) elle-même membre de la MPAA, respectent les décisions de la CARA. De leur côté, les indépendants hésitent à s'affranchir d'un système de cotation qui finalement leur permet de vendre leurs produits aux chaînes de la télévision et du câble qui ne diffusent bien souvent que des œuvres classées.

35. Entre rééducation des artistes et développement effréné, où va la culture en Chine ? | Cairn.info www.laviedesidees.fr - Art, blog et dissidence. Portrait d'Ai Weiwei

36. La Révolution culturelle en Chine. Le 18 août 1966 débute la Révolution culturelle prolétarienne. Planifiée par Mao Zedong (73 ans), fondateur du régime communiste et de la Chine dite populaire, elle vise à restaurer son autorité sur le Parti communiste chinois (PCC) après l'échec dramatique du « Grand Bond en avant » (1958-1961). Alban Dignat. Vive la révolution permanente ! Mao, qui est toujours le président du Parti, mobilise la jeunesse lycéenne de Pékin et Shangaï contre le président de la République Liu Shaoqi et Deng Xiaoping. Officiellement, il s'agit de s'opposer à la routine bureaucratique du Parti et aux nouvelles inégalités : c'est l'idée de « révolution permanente ». C'est l'aide droite du bureau du PCC qui est mise en accusation. Elle est accusée de « révisionnisme » et se voit reprocher de sacrifier l'idéologie aux impératifs du redressement économique. Deng Xiaoping est soumis à une rééducation forcée et Liu Shaoqi meurt en prison. Emportés par leur élan, les jeunes de toutes conditions sociales se rassemblent sous l'étiquette de « Gardes rouges ». Cultivant avec délectation le culte de la personnalité, ils brandissent à tout va le portrait de Mao et le *Petit livre rouge des Pensées du président Mao*, un recueil de formules prudhommesques paru en 1964 que tout bon révolutionnaire se doit d'apprendre par cœur et répéter à tout propos. Ils multiplient les réunions politiques et les rassemblements de masse, s'expriment par dazibaos (affiches manuscrites) et bousculent au sens propre et au sens figuré les institutions du pays. Dans les deux années qui suivent, ils lynchent à mort leurs maîtres et les supposés « représentants de la bourgeoisie ». Ils saccagent aussi les temples, les monuments patrimoniaux ou encore les magasins en relation avec l'ordre ancien. Ils brûlent des livres anciens. Humilié, le grand écrivain Lao She choisit de se suicider plutôt que de se rendre à une convocation de la police. La Révolution culturelle se solde par plusieurs millions de victimes.

parterre d'écrivains, acteurs et danseurs renommés à Pékin, il a rappelé aux artistes la responsabilité qui est la leur devant la nation chinoise, et condamné leur appât du gain et leur asservissement au marché aux dépens de la valeur artistique et morale.

Le sinologue américain Perry Link, lui-même « blacklisté », a rappelé dans un article l'efficacité de la « censure aux couleurs de la Chine », une censure floue, contrairement à celle pratiquée en Union soviétique où des manuels enseignaient les expressions à éviter et où une bureaucratie officielle consacrée à la censure avait été mise en place. En Corée du nord, les expressions artistiques et culturelles sont sous le contrôle étroit du bureau du Comité central de propagande. En Allemagne, sous le régime nazi, à partir de 1933, les notions d'individus et de créativité sont bannies du lexique officiel et du monde des idées, toutes les activités culturelles et artistiques ont été placées sous le contrôle du ministère de la propagande dirigé par Joseph Goebbels.

EN AFGHANISTAN ET EN IRAN[37]

Dans certains États, notamment des théocraties, un contrôle est exercé sur les modes de vie et les pratiques artistiques avec une grande violence et sous la direction d'un ministère dédié à cette fonction et mobilisant des brigades de polices spécialisées. C'est ainsi le cas en Afghanistan et en Iran.

En Afghanistan, depuis la reprise du pouvoir par les Talibans en 2021, la population est soumise à nouveau à ce type de dispositifs. Selon de nombreux témoignages et rapports, la police religieuse des talibans soumet les femmes à des interrogatoires, des mauvais traitements et du harcèlement quand elles ne portent pas le voile intégral dans l'espace public. Cette police, qui est rattachée au ministère du Vice et de la Vertu, cherche des prétextes pour arrêter, insulter, voire passer à tabac des femmes dans la rue. Porter une robe de couleur vive, une jupe courte, un jean, mais aussi prendre place sur le siège avant d'un taxi ou se déplacer sans être accompagnée d'un homme sont autant de motifs susceptibles d'insupporter les combattants talibans au point qu'ils brutalisent des

---

Le 27 janvier 1968, Mao décide enfin de mettre fin à ses turbulences. Sur son ordre, le chef de l'armée Lin Biao expédie dix-sept millions de jeunes « Gardes rouges » dans les campagnes et les confie aux mauvais soins des paysans. Beaucoup deviendront du coup des opposants déterminés au maoïsme... Source : herodote.net - 18 août 1966 - 27 janvier 1968 - Révolution culturelle en Chine populaire

37. courrierinternational.com – *Le retour des Talibans.*
europe1.fr – *Révolte en Iran*

femmes. Nazanin, étudiante à l'université publique, raconte qu'elle a été battue par des talibans car elle était à la place passager avant d'un taxi. « J'ai reçu deux coups de fouet dans le dos, confie-t-elle. J'ai eu l'impression qu'on me brisait les os. ».

Nazanin a indiqué que ses agresseurs ont embarqué le chauffeur de taxi pour le poste de police. Des hommes en voiture témoignent que des membres de ces brigades les ont arrêtés pour leur rappeler qu'il est interdit d'écouter de la musique, que cela est passible de poursuites et par ailleurs qu'ils devaient laisser pousser leur barbe.

En septembre 2022, en Iran, c'est une brigade des mœurs qui a suscité un mouvement de révolte. La police des mœurs y a été sous le feu des critiques après la mort de Mahsa Amini, une jeune femme détenue pour « port d'une tenue vestimentaire inappropriée », décédée à la suite de sa détention de trois jours. Cette Iranienne de 22 ans est devenue un symbole de l'oppression du régime. L'État iranien est en effet doté d'une police des mœurs, une unité qui est chargée de faire respecter le strict code vestimentaire, surtout pour les femmes, dans l'espace public. Depuis la révolution iranienne de 1979, c'est cette police qui veille au respect de la loi islamique. Elle circule dans des camionnettes blanches et vertes reconnaissables qui instaurent une certaine peur auprès de la population. Dans le pays, toutes les femmes, y compris de nationalité étrangère, doivent se couvrir les cheveux en public dès l'âge de 7 ans. À défaut, elles sont considérées comme criminelles. Il existe d'autres interdictions vestimentaires pour les femmes comme le fait de porter des manteaux courts au-dessus du genou, des pantalons serrés, des jeans troués ou encore des tenues de couleurs vives. Beaucoup de femmes ont été arrêtées et condamnées à des coups de fouet à cause de leurs vêtements non-conformes aux exigences. À l'arrière des véhicules de cette brigade se trouvent des femmes vêtues de tchador, qui ont pour mission d'aller à la rencontre de celles qui ne respecteraient pas bien la loi vestimentaire. Selon l'ONG Amnesty International, ces femmes encourraient « diverses sanctions : arrestation, peine d'emprisonnement, flagellation ou amende ».

Nous ne pouvons que constater la grande diversité des modes de contrôle et de censures mis en place selon les États. Nous ne devons pas oublier par ailleurs les mécanismes d'autocensures qui sont présents essentiellement dans des régimes totalitaires, mais qui existent aussi sous d'autres formes en démocratie. Voici pour conclure sur ce sujet la présentation d'une typologie pouvant être dégagée à partir des observations sur les dispositifs et dynamiques.

RAPPEL DES DIVERSES FORMES DE CENSURES

- Censures pratiquées avant la création, la production, la diffusion d'œuvres
- Censures exercées a posteriori de la réalisation des œuvres
- Autocensure pratiquée sous la pression de codes moraux en vigueur
- Autocensure face aux risques de suppressions de subventions
- Autocensure pratiquée sous la contrainte de menaces de violences, voire de mort
- Censure dans le cadre de classification (essentiellement l'interdiction aux mineurs).
- Censure à partir de lois et/ou de codes établis par l'État et/ou des collectivités territoriales ou par des organismes de diverses natures.
- Censure pratiquée via l'élimination d'opposants, des assassinats de personnes soit ciblées (journalistes, personnalités politiques, responsables de syndicats, etc.) ou lors de manifestations (tels les massacres de la place Tian'anmen à Pékin en 1989, ou ceux perpétués à la mitraillette depuis des hélicoptères sur des lycéens sous le régime d'Hassan II au Maroc notamment le 23 mars 1965, etc.).

Différences majeures entre régimes totalitaires et démocratiques, mais aussi libertés en trompe-l'œil

Il existe nous le voyons des différences majeures entre régimes démocratiques et totalitaires en matière de censure. Ces différences portent essentiellement sur les niveaux d'autonomie dans les choix de modes de vie, pour les pratiques artistiques dans la liberté de création, d'expression, de sélection des thématiques, des esthétiques, des messages véhiculés, dans ce qui touche à la nudité, à la sexualité, à l'information et à la réflexion politique. À la réflexion sur les dispositifs de censure et de contrôle portés par les États, doit être associée celle sur l'instauration d'une culture légitime, la promotion de pensées uniques par des mécanismes divers auxquels les États ne sont pas étrangers. La plupart des démocraties ne définissent pas en principe de culture légitime, l'accent y est mis sur la liberté des individus, ce qui aboutit au pluralisme et non à une forme de monoculture. Néanmoins, nous ne devrions pas oublier les interrogations et les débats qui ont eu lieu en France dans la période révolutionnaire concernant les dangers d'une instruction, d'un enseignement portés par la puissance publique en termes d'orientation, voire d'aliénation. La main-mise de l'État sur le système éducatif qui a émané de l'idée généreuse de donner à toutes et tous l'accès à l'éducation a en effet suscité bien des interrogations sur les dangers d'empêcher le développement du libre arbitre, de l'esprit critique, de la liberté de pensée. Ainsi Condorcet le philosophe et encyclopédiste qui est considéré en France comme l'initiateur de l'Instruction obligatoire et gratuite, face à ce danger, s'est lui-même fortement opposé à ce que l'État ait la responsabilité de l'enseignement supérieur. Il a d'ailleurs déclaré notamment : « Enfin, aucun pouvoir public ne doit avoir l'autorité ni même le crédit, d'empêcher le développement des vérités nouvelles, l'enseignement des théories contraires à sa politique particulière ou à ses intérêts momentanés. Tels ont été les principes qui nous ont guidés dans notre travail. »[38]

Après des siècles de réflexions et de contributions multiples et diverses, les politiques culturelles peuvent s'appuyer sur des ressources considérables en termes de principes, de valeurs, de concepts, de savoir-faire, de moyens humains et techniques. Les États bénéficient là, d'un héritage exceptionnel qu'ils peuvent mobiliser afin de permettre la libre participation de toutes et tous à la vie culturelle, l'effectivité de la citoyenneté culturelle.

Mais la question que nous pouvons nous poser en ce début de XXIe siècle est celle de l'intérêt porté par les États et les collectivités territoriales aux politiques culturelles ? Claude Patriat, Professeur de sciences politiques à l'Université de Bourgogne en France, émet un avis peu optimiste au sujet de la place de l'art, de la culture et du rôle des politiques culturelles :

« Les acteurs politiques n'y voient plus le lieu de l'accomplissement d'un destin collectif, la construction d'une appartenance à la société. La question qui se pose aujourd'hui à tous n'est rien de moins que celle de la démocratie, et la démocratie ne saurait s'accomplir sans la culture. La culture n'est pas un simple compartiment de l'action publique : elle est la condition d'un espace de relation entre les hommes, c'est-à-dire de leur citoyenneté. »

Claude Patriat[39]

38. *Ibid*

39. *Ibid*

2

L'ÉCONOMIE DE LA CULTURE ET LA CULTURE DANS L'ÉCONOMIE

ENTRE SOUTIENS ET ENTRAVES À L'EXERCICE DE LA CITOYENNETÉ CULTURELLE

« Ce que le monde artistique craint le plus : l'arrivée d'économistes tentant de substituer des logiques économiques aux logiques artistiques. » Xavier Greffe[1]

Même si les rapports entretenus par l'État avec la culture conservent aujourd'hui une place centrale concernant les possibilités d'exercer notre citoyenneté culturelle, il n'est pas certain qu'ils restent toujours prédominants aujourd'hui dans la plupart des pays. À des degrés divers, d'autres pouvoirs viennent impacter nos libertés culturelles, de manière positive ou négative même dans un pays comme la France ayant adopté le modèle de « l'État culturel » avec une intervention très forte de l'État et des collectivités territoriales, de leurs administrations, établissements et services publics de la culture. Les mécanismes présents dans l'économie de la culture jouent un rôle considérable et peuvent outrepasser les pouvoirs des États. L'économie de la culture représente des volumes colossaux. Les chiffres globaux qui en sont donnés en termes de Produit Intérieur Brut (PIB) tournent en moyenne autour de 2,5 % dans les pays de l'OCDE. En France, selon une étude du cabinet Ernst &Young parue en novembre 2019, le chiffre d'affaires direct des industries culturelles et créatives avait été évalué à 61,4 milliards d'euros. Il s'agit d'un enjeu économique d'autant plus important que les activités culturelles ont aussi un effet d'entraînement sur le reste de

1. Xavier Greffe, Professeur à l'Université Paris I Panthéon - www.cairn.info

l'économie. Pour la France en comptant les activités induites comme les matériaux utilisés, les loyers, l'électricité, l'apport de la culture à l'économie française, atteint les 104,5 milliards d'euros[2].

L'économie de la culture utilise les références et les instruments de la science économique pour éclairer les modalités d'organisation et de développement des activités culturelles. Néanmoins des économistes ont considéré que les activités culturelles posent des problèmes tout à fait spécifiques. Ils se sont interrogés sur la valeur marchande de productions artistiques et culturelles, tableaux, livres, spectacles vivants, créations musicales, films, etc. ainsi que sur les rapports, les équilibres entre coûts, investissements et retours sur investissements. Ils ont analysé les modes de rémunération existants et à imaginer, pour des créateurs, des producteurs, des diffuseurs, des promoteurs, etc. et étudié les modèles économiques possibles pour la création et la gestion de services, d'établissements et d'industries culturelles.

La culture peut-elle être compatible avec l'économie de marché ?

Aux États-Unis, dans les années 1960, le secteur du spectacle vivant faisant face à une crise sans précédent, des théâtres de Broadway et des institutions comme le Metropolitan Opera de New York connaissaient alors une inflation des coûts de production et des pertes croissantes. Certaines salles ont été contraintes de fermer. Souhaitant comprendre pourquoi les organismes culturels subventionnés requéraient une dotation toujours accrue, la Fondation Ford a confié à deux économistes, William Baumol et William Bowen, la mission de

2. En France, l'État et les collectivités territoriales mobilisent des moyens financiers très importants pour la culture. L'intervention de l'État représente un total d'environ 13,9 milliards d'euros par an, et celle des collectivités territoriales de 7,6 milliards d'euros dont une part en dotations de l'État. Pour autant, il convient de rappeler qu'en France, comme le montrent régulièrement des études sur le sujet, la culture n'est pas une dépense à perte. Ainsi selon un rapport conjoint des ministères de l'Économie et de la Culture, la culture contribue à hauteur de 57,8 milliards d'euros au PIB (valeur ajoutée). Il s'agit de la valeur ajoutée directe, c'est-à-dire du seul fait des activités culturelles. Elle équivaut à 3,2 % du PIB, soit sept fois la valeur ajoutée de l'industrie automobile.
Sources : *L'économie mosaïque. troisième panorama des Industries culturelles et créatives en France*, novembre 2019. ey.com/fr
https://www.culture.gouv.fr/Presse/Archives-Presse/Archives-Communiques-de-presse-2012-2018/Annee-2014/Etude-conjointe-sur-l-apport-de-la-culture-a-notre-economie-confiee-a-l-inspection-generale-des-finances-et-a-l-inspection-generale-des-affaires-cu

réaliser un diagnostic de la situation. Ceux-ci ont communiqué sur leurs conclusions dans un ouvrage fondateur sur ce sujet de l'économie de la culture intitulé *Performing Arts. The Economic Dilemma*[3] (1966). Leur modèle théorique met en évidence le caractère inéluctable de l'accroissement des déficits dans le domaine du spectacle vivant.

Ce qui a été nommé la loi de Baumoltend à prouver l'existence d'un déficit structurel dans le domaine du spectacle vivant se traduisant par des problèmes de financement endémiques[4].

Leur analyse postule l'existence d'un marché segmenté entre un « secteur progressif » caractérisé par une forte progression des gains de productivité liés aux innovations technologiques et un secteur « archaïque » ou « stagnant » dans lequel le facteur travail prédomine et reste incompressible. Baumol et Bowen concluent à la nécessité d'un financement externe par l'intervention publique, via un prélèvement sur le secteur progressif ou par l'incitation au mécénat.

Ils ont donc développé le principe de la faible soutenabilité de la culture dans une économie de marché. L'idée selon laquelle marché et culture font « mauvais ménage » n'était pas nouvelle, et nombreux étaient déjà les plaidoyers pour considérer la culture comme un bien à part, créateur de bien-être collectif, et devant à ce titre être rendu disponible à ceux dont les faibles revenus les empêchaient d'y accéder.

Baumol et Bowen concluent à la nécessité d'un financement externe par l'intervention publique via un prélèvement sur le secteur progressif, ou par l'incitation au mécénat.

Aux États-Unis, cette théorie a joué un rôle important dans la création d'organismes publics de soutien comme le National Endowment for the Arts[5] (1965), ainsi que dans le développement de fondations et du mécénat d'entreprise. Déjà

3. *Performing Arts - The Economic Dilemma.A Study of Problems Common to Theater, Opera, Music and Dance*, par William J. Baumol et William G. Bowen, The Twentieth Century Fund, 1966.

4. Comprendre la loi de Baumol, *Le Journal des Arts* n°562 du 5 mars 2021, Damien Roger

5. https://www.arts.gov/

à la fin du XIXe siècle et au début du XXe siècle des entreprises s'étaient mobilisées pour soutenir l'accès à la culture, nous pouvons penser à l'exemple des 2500 bibliothèques entièrement financées par la Andrew Carnegie aux États-Unis, bibliothèques gratuites.

De nombreux débats se poursuivront toujours sur la question de la place particulière des produits et des activités culturelles dans le Marché, tout particulièrement au sujet des règles touchant à la libre concurrence et en conséquence aux possibilités pour les États de soutenir ce champ de l'économie. Cette question a été au cœur de discussions en préalable à la signature de traités d'échanges commerciaux bilatéraux et au plan international et a abouti à l'adoption du principe de l'exception culturelle, nommée plus souvent maintenant diversité culturelle[6]. Cette mesure permet notamment de protéger des identités culturelles, une dimension très présente dans les approches sur la citoyenneté culturelle.

Pour rappel cette déclaration de François Mitterrand, alors Président de la République française qui est venue soutenir pleinement cette démarche :

« Les créations de l'esprit ne peuvent être assimilées à de simples marchandises. »

François Mitterrand[7]

En apparaissant comme la condition de soutenabilité des activités culturelles, l'intervention publique se retrouve au centre des débats sur l'organisation des activités culturelles et artistiques dans la société. Du point de vue économique, les plaidoyers en faveur de politiques culturelles vont s'appuyer largement sur la « Loi de Baumol » en distinguant deux types d'actions : le soutien à la création et le soutien à la démocratisation culturelle. Par ailleurs les observations d'effets potentiellement nuisibles de la loi du Marché à l'encontre des libertés culturelles et des principes d'égalité d'accès à la culture, ont amené des États à prendre des mesures de régulation.

6. *Ibid*

7. https://www.cairn.info/dire-la-france--9782724619454-page-305.htm

Fonctionnement des industries culturelles dans les productions littéraires, musicales, cinématographiques et des jeux vidéo

Selon les analystes, ce qui caractérise ce secteur est que les producteurs et diffuseurs de biens culturels agissent dans un univers marqué par une forte incertitude sur la rentabilité des investissements. Divers modèles de fonctionnement ont été développés pour tenter de se prémunir contre les risques encourus. Dans certains cas les risques inhérents au produit sont réduits en surfant sur des styles et/ou des thématiques qui connaissent un succès, ou en intégrant d'autres réducteurs d'incertitude par exemple le nom d'un artiste reconnu, voire en reprenant sous forme d'adaptation un texte existant. Pour prévenir les risques le système des superstars a été créé par les producteurs dans tous les domaines artistiques, amplifié par les nouvelles possibilités de médiatisation, de diffusion et de ventes au plan mondial et ainsi permettant d'obtenir sur quelques produits des gains colossaux qui amortiront les pertes issues d'autres productions. Sherwin Rosen[8] a été le premier à expliquer ce phénomène en détail dans son fameux article : *The Economics of Superstars.*

L'économie de la culture devient souvent une économie des extrêmes plutôt que de moyennes, opposant de plus en plus le prestige des *happy few* au marasme du grand nombre.

L'incertitude de rentabilité des produits culturels dans les logiques de marché, explique des modes d'organisation dans l'économie de la culture, mais ils posent néanmoins bien des questions éthiques et parfois juridiques, notamment parce que la distribution des biens culturels est le plus souvent organisée par quelques rares centres qui se retrouvent dans des positions de monopole, de domination avec le risque de voir les choix possibles de plus en plus limités. Ces processus risquent de faire obstacle à un plein exercice de la citoyenneté culturelle, au regard des libertés qui s'y attachent. La vente de livres par les grandes surfaces en France avait attiré l'attention sur les effets à long terme qui en résulteraient sur la nature des livres produits, ce qui y amena à la promulgation de la loi de 1982 sur le prix unique du livre[9].

8. www.cairn.info Rosen, 1981. Benhamou, 2004.

9. Promulguée le 10 août 1981, la loi sur le prix unique du livre (dite loi « Lang ») est entrée en vigueur le

Les investisseurs s'assurent des coopérations de tous les acteurs impliqués dans la chaîne « créateurs, producteurs artistiques, promoteurs, médias, distributeurs, consommateurs », en assurant même parfois leur contrôle direct ou indirect

Pour assurer plus ou moins le contrôle de cette chaîne, il faut soit mettre en place un système de contrats complets entre les parties en présence, soit les intégrer dans une même organisation. La figure des « majors » est ainsi devenue prépondérante dans le domaine de la musique enregistrée et du film parce qu'elle permet d'assurer la maîtrise la plus élevée possible de la vie de produits au devenir incertain. Nous pouvons remarquer qu'avec les modes de fonctionnement adoptés par certains réseaux sociaux, mobilisant l'intelligence artificielle et l'utilisation de données sur leurs utilisateurs, il est possible de parler de l'émergence d'une forme de manipulation/contrôle de ceux-ci à des fins commerciales.

Une position monopolistique fait peser des risques sur les prix comme sur la diversité des expressions culturelles et donc des libertés afférentes à l'exercice de la citoyenneté culturelle

Ce sont ces problématiques qui ont conduit à la publication du célèbre décret Paramount. Celui-ci a amené la Firme Paramount à devoir céder son propre réseau d'exploitants, car elle opérait une discrimination dans sa dimension de distributeur au détriment des autres exploitants auxquels elle ne fournissait pas les films de qualité réservés à son propre réseau[10].

Quelques années plus tard, les distributeurs purent évoquer ce même raisonnement pour empêcher les chaînes de télévision de distribuer les films qu'elles produisaient elles-mêmes. Aujourd'hui, les rémunérations des distributeurs viennent de l'audience qu'ils mobilisent au bénéfice des annonceurs et il leur

1er janvier 1982 en instaurant le système du prix unique du livre en France : toute personne qui publie ou importe un livre est tenue de fixer pour ce livre un prix de vente au public. Quelle que soit la période de l'année, ce prix doit être respecté par tous les détaillants (grande surface spécialisée, hypermarché, maison de la presse, grossiste, librairie traditionnelle ou en ligne).
Source : https: //www.sne.fr/prix-unique-du-livre/fonctionnement-du-prix-unique/

10. https://fr.wikipedia.org/wiki/United_States_v._Paramount_Pictures

est alors plus intéressant de partager un « gros marché » que de se concentrer sur une niche. Dans ses *Videoeconomics*, Steiner[11] a démontré comment le phénomène du prime time né de la télévision commerciale et transposé à d'autres médias, a conduit à mettre en avant les mêmes produits et genres, au détriment de la diversité culturelle et finalement de la possibilité d'exercer pleinement sa citoyenneté culturelle, qui suppose une liberté de choix dans l'accès aux offres culturelles. Certes il existe des solutions pour atténuer les risques comme celles portées par certains États grâce à leur soutien à des chaînes de télévision publiques et aussi par des sociétés privées offrant plusieurs canaux avec un spectre très large de programmes dont certains sur des chaînes privées thématiques et payantes.

Toujours pour limiter les risques dans les investissements, des stratégies sont conçues pour la mise en place de produits dérivés, telle dans la vente de la musique d'un film sous la forme d'un CD, l'utilisation d'un roman comme base de scénario ou la création de produits illustrant les personnages d'un film. Ces démarches favorisent des processus de réduction des champs culturels et artistiques, même dans certains cas d'une culture mondialisée et uniforme.

La culture, vecteur de développement économique d'autres secteurs

L'économie de la culture s'intéresse traditionnellement à la valeur intrinsèque de la culture ou encore à la dimension économique de la satisfaction de besoins artistiques et esthétiques.

Des travaux se sont multipliés pour souligner les contributions que des activités culturelles pouvaient apporter au développement économique et social, en introduisant diverses perspectives :

- la contribution de la créativité artistique à la qualité des produits et au renforcement de la compétitivité
- le renforcement de l'attractivité et de la dynamique de territoires
- une plus-value pour des entreprises en termes d'image

11. Source : Greffe, X. (2010). Introduction : L'économie de la culture est-elle particulière ? *Revue d'économie politique*, 120, 1-34. https://doi.org/10.3917/redp.201.0001

Certaines activités artistiques dynamisent la créativité et mettent à la disposition de l'ensemble des secteurs économiques un grand nombre de références en matière de signes, de formes, de couleurs, de symboles, etc. En offrant des marchés plus étendus à des produits spécifiques, l'économie globale permet de dépasser la vision d'une économie où l'essentiel de la consommation porterait sur quelques produits quasi génériques.

Pour des produits standardisés, la compétitivité par la diversité permet de trouver de nouveaux marchés, au départ sous la forme de niches, sachant que les caractéristiques esthétiques et sémiotiques des biens jouent un rôle croissant.

Xavier Greffe et Sylvie Pflieger [12]

Comme l'écrit A.J. Scott[13] : « La satisfaction des besoins est donc compatible avec la différence des formes, porteuses de valeurs sémiotiques et symboliques, et ces dernières deviennent des éléments de conquête de nouveaux marchés. Les produits, quels qu'ils soient, associent donc des dimensions fonctionnelles et esthétiques. »

La culture n'est plus nécessairement demandée comme consommation finale, mais aussi comme consommation intermédiaire conférant une dimension culturelle identitaire à des produits économiques standards.

Cette utilisation, voire « instrumentalisation » de la culture mobilise l'attention des investisseurs et des analystes de la culture sur les sciences du design : design graphique, d'environnement, d'intérieur, industriel, de textiles, etc. et sur la création de modes esthétiques et sémiotiques à l'obsolescence programmée pour un renouvellement perpétuel des productions. Les effets induits en termes économiques par des activités culturelles sont très nombreux et divers. Ils viennent légitimer des investissements publics et privés.

12. Greffe Xavier et Pflieger Sylvie, *La politique culturelle en France*, Paris, La Documentation française, 2015.

13. www.cairn.info

AU BÉNÉFICE DE L'ATTRACTIVITÉ DES TERRITOIRES

La culture contribue souvent au développement économique de territoires en les rendant attractifs, avec notamment le développement du tourisme culturel, l'organisation de festivals, l'amélioration du cadre de vie grâce à l'implantation d'établissements et de services culturels. Elle peut susciter la création de quartiers, la venue de nouveaux habitants, de nouvelles entreprises et ainsi l'augmentation des valeurs foncières. Ainsi Hollywood peut être considéré comme le modèle du district industriel-culturel puisque tout un univers professionnel s'y est regroupé pour pouvoir produire un flux continu de films dans les meilleures conditions économiques possible. En Chine, les studios géants de Hengdian sont souvent surnommés Chinawood. Situés dans la province du Zhejiang, ils occupent 1 000 hectares, plus du double des studios Universal en Californie. Actuellement, Chinawood, le grand bond en avant du cinéma chinois vient concurrencer Hollywood.

UNE PLUS-VALUE POUR LES ENTREPRISES

Depuis les années 1950, les entreprises se sont engagées dans une démarche nommée RSE, la Responsabilité Sociale d'Entreprise. Dans ce cadre de nombreuses sociétés investissent en soutien pour la promotion d'actions culturelles et artistiques sous des formes très diverses. Elles en tirent aussi un profit en termes d'image de par les valeurs portées par les actions soutenues.

LE MODÈLE DE L'ORGANISME À BUT NON LUCRATIF POUR DES ÉTABLISSEMENTS, DES SERVICES CULTURELS ET LES ACTEURS RELAIS CARITATIFS ET DE LA SOLIDARITÉ ?

Aux États-Unis de nombreuses entreprises culturelles privées ont été créées dans les domaines du patrimoine notamment des musées, comme dans le secteur du spectacle vivant, des sociétés de concerts, des théâtres, etc., mais la très grande majorité de ces institutions ont fait faillite dès la fin du XIXe siècle. Ces entreprises utilisèrent alors deux formules : leur transformation en organisme à but non lucratif, et l'invitation faite aux mécènes de devenir membres des nouveaux conseils d'administration. Les risques étaient ainsi mieux prévenus, et le secteur pouvait se développer sur des bases plus réalistes. De nombreux organismes ont vu le jour, des fondations, des associations ou toute autre forme d'organisation à but non-lucratif pouvant bénéficier des soutiens des mécènes (mécénat en apport financier, en équipements et en compétences) et de divers types de donateurs.

Baumol lui-même a souligné que les conclusions de son analyse débouchaient autant sur un plaidoyer en faveur de la mobilisation du secteur privé à but non lucratif qu'en faveur de la subvention publique.

De tels organismes n'échappent pas aux débats sur la nature de leur fonction, de leurs objectifs. Certains s'engagent dans des contrats de délégation de service public passés avec l'État ou des collectivités territoriales.

Les acteurs caritatifs et de la solidarité se mobilisent dans divers pays pour des actions favorisant l'accès à la vie culturelle et interviennent notamment comme relais, comme interface entre des établissements, des services culturels et des personnes en précarité, en situation de handicap et âgées en manque d'autonomie. Certains mouvements sont de portée internationale comme ATD quart-monde dont le fondateur le Père Joseph Wresinski[14] accordait une importante tout à fait centrale à l'accès à la culture. Nous pouvons citer aussi le Secours catholique, Les Petits Frères des Pauvres (qui ne sont pas rattachés à une congrégation religieuse). Il existe aussi des organismes musulmans, juifs et d'autres confessions. En France l'association Cultures du Cœur favorise l'insertion des plus démunis par l'accès à la culture. Tous ces organismes interviennent souvent en partenariat avec les acteurs sociaux, médico-sociaux et sanitaires, des services publics et privés qui jouent un rôle considérable dans l'accompagnement de populations dites vulnérables, vers la vie culturelle.

Quels modèles économiques pour les artistes ?

En ancrant la spécificité économique du secteur des arts sur sa non-rentabilité, on a étayé l'idée selon laquelle les artistes ne pourraient être que structurellement pauvres. La plupart des études statistiques ont montré qu'à durée de formation constante les artistes sont en moyenne moins bien rémunérés que la moyenne des actifs, avec de fortes différences selon les pays et les types d'expression artistiques. Ainsi ils semblent mieux payés dans les pays de tradition anglo-saxonne où les dispositifs de soutien sont peu nombreux et où le marché sert de barrière radicale à l'entrée dans des professions artistiques[15].

14. https://www.joseph-wresinski.org/fr/biographie/

15. Menger, P. (2010). Les artistes en quantités. Ce que sociologues et économistes s'apprennent sur le travail et les professions artistiques. *Revue d'économie politique*, 120, 205-236. https://doi.org/10.3917/redp.201.0205

Ainsi les musiciens sont-ils ceux qui restent les plus proches de la moyenne (sans doute parce qu'ils peuvent compléter leur rémunération artistique en intervenant sur le marché des cours de musique). L'idée selon laquelle les artistes ne pouvaient vivre de leur art, idée souvent considérée comme l'expression la plus achevée du romantisme, était assez admise voire portée comme un drapeau tel le poète de Vigny dans *Chatterton*[16] : « On ne fait de l'art que si l'on n'a pas besoin d'en vivre ! ». Nous pouvons penser aussi à la célèbre chanson de Charles Aznavour La bohème. Il est essentiel d'avoir conscience que les conditions de vie des artistes peuvent influencer leurs choix artistiques et à l'inverse, des choix artistiques peuvent avoir pour objectifs des effets économiques.

Entre artistes « crève la faim » et superstars richissimes

LE RÉGIME DE L'INTERMITTENT DU SPECTACLE VIVANT

Pour pallier les risques liés aux aléas et les difficultés de la plupart des professions artistiques, en France a été adopté un régime particulier de protection, celui d'intermittent du spectacle vivant qui est très envié par les artistes à travers le monde. L'intermittent du spectacle relève d'une assurance-chômage spécifique et avantageuse qui diffère du régime général d'assurance-chômage sur plusieurs points, notamment sur la durée minimale requise de travail permettant l'ouverture des droits. Ainsi, pour obtenir des allocations-chômage, l'intermittent du spectacle doit justifier avoir travaillé 507 heures au cours des 319 jours précédant l'inscription pour les artistes, au cours des 304 jours précédant l'inscription pour les techniciens[17].

LES ARTISTES DANS LE MARCHÉ DE L'ART CONTEMPORAIN ET DE CERTAINS CERCLES DU SPECTACLE VIVANT ET DU CINÉMA

Bien des observateurs soumis aux défis de la validation artistique de l'art contemporain, considèrent que le prix des œuvres dont des installations, s'expliquent par la reconnaissance par un petit monde de critiques, de conservateurs ou galeristes d'un « porteur de valeur » parmi d'autres. L'idée n'était pas

16. Alfred de Vigny composa Chatterton, une pièce de théâtre en prose et en trois actes, en 1834.

17. https://www.unedic.org/publications/lindemnisation-des-intermittents-du-spectacle-par-lassurance-chomage

si nouvelle puisque le système académique pouvait être interprété de cette manière : les artistes y étaient ceux reconnus par les instances des académies de l'art.

En dehors des lois du Marché certains secteurs de l'art organisent et contrôlent un système élitiste de reconnaissance et de création de valeurs marchandes

La volatilité des prix n'a alors plus rien à voir avec des phénomènes marchands. Même dans le domaine du spectacle vivant, la création des superstars rappelle parfois ce phénomène d'une fabrication « artificielle » de l'artiste. Cette approche rejoint la question des barrières à l'entrée. L'une des caractéristiques généralement reconnues aux activités artistiques est l'ambiguïté du concept de barrière à l'entrée. Tout l'enjeu est alors de savoir si cette sélection sera opérée par le marché ou par un système artificiel, tel celui du petit monde de l'art. Le concept d'oligopole à frange a été utilisé pour interpréter l'entrée ou non des artistes sur le marché de l'art. Ils sont nombreux à vouloir y pénétrer et s'y installer de manière durable, mais un petit nombre seulement finira par s'y retrouver, sous l'effet d'un jugement prononcé de l'intérieur du système par ceux qui l'organisent. Becker[18] considère que le monde de l'art définit des conventions et que seuls les postulants qui y satisfont ont une chance d'y entrer.

DÉVELOPPEMENT DU *CROWDFUNDING*

Ces dernières années, avec l'aide des réseaux sociaux, s'est développé à travers le monde le « crowdfunding », financement participatif pour diverses causes et notamment pour le soutien à des projets culturels et artistiques. Ce système permet à des individus d'apporter leur soutien personnel à des initiatives très locales ou d'ampleur nationale et internationale.

18. Howard S. Becker, *Les mondes de l'art*, Flammarion, 1988.

Révolution numérique et révolution dans l'économie de la culture

Pendant longtemps, le rôle du numérique a surtout été considéré comme le moyen de faciliter la distribution des biens culturels en organisant leur vente à distance ou, plus récemment, en allongeant dans le temps leurs perspectives de valorisation puisque leur coût de stockage est quasi nul. Aujourd'hui, la transformation imposée par le numérique à l'économie de la culture est radicale. Il offre des possibilités à tous les acteurs impliqués, depuis la création à la réception.

Avec la révolution numérique : nouveaux espaces et moyens de création, de production, de médiatisation, de distribution et nouveaux modèles d'affaires

NOUVEAUX MODES DE CRÉATIONS ET DE PRODUCTION

L'espace de la production est lui aussi remis en cause avec la prolifération des contenus autoédités. « Tous créateurs, tous auteurs » est le nouveau mot d'ordre du web 2.0 et ce mouvement est accéléré par le déplacement du centre de gravité entre copyright et copyleft.

La naissance des communautés médiatées, nouveaux acteurs de l'économie de la culture, ou espaces de mise en réseau des usagers, a joué un rôle capital avec l'apparition de nouveaux métiers : community manager, consultant en référencement ainsi qu'influenceurs.

NOUVEAUX MODES DE CONSOMMATION CULTURELLE

De plus en plus de biens culturels sont consommés de manière individuelle et dans des logiques nouvelles de groupes d'affinités, de communautés en dehors des formes traditionnelles et des frontières étatiques, culturelles, sociologiques habituelles. À la différence des médias traditionnels utilisés en liaison avec les rythmes quotidiens de la vie familiale, les nouveaux médias, instaurent de nouvelles temporalités en rupture avec ces rythmes traditionnels. Cette révolution fait éclater ce que l'on pouvait autrefois qualifier d'audiences familiales, sans doute la télévision restant à part à certains moments de la journée. Le numérique donne lieu à des pratiques réouvrant à des degrés de socialisation variés.

L'ÈRE DE LA GRATUITÉ ILLUSOIRE, DES PROBLÉMATIQUES DE DROITS D'AUTEUR

Le numérique pose le problème des droits d'auteur et de la recherche de nouveaux modèles de rémunération. Cela ne signifie ni ne justifie l'absence de valorisation économique et de rémunération des créateurs. Cela montre simplement que les mécanismes de révélation et de mobilisation des valeurs économiques vont devenir plus complexes et qu'il convient d'innover pour mobiliser les contreparties monétaires de ces valeurs et rémunérer ainsi les créateurs. Cette recherche de nouveaux modes de valorisation se développe le plus souvent aujourd'hui à travers un plaidoyer en faveur de nouveaux modèles d'affaires. Les solutions sont alors multiples qui vont aujourd'hui des taxes sur des supports vierges, des droits payés aux caisses de retraite des écrivains par les bibliothèques municipales de prêt gratuit, des contrats de licence globale[19], une diversité de solutions pour contourner les problèmes comme du temps de l'arrivée des photocopieurs.

Mais face à une illusion de gratuité, dans ce nouveau modèle économique né du numérique, ce sont les investissements des annonceurs qui achètent les espaces publicitaires qui sont la principale source de financements des biens culturels de manière directe ou indirecte. L'audience devient l'indicateur permettant de fixer la valeur des espaces publicitaires mis en vente et risque ainsi de dicter les choix des contenus culturels et de mettre en péril les libertés culturelles les plus fondamentales, une audience impulsée fortement par les mécanismes de l'intelligence artificielle, par le jeu des algorithmes.

19. Les réglementations qui au milieu du XXe siècle avaient régi les radios américaines en stipulant qu'une musique diffusée par une radio pourrait l'être sur toute autre radio dès lors que les droits prévus seraient alors acquittés. Il se trouve qu'un tel système progressivement connu sous le nom de licence globale est aujourd'hui considéré par certains comme susceptible de concilier liberté des échanges et valorisation économique. L'expression de licence globale désignerait ici le mécanisme conduisant à faire rémunérer forfaitairement des actes de copie privée par voie de téléchargement. Greffe, X. (2010). « Introduction : L'économie de la culture est-elle particulière ? » *Revue d'économie politique*, 120, 1-34. Source : https://doi.org/10.3917/redp.201.0001

Voici en conclusion sur ce sujet de l'économie de la culture et de la culture dans l'économie, une remarque sur l'impact positif qu'ont pu avoir en Chine à certaines périodes, les aspects économiques sur les libertés culturelles et des pensées d'Alexis de Tocqueville et d'Edgar Morin à méditer.

La culture est considérée de manière de plus en plus explicite comme un instrument de la croissance économique. Michael Keane et Weihong Zhang, l'ont montré dans « *Cultural creative industrie*[20] ».

Nous pouvons remarquer l'influence des dynamiques économiques sur les niveaux de contrôle culturel. Ainsi, c'est seulement dans les années 1980 que la Chine, avec l'avancée de la politique de Réforme et d'Ouverture (politique d'ouverture à l'étranger et au marché), que les dimensions matérielle et spirituelle de la culture sont également mises en avant et que le gouvernement chinois cesse de contrôler directement ce domaine, suivant un modèle moins interventionniste d'État architecte qui ne cherche plus à imposer mais à guider et gérer la politique culturelle. Le responsable des activités culturelles au sein du Bureau politique, Li Ruihuan, reconnaît au même moment dans un discours prononcé en clôture d'un festival culturel :

> **« Nous avions l'espoir de parvenir à développer l'éducation idéologique dans la littérature et l'art mais il est impossible de donner une fonction d'éducation politique à chaque œuvre littéraire et artistique »[21]**

---

20. Keane, Michael A. and Zhang, Weihong (2008), Cultural creative industries or creative (cultural) industries?, in Hu, Huilin, Eds. China's Cultural Industries Forum (Chinese publication). Shanghai Peoples' Publishing. https://www.academia.edu/27526923/Cultural_creative_industries_or_creative_cultural_industries Handbook of Cultural and Creative Industries in China, Handbooks of Research on Contemporary China series, Edited by Michael Keane, Queensland University of Technology, Australia, 2016.
Source : https://www.e-elgar.com/shop/gbp/handbook-of-cultural-and-creative-industries-in-china-9781782549857.html

21. Frenkiel, É. (2016). Entre rééducation des artistes et développement effréné, où va la culture en Chine ?. *Nectart*, 2, 68-77. https://doi.org/10.3917/nect.002.0068

Alexis de Tocqueville et Edgar Morin avec la puissance de leurs pensées soulignent les ambiguïtés dans les rapports entre la culture et l'économie :

« La démocratie ne fait pas seulement pénétrer le goût des lettres dans les classes industrielles, elle introduit l'esprit industriel au sein de la littérature. »[22]

« L'État peut libérer l'art des contraintes du profit. »

« Le capitalisme privé peut libérer l'art des contraintes de l'État. »[23]

---

22. Alexis de Tocqueville - *De la démocratie en Amérique*, Pagnerre, 1848, tome 3.djvu/128, de l'industrie culturelle, chapitre XIV ; https://fr.wikisource.org/wiki/Page:Alexis_de_Tocqueville_De_la_démocratie_en_Amérique,_Pagnerre,_1848,_tome_3.djvu/128

23. Morin Edgar. *L'industrie culturelle*. In: Communications, 1, 1961. pp. 38-59 ; doi : https://doi.org/10.3406/comm.1961.916 https://www.persee.fr/doc/comm_0588-8018_1961_num_1_1_916

3

POUVOIRS DES MÉDIAS, DES RÉSEAUX SOCIAUX ET DES ALGORITHMES

Le pouvoir des médias est lié aux pouvoirs économiques et politiques et il peut être à même d'influencer plus que fortement la prise de pouvoir dans bien des pays, y compris démocratiques. Des chefs d'État comme Sylvio Berlusconi en Italie, Donald Trump aux États-Unis et Volodymyr Zelensky en Ukraine, avec certes des profils bien différents en sont une illustration. Les capacités d'influences des médias doivent nous interroger quant aux libertés de circulation des idées, sur la manière dont celles-ci peuvent être manipulées dans des objectifs qui n'entrent pas dans une logique d'ouverture au débat et à la réflexion mais d'intérêts marchands ou politiques non déclarés. De fait, les médias sont conduits, (à part certains qui tentent par déontologie de résister à ce processus), à rechercher des financements auprès d'acteurs qui ne sont plus leurs utilisateurs. Avec de tels mécanismes, les droits au cœur de la citoyenneté culturelle risquent bien souvent d'être quelque peu malmenés.

La France, une démocratie pointée du doigt en matière de liberté de la presse

En France de nombreuses voix s'élèvent pour dénoncer le danger de médias de plus en plus regroupés entre les mains d'une poignée d'hommes d'affaires (dans ce domaine comme dans d'autres, les femmes sont peu nombreuses parmi les grands patrons). Parmi eux certains ne cachent pas leur volonté de détenir des médias pour les instrumentaliser dans l'objectif de promouvoir une idéologie politique correspondant à leurs visions et à leurs intérêts personnels. Dans un film diffusé sur les réseaux sociaux, *Système B*, un documentaire produit par Reporter sans frontières (RSF), onze journalistes témoignent à visage découvert de la « mécanique d'emprise et d'intimidation » mise en place par Vincent Bolloré, le magnat des médias français, qui a repris en mains CNews et Europe 1. Ils témoignent de ses méthodes lorsqu'il « *prend le contrôle d'un média ou lorsque des journalistes enquêtent sur ses activités industrielles* », un « *système de contrôle de l'information* » de l'homme d'affaires qui n'a eu de cesse d'étendre son empire médiatique via son groupe Vivendi. À travers ce film, l'Ong de défense de la liberté de la presse appelle l'État, le CSA, l'Autorité de la concurrence et le législateur à intervenir.

« Ces pratiques représentent un véritable danger pour la liberté de la presse, mais aussi pour la démocratie »

Alerte Reporter sans frontières.

Ce film est un « *signal d'alarme* », lance le secrétaire général de RSF, Christophe Deloire, alors que Bolloré est désormais présent dans le secteur de la télévision (Canal +, CNews, C8), de la radio (Europe 1, RFM et Virgin Radio) et de la presse écrite avec Voici, Capital et Gala, et plus récemment Paris Match et le JDD. « *Il est urgent d'instaurer de nouveaux garde-fous* », ajoute Christophe Deloire. Au total, RSF formule sept recommandations. Parmi elles, il demande à l'État « *d'intervenir pour l'indépendance éditoriale en sa qualité d'actionnaire de Vivendi* » (la Caisse des Dépôts et Consignations possède 2,20 % du Capital du groupe). Il interpelle également le CSA pour « *faire respecter l'honnêteté, l'indépendance et le pluralisme de l'information sur la base des conventions actuelles* ». RSF incite également « *le législateur à mettre en place un dispositif efficace contre les procédures bâillons* », armes de dissuasion pour museler les médias. Selon le classement mondial de la liberté de la presse établi par RSF, la France se situe à la 34e place. Une conséquence souvent sous-estimée de la numérisation est le rôle croissant pris par les médias dans la distribution des biens culturels.

Un magnat des médias au pouvoir étendu sur plusieurs pays

Certains propriétaires et patrons de médias ont su conquérir des territoires qui vont bien au-delà des frontières d'un pays et leur influence considérable est très inquiétante. C'est le cas de Rupert Murdoch. Né en 1931 à Melbourne en Australie, il est un homme d'affaires anglo-australo-américain, actionnaire majoritaire de News Corporation, l'un des plus grands groupes médiatiques du monde. Il possède un véritable empire médiatique gigantesque, comprenant de nombreux sites Internet — IGN Entertainment, AskMen, Rotten Tomatoes — un grand nombre de journaux, dont le *New York Post* aux États-Unis et *The Times* au Royaume-Uni. Il possède également un réseau de télévision incluant la chaîne Fox News. Propriétaire du site communautaire MySpace, Rupert Murdoch l'a acquis durant l'été 2005 contre 580 millions de dollars. Le site est maintenant estimé à 12,3 milliards de dollars d'après *L'Expansion*. Fin juillet 2007, Rupert Murdoch rachète le *Wall Street Journal* pour 5 milliards de dollars US. De nombreuses critiques ont été émises à propos de la ligne éditoriale des journaux et des chaînes de télévision du groupe, entre autres par l'intermédiaire d'un film documentaire de Robert Greenwald intitulé *Outfoxed: Rupert Murdoch's War on Journalism*[1].

Le professeur Roy Greenslade, dans une tribune du journal anglais *Guardian Unlimited*, souligna que les 175 journaux de Murdoch à travers le monde avaient soutenu l'invasion de l'Irak par les États-Unis avec des titres provocateurs. Aux États-Unis, Murdoch a des affinités avec le parti républicain et les néo-conservateurs. Il est également un eurosceptique convaincu. En Irlande, sa presse locale a mené une campagne contre le Traité de Lisbonne alors qu'en Grande-Bretagne, elle réclamait à Gordon Brown un référendum aux côtés de l'opposition conservatrice.

Fake news, post-vérités et vérités alternatives

L'exercice de la citoyenneté culturelle suppose la liberté dans l'accès à l'information, mais nous sommes confrontés depuis quelques années sur les médias aux phénomènes des fake news, des post-vérités et des vérités alternatives. Nous pouvons d'ailleurs saluer le fait que certains médias tel France Info TV ait mis en place un service spécialement dédié à la détection des fake news.

L'expression fake news a fleuri dans les médias francophones à l'occasion de la campagne pour l'élection présidentielle américaine de 2016, lors de laquelle Donald Trump l'a employée quarante fois en l'espace de vingt semaines. Les fake news, en français infox, fausses nouvelles, fausses informations, informations fallacieuses sont des nouvelles mensongères diffusées dans le but de manipuler ou de tromper le public. Elles peuvent émaner de blogueurs ou de réseaux

---

1. *Outfoxed: Rupert Murdoch's War on Journalism*, Fox News, Brave New Films • Full Documentary, https://youtu.be/P74oHhU5MDk

sociaux, de médias, de personnalités politiques ou même de gouvernements. Elles posent la question de la crédibilité de l'information et des médias. Quand les rédacteurs qui en sont à l'origine ne sont pas identifiables, les procédures judiciaires pour diffamation ou calomnie sont difficiles. La vérification des faits par des professionnels respectant la déontologie et les règles du journalisme d'investigation est nécessaire.

Selon William Audureau[2] dans un article paru dans *Le Monde*, la false news doit être distinguée de la fake news : la première est une information incorrecte, erronée au sens de mésinformation ou de contre-vérité, tandis que la seconde est une information à dessein frauduleuse, truquée, dans le sens de désinformation ou de canular.

Selon Boris Barraud[3] la « post-vérité » ou « vérité alternative » est généralement constituée de fausses informations, de faux faits. Mais elle se caractérise aussi et peut-être surtout par les intentions de ceux qui les créent et/ou les propagent. Le complotisme a réussi à fabriquer le concept de vérité alternative. Ce concept signifie que la vérité, même prouvée scientifiquement n'est pas la vérité, qu'il en existe une autre occultée par les élites, le système, la presse et les réseaux sociaux.

Des lois pour lutter contre les fake news

Face au phénomène des fake news, plusieurs pays ont pris des mesures législatives. En France, l'expression « nouvelles fausses » avait été employée dans la loi du 27 juillet 1849 qui punit « la publication ou la reproduction faite de mauvaise foi de nouvelles fausses de nature à troubler la paix publique ». Beaucoup plus récemment a été promulguée la loi contre la manipulation de l'information, couramment appelée « loi infox » ou « loi fake news ». Elle est une loi française qui vise à mieux protéger la démocratie contre les diverses formes de diffusion intentionnelle d'infox. Elle a été adoptée par le Parlement le 20 novembre 2018

2. William Audureau est journaliste au *Monde*, chargé de la lutte contre les fausses informations et de l'étude du complotisme au sein de la rubrique « Les Décodeurs ». Son livre *Dans la tête des complotistes* est paru en 2021 chez Allary Éditions. www.lemonde.fr

3. Boris Barraud est docteur en droit. Enseignant-chercheur à l'Université d'Aix-Marseille, il est membre du Laboratoire Interdisciplinaire Droit, Médias et Mutations Sociales (LID2MS). Boris Barraud, *Désinformation* 2.0, éditions L'Harmattan, 2018

et promulguée le 22 décembre[4]. Cette loi complète l'arsenal législatif existant et s'attaque à la diffusion extrêmement rapide des fausses nouvelles sur Internet.

D'autres pays se sont dotés de lois similaires tels l'Allemagne (*Netzwerkdurchsetzungsgesetz* en 2017) et Singapour (*Protection from Online Falsehoods and Manipulation Act* en 2019).

La protection du secret des sources des journalistes, une impérieuse nécessité

La question de la protection du secret des sources des journalistes est primordiale. À noter en France, la promulgation de la Loi n° 2010-1 du 4 janvier 2010 relative à la protection du secret des sources des journalistes. Elle indique notamment que :

> « Il ne peut être porté atteinte directement ou indirectement au secret des sources que si un impératif prépondérant d'intérêt public le justifie et si les mesures envisagées sont strictement nécessaires et proportionnées au but légitime poursuivi. Cette atteinte ne peut en aucun cas consister en une obligation pour le journaliste de révéler ses sources. ».

L'éducation aux médias et à l'information, un enjeu majeur de citoyenneté culturelle

L'une des réponses les plus efficaces pour lutter contre le phénomène des fake news et faire face à la complexité de l'univers de l'information est l'éducation aux médias et à l'information. En France, le 24 janvier 2022, le ministre de l'Éducation nationale, de la Jeunesse et des Sports a présenté de nouvelles initiatives en vue de la généralisation de l'éducation aux médias et à l'information. Par l'éducation aux médias et à l'information, les élèves apprennent à devenir des citoyens responsables dans une société marquée par la multiplication et l'accélération des flux d'information. Ils développent leur esprit critique et sont capables d'agir de manière éclairée pour chercher, recevoir, produire et diffuser des informations via des médias de plus en plus diversifiés. Elle vise à permettre aux élèves

4. Loi n° 2018-1202 du 22 décembre 2018 relative à la lutte contre la manipulation de l'information. www.legifrance.gouv.fr

d'exercer leur citoyenneté dans une société de l'information et de la communication, à former des « cybercitoyens » éclairés et responsables, capables de s'informer de manière autonome en exerçant leur esprit critique. Parmi les objectifs il s'agit de développer les compétences à déconstruire la désinformation et les théories conspirationnistes. Les grands événements génèrent un flux d'images et d'informations d'une extrême densité. Certains éléments relèvent de la rumeur non fondée, de la désinformation, de la manipulation ou encore de théories conspirationnistes. Les enseignants peuvent accompagner leurs élèves dans un travail de réflexion et de mise à distance critique des informations qu'ils reçoivent et diffusent, en questionnant leur usage des médias, en particulier les réseaux sociaux[5].

5. Éducation aux médias et à l'information, eduscol.education.fr

4

RADICALITÉS AU SEIN DE RELIGIONS, DU MOUVEMENT WOKE, DE LA CANCEL CULTURE ET DU DÉCOLONIALISME

L'Histoire de l'Humanité nous a appris à quel point les idées, les idéaux, les idéologies ont pu forger les grandes orientations dans les organisations sociales et politiques. Les religions, les philosophies, toutes sortes de courants de pensée ont été au cœur de dynamiques qui ont conditionné et qui conditionnent encore aujourd'hui les modes de vie à travers le monde et en conséquence la manière de pouvoir exercer sa citoyenneté culturelle. Au début du XXe siècle, l'intellectuel communiste Antonio Gramsci[1] a créé le concept de l'hégémonie culturelle. Selon lui la conquête du pouvoir ne passe pas uniquement par la force mais par les idées et par la mobilisation de l'opinion publique, par la bataille culturelle. Il considère deux classes, la classe dirigeante, celle qui détient le pouvoir avec la police, l'armée, la capacité de coercition, le pouvoir politique et la classe dominante celle qui forge l'imaginaire collectif.

Le concept d'hégémonie culturelle : la classe dominante est celle qui forge l'imaginaire collectif.

Antonio Gramsci

1. Antonio Gramsci, né le 22 janvier 1891 à Ales (Sardaigne) et mort le 27 avril 1937 à Rome, est un philosophe, écrivain et théoricien politique italien. Membre fondateur du Parti communiste italien, dont il est un temps à la tête, il est emprisonné par le régime mussolinien de 1926 à sa mort. www.wikipedia.org

Des courants de pensées, des mouvements de revendications, des organismes de défense des droits sont venus en soutien à nos libertés fondamentales, mais des dogmatismes et des radicalités de toute nature les ont souvent entravées au fil des siècles parfois avec une violence extrême. En voici en rappel quelques exemples d'hier et d'aujourd'hui.

Radicalités religieuses ayant pu s'exprimer sur fond de nationalisme, de conflits ethniques, culturels et politiques

L'analyse des radicalités religieuses est complexe car historiquement, celles-ci sont en général très imbriquées avec l'expression de pouvoirs étatiques de diverses natures. Ainsi les massacres des templiers qui seront brûlés par milliers, ont été ordonnés dans un premier temps par le Roi de France Philippe IV le bel, puis il sera pleinement suivi dans cette démarche par le pape Clément V. Les enjeux de pouvoirs politiques et économiques sont souvent à l'origine de radicalités religieuses. Il est important de distinguer des actions commises avec le soutien d'États, voire à leur initiative, de celles commises par des groupes, des mouvements extrémistes présents sur divers territoires. Certaines religions et selon diverses périodes de leur histoire respective, ont instauré de véritables institutions de contrôle de la pensée et des modes de vie comportant des tribunaux. Le système de l'inquisition mise en place par l'Église catholique en est un exemple resté célèbre[2]. L'une de ses victimes fut Giordano Bruno[3], brûlé vif après avoir eu la langue arrachée, en 1600 pour, entre autres avoir affirmé que la Terre était ronde.

---

2. L'inquisition : au XIIIe siècle, alors que les mouvements religieux cathares et vaudois se diffusent, l'Église catholique tente d'endiguer leur expansion. En 1231, le pape Grégoire IX poursuit l'action de son prédécesseur en publiant la constitution Excommunicamus, qui prévoit la répression des hérétiques. L'inquisition : un tribunal pontifical contre l'hérésie. L'Église met alors en place une institution judiciaire exceptionnelle pour combattre l'hérésie : l'Inquisition est née. En latin, inquisitio signifie recherche. Et c'est bien ce que devient l'inquisition : une véritable traque des hérétiques. Et si elle est officiellement menée au nom de l'Église, elle est souvent exécutée par l'État. Cette tâche incombe désormais aux inquisiteurs, missionnés par le Pape. Dans toute l'Europe, à l'exception de l'Angleterre, ils parcourent le territoire et recherchent les hérétiques, font office de juge de foi et emploient tous les moyens nécessaires pour les conduire à faire pénitence. [...] En 1252, le Pape Innocent IV autorise les inquisiteurs à user de la torture pour extirper des aveux.
Samantha Barreto, Inquisition : ce qu'il faut retenir sur cette institution de l'église, publié le 01/07/2029, Geo.fr. Source : https://www.geo.fr/histoire/inquisition-ce-quil-faut-retenir-sur-cette-institution-de-leglise-196346

3. Filippo Bruno, dit Giordano Bruno, né en janvier 1548 à Nola et mort le 17 février 1600 à Rome, est un frère dominicain et philosophe napolitain. www.wikipedia.org

À noter que l'Église catholique s'est excusée d'avoir exercé des pressions à l'encontre de Galilée, mais que Bruno n'a pas bénéficié post mortem d'une telle démarche.

Il faut souligner que des institutions assez similaires à l'inquisition ont été érigées dans le cadre d'autres religions et qu'au XXIe siècle, sous le régime de l'État islamique, de Daech en Irak, puis des Talibans en Afghanistan, une véritable police des mœurs a procédé à des traques qui ont pu conduire à des flagellations, des lapidations et des décapitations. En 2022, en Iran, comme déjà évoqué, la police des mœurs est sous le feu des critiques après la mort de Mahsa Amini, une jeune femme détenue pour « port de vêtements inappropriés[4] » et décédée à la suite de sa détention de trois jours. Cette Iranienne de 22 ans, arrêtée en raison d'une mèche de cheveu qui dépassait de son voile, est devenue un symbole de l'oppression du régime. Parmi les pratiques de fanatiques religieux qui constituent des atteintes à des libertés culturelles, l'autodafé a été l'une des plus répandues. À l'origine signifiant l'exécution publique de personnes jugées hérétiques, par le feu, le mot autodafé est couramment utilisé pour caractériser la destruction publique de livres ou de manuscrits par le feu. Les plus anciennes mentions de ce type de pratiques se rencontrent en Chine au IIIe siècle avant J.-C., lorsque l'empereur Qin Shi Huang décide de liquider les écrits confucéens, et plus tard, dans un contexte de guerre culturelle entre chrétiens et païens dans l'Empire romain. En France, le premier autodafé eut lieu à Blois le 26 mai 1171, lors duquel 32 dignitaires de la communauté juive, accompagnés d'enfants ont été mis au bûcher avec leurs livres. En fait il a existé des centaines de milliers d'autodafés au fil des siècles sur plusieurs continents. Voici quelques exemples d'actions y compris en ce début de XXIe siècle.

DES RADICALITÉS CATHOLIQUES

En France, environ deux cents Cathares ont été brûlés le 16 mars 1244, des chrétiens qui s'opposaient au catholicisme romain et qui ne voulaient pas abjurer leur foi, mis à mort après un long siège du château de Montségur. Il ne s'agit pas du seul massacre de Cathares. Les adeptes de cette voie ont été pourchassés et condamnés à de lourdes peines allant de l'emprisonnement à la mise à mort par le feu, lors de bûchers terribles comme à Montségur a reconnu le père Édouard

4. https://www.europe1.fr/international/iran-nouvelles-manifestations-apres-la-mort-dune-femme-detenue-par-la-police-des-moeurs-4135399

de Laportalière, curé de Lavelanet (Ariège)[5]. En 2016, près de huit siècles après une des pires atrocités de l'Inquisition, l'Église catholique d'Ariège a demandé pardon pour le massacre des Cathares.

Des persécutions menées au nom de la religion catholique ont fait des centaines de milliers de morts au fil des siècles en France et dans d'autres pays. En 1572 le massacre de la Saint-Barthélemy a mené des milliers de protestants à la mort. Voici quelques exemples contemporains d'une portée tout à fait différente mais significatifs de pensées encore en vigueur.

UN AUTODAFÉ D'OUVRAGES ET D'OBJETS DIVERS EN POLOGNE, ORGANISÉ EN 2019 PAR DES PRÊTRES

Des prêtres catholiques ont annoncé avoir brûlé en public en Pologne des livres des célèbres sagas *Harry Potter* et *Fascination* (*Twilight*) qu'ils jugent sacrilèges et l'évêché s'est borné à reconnaître l'existence des faits.

« Nous obéissons à la Parole divine » ont expliqué les auteurs de cet autodafé, sur la page Facebook du groupe religieux *SMS des Cieux*, photos à l'appui.

On y voit trois prêtres portant à travers une église, puis vers un feu en plein air juste à l'extérieur du bâtiment, un panier d'ouvrages, dont des épisodes des aventures d'Harry Potter, le jeune sorcier imaginé par la romancière britannique J.K. Rowling, et de celles du vampire Edward Cullen, écrites par l'Américaine Stephenie Meyer, aux côtés d'autres objets comme un masque de style africain. Ils récitent des prières au-dessus du foyer, dans lequel sont également en train de se consumer un parapluie « Hello Kitty » et une figurine hindoue. Un passage, qui exhorte les croyants à détruire les « ennemis de Dieu », comprend à cet égard la phrase suivante : « vous brûlerez au feu leurs idoles ». Le post, parsemé de commentaires tirés du *Deutéronome*, un des livres de l'*Ancien Testament*, est rapidement devenu viral. Contactés par l'Agence France Presse, (AFP), l'épiscopat polonais et l'évêque local ont reconnu l'existence de cet autodafé mais se sont refusés à faire le moindre commentaire.

5. www.leparisien.fr

UNE PIÈCE DE THÉÂTRE PERTURBÉE PAR DES INTÉGRISTES CATHOLIQUES AU THÉÂTRE DE LA VILLE À PARIS EN 2011

Jugée blasphématoire par des catholiques intégristes une pièce de théâtre a connu de fortes perturbations. Ceux-ci ont parasité les représentations au Théâtre de la Ville à Paris de la pièce *Sur le concept du visage du fils de Dieu*, écrite et mise en scène par Romeo Castellucci. Ils ont dénoncé chaque soir son caractère blasphématoire qui participerait selon eux d'un phénomène de christianophobie. Ces débordements, parfois violents, ont conduit à quelques interpellations par la police. C'est l'institut Civitas, lié à la Fraternité sacerdotale Saint-Pie-X (plusieurs de ses prêtres ont participé aux manifestations devant le Théâtre de la Ville), qui a orchestré la contestation. Cet institut s'était fait remarquer pour son action spectaculaire contre l'exposition, à Avignon, de Piss Christ. La Conférence des évêques de France s'est prononcée spécifiquement sur Golgota Picnic, « après consultation de source sûre », elle refuse de le faire au sujet du spectacle de Romeo Castellucci.

En revanche, dans un communiqué, Mgr Bernard Podvin, porte-parole des évêques de France a affirmé que « l'Église catholique en France condamne les violences perpétrées lors de récents spectacles ». Cette condamnation est intervenue après celle du ministre de la culture, Frédéric Mitterrand et alors que de nombreux artistes avaient rejoint un comité de soutien à la liberté de représentation. Ce qui n'a pas empêché la dernière représentation du Théâtre de la Ville, d'être donnée sous haute protection policière. Lancés dans une virulente croisade contre les « provocations blasphématoires » écornant l'image du Christ, les catholiques qui protestent contre le spectacle de Romeo Castellucci font l'objet d'une attention policière toute particulière. Des manifestations ont regroupé jusqu'à 1500 personnes[6].

---

6. www.la-croix.com
http://www.la-croix.com/Archives/2011-07-22/Le-vieil-homme-et-son-fils.-Sur-le-concept-du-visage-du-fils-de-Dieu-de-Romeo-Castellucci-Opera-Theatre-a-Avignon.-Reportage-de-l-un-de-nos-envoyes-speciaux-_NP_-2011-07-22-692142
http://www.la-croix.com/Religion/Urbi-Orbi/France/Une-piece-de-theatre-perturbee-par-des-integristes-_NG_-2011-10-21-725889
http://www.la-croix.com/Religion/S-informer/Actualite/Les-auteurs-de-la-degradation-du-Piss-Christ-n-ont-pas-ete-identifies-_NP_-2011-04-19-565284
http://www.la-croix.com/Religion/Urbi-Orbi/France/Mgr-Podvin-appelle-a-ne-pas-rester-impassible-face-a-Golgota-Picnic-_NP_-2011-09-20-713381

DES EXTRÉMISTES MUSULMANS S'ATTAQUENT AUX SYMBOLES DE DIVERSES RELIGIONS DONT DES CRÉATIONS ARTISTIQUES, D'UNE MANIÈRE GÉNÉRALE AUX DROITS CULTURELS DONT LE DROIT À L'ÉDUCATION

Les organisations terroristes comme Daech, Boko Haram, Al-Quaïda, Aqmi s'en sont pris à tout ce qui représente la reconnaissance ou l'incarnation de droits culturels universels, dont la liberté de culte et le droit à l'éducation. La liste de leurs exactions est longue : destructions massives de monuments historiques reconnus comme faisant partie du patrimoine culturel mondial, tels à Palmyre en Syrie, à Tombouctou[7] au Mali, d'œuvres dans des musées en Irak, incendies d'écoles, fusillades de jeunes filles scolarisées au Pakistan, fatwas contre des écrivains comme Salman Rushdie, qui d'ailleurs sera victime d'une tentative d'assassinat le 12 août 2022, de nombreux assassinats de journalistes et de dessinateurs comme ceux de Charlie hebdo, d'artistes et/ou de leur public, comme au Bataclan à Paris, etc.

Ces attaques contre les droits culturels sont perpétrées sur tous les continents, pas seulement en occident. Des résistances s'expriment dans de nombreux pays, parfois même, par la voix d'adolescents comme celle, extraordinaire, de Malala Yousafzai[8]. Cette jeune fille pakistanaise victime d'une fusillade des talibans à l'âge de 14 ans parce qu'elle allait à l'école, et miraculeusement sauvée, dénonçait déjà à cet âge les violences commises à l'encontre des enfants et militait pour qu'ils puissent être scolarisés. En 2013, le jour de ses 16 ans, elle a été invitée à l'ONU, et y a fait une intervention bouleversante : « Aujourd'hui, ce n'est pas la journée de Malala. C'est le jour de toutes les femmes, tous les hommes et toutes les filles qui ont élevé la voix pour leurs droits [...]. »

« Nos livres et nos crayons sont nos armes les plus puissantes, ils peuvent changer le monde, l'éducation est la seule solution. »

Malala Yousafzai

Son intervention a été saluée par un tonnerre d'applaudissements et a ému la communauté internationale.

---

7. Destruction de mausolées à Tombouctou :un djihadiste condamné à neuf ans de prison, par Stéphanie Maupas (La Haye, correspondance), *Le Monde.fr* avec AFP et Reuters, 27.09.2016 : http://www.lemonde.fr

8. Malala Fund :
https://malala.org/newsroom/malala-yousafzai-speech-to-united-nations-security-council
https://www.un.org/fr/messagers-de-la-paix/malala-yousafzai

Le groupe État islamique a détruit des statues préislamiques dans un musée de Mossoul. Dans des vidéos de propagande, le groupe État islamique a mis en scène ses soldats filmés en train de démolir des statues millénaires, héritage de l'ère assyrienne et trésor inestimable de la civilisation préislamique détenus par un musée de Mossoul, en Irak à grand renfort d'effets visuels tels que les ralentis. « Ils veulent nous imposer une loi qui est une loi barbare, fasciste et nazie. Je suis aujourd'hui révoltée parce que la communauté internationale n'a pas pu sauver ce patrimoine intellectuel mondial », commentait Elish Yako, originaire de Mossoul et membre de l'association d'entraide aux minorités d'Orient. Après les Bouddhas de Bâmiyâne brisés par les talibans, c'est un autre trésor de l'humanité qui a été détruit.

DES BOUDDHISTES FANATIQUES CONTRE DES MUSULMANS EN BIRMANIE, LES ROHINGYAS

Des dizaines de milliers de musulmans Rohingyas ont fui la Birmanie vers le Bangladesh en raison de violences. Cette minorité musulmane est victime du nationalisme bouddhiste depuis de nombreuses années. En 1982, une loi leur a retiré la citoyenneté birmane. En 2016, un épisode de violences a poussé l'ONU à mettre en garde contre le « nettoyage ethnique » les visant. Ce conflit a jeté des milliers de Rohingyas sur les routes birmanes en direction du Bangladesh. Là-bas, les membres de cette communauté musulmane victimes de discriminations entendent trouver refuge aux côtés d'autres Rohingyas venus s'installer dans le sud du pays dans les années 1990. Les Rohingyas se considèrent comme descendants de commerçants arabes, turcs, bengalis ou mongols. Ils font remonter leur présence en Birmanie au XVe siècle. Le gouvernement birman estime pourtant qu'ils seraient arrivés au moment de la colonisation britannique et les considère comme des immigrants illégaux bangladais. Après plus de 30 ans d'exactions, ils ne sont plus que 800.000 dans un pays de plus de 51 millions d'habitants à majorité bouddhiste. Selon l'ONU, ils forment la minorité la plus persécutée au monde. Le régime birman ainsi que plusieurs moines bouddhistes sont accusés d'avoir participé ou favorisé un « crime contre l'humanité », selon les termes de Human Rights Watch (HRW). L'organisation non gouvernementale estime que les autorités ont contribué à la destruction de nombreuses mosquées et pris part à un nettoyage ethnique. Aujourd'hui, les discriminations se poursuivent. Les Rohingyas ne peuvent pas travailler, se marier ou étudier. Ils sont régulièrement expropriés, extorqués, privés de soins. Dans les villages rasés par les émeutes de 2012, leur patrimoine culturel a été détruit.

DES HINDOUS EXTRÉMISTES CONTRE DES MUSULMANS EN INDE[9]

En Inde, près de deux millions de citoyennes et citoyens, la plupart de religion musulmane, ont été déchus de leur nationalité. La Cour suprême les a exclus des registres de l'état civil de l'État de l'Assam. Trois semaines après la révocation de l'autonomie du Cachemire, c'est un nouveau coup terrible asséné aux musulmans indiens. Dans le cadre d'un vaste recensement de la population de l'Assam, un État de 33 millions d'habitants dans le nord-est de l'Inde, à la frontière du Bangladesh, la Cour suprême a publié la nouvelle liste des citoyens (National Register of Citizens). Au total, 1,9 million d'habitants, la plupart musulmans, vont être déchus de leur citoyenneté indienne et devenir apatrides. Ils ne figurent pas sur le registre et sont donc désormais considérés comme des étrangers illégaux. En juillet 2018, une version provisoire de cette liste avait exclu 4 millions de citoyens. Ils avaient jusqu'au 31 décembre 2018 pour faire appel et tenter de fournir des pièces supplémentaires, attestant de leur nationalité indienne. La moitié a pu être réintégrée. Pour les autres, les autorités ont jugé qu'ils n'avaient pas fait la preuve qu'eux, leurs familles, leurs ancêtres, s'étaient installés en Assam avant le 24 mars 1971, minuit. Cette date, fixée comme la limite pour l'acquisition de la nationalité indienne en Assam, correspond à l'indépendance du Bangladesh, qui avait donné lieu à de terribles massacres entre communautés. Beaucoup de Bangladais avaient, alors, fui les affrontements sanglants pour se réfugier dans l'Assam, dans l'Inde voisine. Les nationalistes indiens, aujourd'hui au pouvoir, soupçonnent les musulmans bangladais de franchir depuis des années illégalement la frontière. Craignant des troubles, les autorités ont renforcé les mesures de sécurité dans l'Assam et promettent que les personnes évincées du registre auront la possibilité de faire appel dans les 120 jours auprès des tribunaux pour étrangers, qui disposeront d'un délai de six mois pour rendre leur décision. Mais les chances de pouvoir réintégrer le registre sont bien minces. Réunir les documents antérieurs à 1971 est souvent impossible. Cette région pauvre compte de nombreux illettrés et les actes de naissance sont rares.

L'opération de recensement de la population de l'Assam et les conditions d'acquisition de la nationalité sont uniques en Inde. Le recensement a débuté il y a quatre ans, sous le premier mandat de Narendra Modi. Mais le premier ministre indien n'est pas à l'origine du processus. C'est la Cour suprême, la plus haute juridiction, qui a exigé en 2015 la mise en œuvre du recensement, une décision

9. « En Inde, près de deux millions de citoyens, la plupart musulmans, déchus de leur nationalité », Article de Sophie Landrin correspondante du journal *Le Monde* en Inde, publié le 31 août 2019.

ancienne (1985) qui n'avait jamais été appliquée. Si N. Modi n'est pas à l'initiative, ce sont bien ses partisans qui ont agi au plan local pour le mettre en œuvre et nommer les magistrats, composant les tribunaux pour étrangers. Le parti du premier ministre, le Bharatiya Janata Party (BJP), est arrivé au pouvoir dans l'Assam en 2016 et supervise l'opération. Durant des mois, l'opposition a accusé le gouvernement de jouer sur les divisions entre les communautés. Rahul Gandhi, alors président du parti du Congrès, avait dénoncé « une insécurité de masse », d'autres avaient pronostiqué un « bain de sang » lorsque la liste définitive serait publiée. L'Assam est devenu un laboratoire pour les nationalistes, qui souhaitent faire de l'Inde une nation hindoue, reléguant les musulmans au rang de citoyens de seconde zone.

> **« Ce qui se passe dans l'Assam est une politique de redéfinition de la nationalité indienne, basée sur la religion hindoue, qui exclut les musulmans et d'autres minorités. L'Inde est en train d'imposer une citoyenneté ethnique. Pour les nationalistes, seuls les hindous sont des citoyens légitimes »** Charlotte Thomas[10]

Le gouvernement objecte que le registre des citoyens exclut également des hindous. Lors de la campagne pour les législatives, en avril, Amit Shah, président du BJP, devenu depuis Ministre de l'intérieur avait promis d'« éliminer tous les infiltrés du pays à l'exception des bouddhistes, des hindous et des sikhs ».

Radicalités au sein du mouvement Woke, de la cancel culture et du décolonialisme

LE MOUVEMENT WOKE ET LA CANCEL CULTURE

Être *woke*, du verbe anglais *to wake*, « se réveiller », c'est être « éveillé » et conscient des injustices qui pèsent sur les minorités, ainsi que d'autres causes. On trouve dans ce mouvement parti des États-Unis, des antiracistes militants, des féministes, des anticolonialistes, des mouvements LGBT, ceux des luttes contre l'anti-sémitisme, etc., Ce courant de pensée dénonce le poids des héritages des colonisations, du racisme, de l'esclavage. Certaines dynamiques de ce mouvement ont donné naissance à ce que l'on appelle l'*accountability culture*, la culture de la responsabilité et la cancel culture. La cancel culture est née sur les campus états-uniens au milieu des années 2010. Ses partisans proposent,

10. Directrice du programme Asie du Sud du centre de recherche Noria.

exigent de cesser d'honorer des personnalités qui ont été coupables de racismes, de sexisme, d'agressions sexuelles de viols, etc. « Dictature des minorités », « Fascisme d'extrême gauche », selon Donald Trump, « falsifications racialistes », d'après divers commentateurs. La cancel culture interroge l'histoire officielle, elle se caractérise par une relecture de l'histoire et une volonté de la réécrire. Certains parlent de « guerre des mémoires ».

« Ceux qui ne peuvent pas se souvenir du passé sont condamnés à le répéter. » **Georges Santayana**[11]

Concernant le passé, l'historienne Kristin Ross[12] a écrit : « Le passé n'est pas didactique : sa relation avec le présent n'est pas une relation pédagogique, elle n'est pas non plus stable ni fixe. Le passé est imprévisible. » Au sujet de la Cancel culture l'actrice et réalisatrice américaine Jodie Foster déclare : « Pour moi cette pratique vise à réparer des injustices flagrantes a posteriori, elle peut donc être utile. »[13]. Littéralement *cancel culture* signifie la culture de l'annulation. En France, la cancel culture, dite culture de l'effacement est associée à la censure, à une américanisation de la société française. Il s'agit essentiellement d'un terme polémique adopté par la droite américaine, ainsi que par les néo-conservateurs français pour disqualifier les interpellations progressistes. Elle exige un changement de pratiques dans la société, une société accusée de perpétuer une culture raciste, sexiste, ignorante des populations opprimées. Selon Laure Murat[14] : « Elle interpelle le pouvoir, interroge les contradictions des personnes publiques et la complicité des institutions [...]. L'esclavage, une fois aboli se prolonge, dans un régime de ségrégation qui bien que banni, s'insinue dans mille formes de discriminations ordinaires. L'acquittement à répétition de policiers responsables de meurtres racistes a porté à son comble l'exaspération d'une jeunesse qui se tourne vers le passé et les études postcoloniales pour comprendre la persistance d'une idéologie criminelle toujours célébrée dans l'espace public. »

11. Citation inscrite au fronton du camp de concentration de Kirkenau. George Santayana est un écrivain et philosophe américano-hispanique de langue anglaise, né à Madrid le 16 décembre 1863 et décédé le 26 septembre 1952 à Rome. Source : www.wikipedia.org

12. Kristin Ross, « Le passé est imprévisible », Ballast, 3 novembre 2020. https://www.revue-ballast.fr/kristin-ross-le-passe-est-imprevisible

13. Propos de Jodie Foster, *Télérama* du 6 juillet 2021.

14. Laure Murat, *Qui annule quoi ? - Sur la cancel culture*, Seuil, 2022

La cancel culture consiste à ostraciser les individus responsables d'actions, de comportements perçus comme problématiques. Elle passe souvent par la dénonciation sur les réseaux sociaux, qui peut prendre souvent la forme d'un véritable harcèlement. Une attitude qui se répand en 2013 avec le mouvement « Black Lives Matter[15] » pour dénoncer les actes de ségrégation raciale et de discrimination à l'égard des Noirs américains.

C'est la volonté de faire taire, voire d'effacer une œuvre ou une parole jugées non conformes à la défense d'une cause. Une personne peut être *« cancel »* pour son comportement, comme cela a été le cas pour Roman Polanski, condamné et accusé d'agressions sexuelles, et cible d'appels au boycott lors de la sortie de son film, *J'accuse*[16], sur fond de dénonciation des violences sexuelles dans le cinéma. La «cancel culture» est aussi associée à la vague MeToo à l'automne 2017. Ce mouvement invite les victimes d'agressions sexuelles, de viols ou de pédophilie à s'exprimer publiquement et à dénoncer leurs agresseurs.

« Et si la cancel culture n'était que [...] L'enfant naturelle de la pensée occidentale et du capitalisme débridé, dans une société supposément universaliste, aveugle à ses impensés et incapable de reconnaître les crimes et les conséquences sans nombre de l'esclavage et de la colonisation ? » Laure Murat[17]

La cancel culture est souvent critiquée pour son manque de nuance ou le harcèlement qu'elle suscite sur les réseaux sociaux. En juillet 2020, 150 écrivains et intellectuels, de J. K. Rowling à Margaret Atwood, ont publié une tribune dans *Harper's Magazine*[18] pour dénoncer « l'intolérance à l'égard des opinions divergentes, un goût pour l'humiliation publique et l'ostracisme ». En France, le Président de la République Emmanuel Macron a déclaré le 14 juin 2020 : « La République n'effacera aucune trace ni aucun nom de son histoire. Elle n'oubliera aucune de ses œuvres, elle ne déboulonnera pas de statues. ». Mais Laure Murat

15. https://www.francetvinfo.fr/faits-divers/police/violences-policieres/video-black-lives-matter-race-privilege-blanc-que-signifient-ces-termes-utilises-dans-le-discours-antiraciste-aux-etats-unis-et-en-france_4003339.html

16. https://www.francetvinfo.fr/culture/cinema/retour-sur-les-affaires-et-accusations-impliquant-roman-polanski_3695951.html

17. *Ibid.*

18. https://harpers.org/a-letter-on-justice-and-open-debate/

en forme de réponse a écrit : « Mais déboulonner une statue, [...] n'est-ce pas plutôt renoncer à célébrer publiquement des hommes (les femmes sont rares sous ces latitudes) qui en l'espèce représentent le pire de la colonisation ? – Colonisation que le candidat Macron avait jadis qualifiée de « crime contre l'humanité »[19] ?

LE DÉCOLONIALISME

Le décolonialisme est une école de pensée née à la fin des années 1990 en Amérique du Sud. Pour les décoloniaux, la modernité s'est fondée sur une division internationale du travail entre l'occident et sa périphérie, l'Amérique du Sud et l'Afrique et une hiérarchisation raciale des peuples s'incarnant dans l'esclavage et la colonisation. Selon les adeptes du décolonialisme :

La décolonisation ne se limite pas à l'indépendance des anciens pays colonisés, mais elle doit s'étendre à la décolonisation des esprits, des imaginaires

Les initiateurs, promoteurs et militants de ce mouvement considèrent que la hiérarchisation raciale est encore en vigueur à l'intérieur de la société dans de nombreux pays et dans leurs rapports avec les anciennes colonies. Selon eux, « la supercherie du système » se perpétue sur le dos des minorités raciales et sexuelles et il faut en « déconstruire le mensonge et traquer les acteurs », notamment dans ses expressions artistiques. Certains militants ont été jusqu'à proposer de modifier le système d'écriture musicale qui comme l'évoquait non sans humour l'auteur interprète français Pierre Perret (dans sa chanson anti raciste Lily : « Pour Debussy en revanche, il faut deux noires pour faire une blanche ».)[20] On évoque un « Mouvement qui fait la chasse aux privilèges blancs ». Des militants extrémistes présents dans ce mouvement sont perçus par certains comme « Décoloniaux et obsédés de la race ».

Des divergences apparaissent entre les principaux intellectuels impliqués dans cette dynamique. Ainsi, sur le sujet des langues, certains ne pouvant rejeter la richesse d'aucune langue proposent le bilinguisme, le multilinguisme en conservant d'une manière ou d'une autre l'usage de la langue du colonisateur. D'autres rejettent absolument cette hypothèse. Sur l'une des banderoles

19. *Le Point* – 15 février 2017

20. Article du journal canadien *Le Devoir*

brandies par les anti Exhibit B[21] était écrit : « décolonisons les imaginaires », l'un des slogans de l'association Décoloniser les arts fondée en 2015. Le mouvement entend veiller à la promotion des minorités postcoloniales dans le spectacle vivant sur la base de statistiques ethniques et aussi dans la visibilité des œuvres. Le 25 mars 2019, on a pu assister au blocage de la Sorbonne par une cinquantaine de manifestants contre la pièce de théâtre mise en scène par l'helléniste réputé Philippe Brunet, *Les suppliantes*. Le livre manifeste *Noire n'est pas mon métier* de la comédienne Aïssa Maïga, témoigne des stéréotypes qui font de nombreuses victimes[22]. Finalement dans certaines de ces démarches une forme de ségrégation raciale émerge comme l'un de ses effets secondaires. D'ailleurs on assiste même en France à des propositions de rencontres interdites aux blancs. Ce mouvement autour du décolonialisme peut comporter des actions de destructions d'une grande ampleur d'œuvres de toute nature. Ainsi, au Canada a été perpétuée une épuration littéraire de grande envergure. Elle a eu lieu dans les bibliothèques du Conseil scolaire catholique Providence, qui regroupe 30 écoles francophones dans tout le sud-ouest de l'Ontario. Près de 5000 livres jeunesse parlant des Autochtones ont été détruits dans un but de réconciliation avec les Premières Nations.

Par ailleurs une cérémonie de purification par la flamme s'est tenue en 2019 afin de brûler une trentaine de livres bannis, dans un but éducatif.

Une vidéo destinée aux élèves explique la démarche[23] :

« Nous enterrons les cendres de racisme, de discrimination et de stéréotypes dans l'espoir que nous grandirons dans un pays inclusif où tous pourront vivre en prospérité et en sécurité. »

« Il s'agit d'un geste de réconciliation avec les Premières Nations, et un geste d'ouverture envers les autres communautés présentes dans l'école et notre société. ». Le Conseil scolaire catholique Providence accueille près de 10 000 élèves, au sein de 23 écoles primaires et 7 écoles secondaires francophones.

---

21. https://www.liberation.fr/culture/2014/11/28/exhibit-b-empechee-par-des-manifestants-anti-negrophobie_1152767/

22. Aïssa Maïga, comme tant d'autres actrices noires en France, est souvent renvoyée à sa couleur de peau. Racisme, refus, sexisme... Elle dit stop. Pour les besoins de son livre *Noire n'est pas mon métier* (publié aux éditions du Seuil en 2018), elle a réuni 16 actrices noires qui témoignent. www.Konbini.com

23. https://ici.radio-canada.ca/nouvelle/1817537/livres-autochtones-bibliotheques-ecoles-tintin-asterix-ontario-canada

L'auteure de la vidéo destinée aux élèves, Suzy Kies, présentée comme une gardienne du savoir autochtone fait partie de ceux qui ont accompagné le conseil scolaire dans sa démarche, à partir de 2019. Elle dénonce les personnages autochtones présentés dans les livres pour enfants comme pas fiables, paresseux, ivrognes, stupides.... Quand on perpétue ce genre d'image dans la tête des jeunes, c'est difficile de s'en débarrasser. Parmi les ouvrages détruits, des romans, des biographies, des encyclopédies, des bandes dessinées dont plusieurs albums de *Tintin*, de *Lucky Luke*, d'*Astérix*. Suzy Kies est aussi coprésidente de la Commission des peuples autochtones du Parti libéral du Canada. Selon le Conseil scolaire Providence, ce comité autochtone est consulté par le premier ministre du Canada Justin Trudeau. Suzy Kies affirme travailler avec d'autres conseils scolaires ontariens qui veulent s'inspirer du projet.

Des auteurs consternés dénoncent une censure. L'auteur de bande dessinée québécois Marcel Levasseur est abattu, lorsqu'il apprend que son personnage *Laflèche* a été retiré des bibliothèques scolaires. En 2011, le livre a été finaliste du prix Tamarac, remis par l'Association des bibliothèques de l'Ontario. « En 10 ans, je suis passé de presque gagnant d'un prix à auteur banni. C'est une pure censure ! Sans nous consulter, sans amorcer une discussion. Est-ce qu'on retourne à l'Index ? », demande Jean-Claude Larocque, en référence à la liste des livres interdits dans les écoles catholiques jusqu'aux années 1960. Selon l'anthropologue autochtone Nicole O'Bomsawin, il faudrait quand même aviser les bibliothécaires qu'il faut faire attention aux stéréotypes. Elle fait le parallèle avec les gens qui veulent déboulonner des statues. Il y aurait moyen de faire une mise en contexte sur le lieu et faire en sorte qu'il y ait une explication pour :

« Parler de l'Histoire, plutôt que d'effacer l'Histoire. »

Les bibliothécaires scolaires du Québec sont de cet avis. Nos valeurs sont d'aller le moins possible vers la censure, car certains enseignants peuvent décider d'aborder des livres controversés comme choix pédagogique de contre-exemple, dit Ariane Régnier, présidente de l'Association pour la promotion des services documentaires scolaires.

Aux USA, avec Exhibit B en novembre 2014 le sud-africain Brett Bailey dénonçant dans une performance les zoos humains dans lesquels étaient mis en scène les noirs, mais étant blanc, un collectif d'artistes réclamera son interdiction devant un tribunal mais n'obtiendra pas gain de cause.

DES EXTRÉMISTES DE LA MOUVANCE LGBT ET DES MOUVEMENTS FÉMINISTES

Certaines actions menées dans le cadre de ces mouvements aboutissent à de véritables atteintes à la liberté d'expression.

Ainsi, suite à de fortes pressions, la présidence de l'Université de Bordeaux-Montaigne a annulé une de ses conférences le jeudi 24 octobre 2019, celle de Sylviane Agacinski, intitulée « l'être humain à l'époque de reproductibilité technique ». Elle devait traiter des marchés du corps humain en général (sang, cellules, organes, grossesses). Ses critiques vis-à-vis de l'accès à l'aide médicale à la procréation (AMP) en dehors de problèmes médicaux de stérilité et vis-à-vis de la maternité de substitution (dite aussi gestation pour autrui, GPA) sont connues. C'est pourquoi des groupuscules ont décidé d'empêcher la tenue de la conférence, au prétexte qu'elle serait une « homophobe notoire ». Lesdits groupuscules ont appelé à se mobiliser contre la venue de cette conférencière au sein de leur lieu d'études et annoncé mettre tout en œuvre afin que cette conférence n'ait pas lieu. « Cette démarche d'intimidation et la violence de ces menaces ont conduit l'université à annuler la conférence « ne pouvant assurer pleinement la sécurité des biens et des personnes ni les conditions d'un débat ». Il s'agit là d'une entrave insupportable à la liberté d'expression ainsi qu'au bon fonctionnement de la réflexion collective et contradictoire, qui est la base même de l'Université.

Ce genre d'épisodes – qui rappelle ce qui s'était passé en avril 2019 à la Sorbonne avec l'affaire des Suppliantes (une pièce d'Eschyle accusée d'être « racialiste ») et bien d'autres – se multiplie aujourd'hui. Il s'agit là d'une entrave insupportable à la liberté d'expression ainsi qu'au bon fonctionnement de la réflexion collective et contradictoire, qui est la base même de l'Université. L'Université de Bordeaux-Montaigne doit avoir l'honneur de reprogrammer cette conférence dans les meilleurs délais, en assurant les conditions d'un échange digne et constructif. »[24]

« Non à la censure idéologique ! »
L'appel d'universitaires à reprogrammer la conférence de Sylviane Agacinski. Tribune collective

De nombreux mouvements féministes se sont mobilisés ces dernières années à travers le monde, notamment avec le mouvement Me Too. Des affaires

24. « Non à la censure idéologique ! » L'appel d'universitaires à reprogrammer la conférence de Sylviane Agacinski. Tribune collective, marianne.net

d'agressions sexuelles, de viols, de féminicides ont envahi l'espace médiatique. Parmi leurs diverses revendications, celle de réécrire l'histoire des arts et de la culture pour donner aux femmes la place qu'elles méritent et que l'on ne leur a pas donnée. De nombreuses publications contribuent depuis quelques années à cette démarche. Compositrices écrivaines, philosophes, scientifiques et femmes de pouvoir, grandes figures dans tous les domaines ont été nombreuses à avoir été maintenues dans l'oubli, écartées des enseignements scolaires et de la médiatisation. En France l'élue écologiste à la mairie de Paris et activiste, Alice Coffin[25], dans son livre *Le génie lesbien* publié chez Grasset, réduit les hommes à des « assaillants ». Elle suscite la polémique en assumant un féminisme radical. Elle déclare : « je n'écoute plus de musique composée par des hommes, ni ne lis de livres écrits par des hommes, ni ne regarde de films réalisés par des hommes ».

« Les hommes ? Il faut les éliminer de nos esprits, de nos images, de nos représentations » Alice Coffin, « Le génie lesbien »

Féministe et lesbienne, l'essayiste Caroline Fourest la juge binaire et revancharde. L'activisme d'Alice Coffin est ancien, en 2010, elle rejoint sa mère, dans le collectif La Barbe, qui s'invite dans des assemblées générales pour interrompre des rassemblements dont les instances ne comptent que des hommes ou presque, le visage habillé d'une barbe noire. C'est dans ce cadre qu'elle a acquis des actions de Vivendi, pour être conviée à ses AG. En 2013, encore journaliste à *20 Minutes*, cette aînée de six enfants, père dans l'aéronautique, mère directrice d'école, cofonde l'Association de journalistes LGBT[26]. En juillet 2020 elle a poussé à la démission Christophe Girard, l'Adjoint à la Culture de la Maire de Paris Anne Hidalgo, en raison uniquement de ses liens avec l'écrivain Gabriel Matzneff. Le magazine *Le Point* la voit comme une inquiétante justicière et *Valeurs actuelles* s'inquiète de sa Terreur militante. On lui reproche sa manière de mettre tous les hommes dans le même panier, en les réduisant à des assaillants. Elle assume ses provocations, cette manière de généraliser : « C'est impossible à entendre qu'il y a un problème masculin, mais c'est un discours politique. Bien sûr que je ne pense pas que chaque homme est comme ça. » a-t-elle déclaré à l'AFP.

---

25. Alice Coffin, née le 29 avril 1978 à Toulouse, est une journaliste et militante féministe et LGBT française, cofondatrice de la Conférence européenne lesbienne et de l'Association des journalistes LGBT. Elle est élue écologiste au Conseil de Paris depuis 2020. Elle y siège en tant que membre de la majorité. wikipedia.org
Portrait. Alice Coffin, élue écolo à Paris, assume son féminisme radical, Ouest-France.fr

26. Source : https://www.paris.fr/pages/alice-coffin-8006

Le wokisme, la cancel culture, le décolonialisme, tous ces mouvements dont il est possible de comprendre pour la plupart la légitimité de certaines de leurs revendications, adoptent néanmoins des modes d'actions qui interrogent face aux droits culturels, droits d'auteur, droits moraux attachés aux œuvres et face au cadre légal sur la non-discrimination, et peuvent finalement porter atteinte à la liberté d'expression, à la possibilité d'exercer sa citoyenneté culturelle. Voici un rappel de leur typologie.

Typologie des modes d'actions de mouvements extrémistes

- Pression aboutissant à l'annulation de conférences
- Modification du nom de certaines œuvres de toute nature où figurent les mots tels « Négresses » (peintures et livres par exemple)
- Modification de représentations d'œuvres telles l'Opéra Carmen[27]
- Déboulonnage de statues
- Autodafés d'ouvrages
- Suppression de noms de certaines personnalités pour des noms de rues, de places, d'établissements
- Empêchements de réalisation de certaines créations
- Interdiction à des artistes blancs de mettre en scène, de réaliser des films sur les problèmes des noirs
- Interdiction à des comédiens blancs de jouer des rôles de noirs
- Interdiction à des traducteurs blancs de traduire des ouvrages écrits par des noirs
- Etc.

Le fanatisme, l'extrémisme, le dogmatisme, certaines dérives d'intellectuels et le pouvoir de groupes de pressions dont les causes défendues, pour certaines, sont légitimes, font peser des menaces sur les libertés culturelles fondamentales et donc sur l'exercice de la citoyenneté culturelle. Les moyens de pression sont si considérables que par exemple, aux États-Unis des *Sensitivity readers*, sont engagés par les maisons d'édition pour déminer les polémiques susceptibles de survenir à la publication[28].

---

27. *Carmen de Bizet : une histoire de scandales*, par Nathalie Moller, publié le 2/03/2018 https://www.radiofrance.fr/francemusique/carmen-de-bizet-une-histoire-de-scandales-2510183

28. Black lives matter fondé en 2013. MeToo lancé en 2017. Agnès Tricoire, Daniel Véron, Jacinto Lageira, *L'œuvre face à ses censeurs. Le guide pratique de l'observatoire de la liberté de création*. La Scène, 2020, p.23.

Des voix s'élèvent pour dénoncer des mécanismes privés de censure qui ont envahi l'espace public concernant les prises de parole et bien des formes de créations artistiques.

« Une nouvelle forme de censure privée et préalable s'exerce en dehors de toute décision administrative, politique ou judiciaire avant diffusion des œuvres. »[29]

Agnès Tricoire, Daniel Véron, Jacinto Lageira (dir.)

« Il est urgent d'analyser ce que dénonce cette nouvelle morale en forme de censure de dire par qui elle est pensée et activée, d'où elle vient, quels intérêts elle sert, de montrer ses limites et ses paradoxes. »[30]

Emmanuel Pierrat

---

29. *Ibid*

30. Emmanuel Pierrat, *Nouvelles morales, nouvelles censures*, Gallimard, 2018

5

ORGANISMES, COMMISSIONS ET GROUPES DE TRAVAIL SUR LA DÉFENSE DES DROITS CULTURELS

Il existe une grande diversité d'organismes de défense des droits humains et qui abordent pour la plupart les droits culturels. Certains sont attachés à des institutions internationales ou étatiques, d'autres sont indépendants. Ils jouent pour la plupart un rôle considérable très positif dans la défense et la promotion des droits culturels et de ce fait de la citoyenneté culturelle. Certains abordent tous les droits humains et toute la communauté humaine, d'autres se consacrent plus particulièrement aux droits de certaines populations, et quelques-uns assez rares aux droits culturels.

Sur le plan international

COMITÉ DES DROITS ÉCONOMIQUES, SOCIAUX ET CULTURELS AUPRÈS DE L'ONU

L'Onu est doté d'un Comité des droits économiques, sociaux et culturels. Il s'agit d'un organe composé de 18 experts indépendants chargés de surveiller l'application du Pacte international relatif aux droits économiques, sociaux et culturels par ses États parties. Le Comité s'efforce d'établir un dialogue constructif avec les États parties, de déterminer si les normes relatives au Pacte sont appliquées par ces derniers, et d'évaluer la manière dont la mise en œuvre et le respect du Pacte pourraient être améliorés pour que l'ensemble de la population puisse pleinement exercer ses droits[1].

1. https://www.ohchr.org/fr/treaty-bodies/cescr

Création d'un mandat de Rapporteur spécial des Nations Unies dans le domaine des droits culturels

Un mandat a été créé dans le but de rendre les droits culturels plus visibles dans le système des droits humains ; permettre une meilleure compréhension de la gravité de leurs violations et de l'opportunité de leur réalisation pour chacun. En 2009, le Conseil des droits de l'homme, par sa résolution 10/23, a décidé de créer pour une période de trois ans, une nouvelle procédure spéciale intitulée « Expert Indépendant dans le domaine des droits culturels[2] ». Le mandat a été prolongé pour une période de 3 ans en 2012 par la résolution 19/6, en 2015 par la résolution 28/9, en 2018 par la résolution 37/12 et en 2021 par la résolution 46/9. Alexandra Xanthaki a été nommée Rapporteuse spéciale des Nations Unies dans le domaine des droits culturels en octobre 2021.

Certaines ONG sont reconnues pour leur rigueur, l'ampleur et l'impact de leurs actions. En voici présentées les principales :

AMNESTY INTERNATIONAL

En 1961, la mobilisation d'Amnesty International est partie de la défense des prisonniers d'opinion pour s'élargir à l'ensemble des droits humains : de la protection des civils dans les conflits à l'abolition de la peine de mort ; du combat contre toutes les formes de discriminations au droit à chacun de s'exprimer ; de la protection des droits sexuels et reproductifs à la défense des droits des réfugiés et des migrants...

« Tous ensemble nous portons la voix de toutes celles et tous ceux dont les droits, la liberté ou la dignité sont menacés. »

L'organisation est née d'une première victoire, la libération de prisonniers d'opinion. Celle-ci fut l'étincelle qui a déclenché un mouvement rassemblant aujourd'hui plus de 10 millions de personnes dans 70 pays. Ces dernières années. La liste est longue de ses réussites. Amnesty a contribué à la libération

2. http://ap.ohchr.org/documents/dpage_f.aspx?si=A/HRC/RES/10/23

de centaines de personnes injustement emprisonnées ; à l'abolition de la peine de mort au Burkina Faso, et dans l'État de Washington ; à la dépénalisation de l'homosexualité en Inde ; à l'adoption d'une loi qui protège les victimes de torture en temps de guerre en Bosnie-Herzégovine ; à l'abrogation d'un article dans la constitution irlandaise qui interdisait l'avortement ; à la fin du visa de sortie pour les travailleurs migrants au Qatar, qui les empêchait de quitter le pays sans la permission de leur employeur ; à l'adoption d'une résolution au Parlement européen sur l'interdiction des « robots tueurs ».

Le mouvement est indépendant de tout gouvernement, de toute tendance politique, de tout intérêt économique et de toute croyance religieuse. Pour Amnesty International, le travail d'enquête est fondamental. Chaque jour, leurs équipes de recherche, réparties sur chaque continent, se rendent régulièrement sur le terrain pour enquêter sur les violations des droits humains et recueillir des témoignages et des preuves. Ce travail d'enquête donne lieu à la publication régulière de rapports ou de communiqués. Amnesty International a obtenu un statut consultatif auprès des Nations unies. Elle publie un rapport annuel qui dresse un bilan, pays par pays, de la situation des droits humains. Ce rapport complète le travail mené au quotidien et permet de mettre l'accent, un même jour et dans le monde entier, sur leur combat et leurs victoires. En 1977, Amnesty a obtenu le Prix Nobel de la Paix[3].

HUMAN RIGHTS WATCH - HRW[4]

Human Rights Watch est une organisation non gouvernementale à but non lucratif de défense des droits humains rassemblant une équipe de plus de 275 collaborateurs répartis dans le monde entier. Fondée en 1978, Human Rights Watch est réputée pour la précision de ses enquêtes et l'impartialité de ses rapports, son utilisation efficace des médias et son plaidoyer ciblé, souvent en partenariat avec des groupes locaux de défense des droits humains. Chaque année, Human Rights Watch publie plus de 100 rapports et documents d'information sur la situation des droits humains dans près de 80 pays, suscitant une importante couverture médiatique locale et internationale.

3. www.amnesty.fr
4. geneve-int.ch

FÉDÉRATION INTERNATIONALE DES DROITS DE L'HOMME (FIDH)[5]

La Fédération internationale des droits de l'Homme (FIDH) est une fédération non gouvernementale regroupant des organisations de défense des droits humains. Fondéz en 1922, la FIDH est l'une des plus anciennes organisations des droits humains et aujourd'hui elle réunit 178 organisations situées dans plus de 100 pays. Sa mission est d'apporter une amélioration signifiante dans la protection des victimes de violation des droits humains, la prévention des droits humains, et la persécution de ceux qui sont responsables de ces violations. Elle se donne pour principal but de défendre tous les droits inscrits dans la déclaration universelle des droits humains de 1948 en y incluant les droits sociaux, économiques, et culturels. Ses actions prioritaires portent sur la liberté et la capacité d'agir des défenseurs des droits humains, l'universalité des droits en particulier ceux des femmes dont l'inégalité des traitements constitue un obstacle majeur dans le progrès de l'humanité, la promotion et la protection des droits des migrants, l'efficacité des droits humains à mettre fin à l'impunité des auteurs de violations (qu'ils soient des individus, des États ou des entreprises), renforcer le respect des droits humains dans le contexte de la globalisation, faire respecter les droits humains et les lois lors des conflits, des urgences, ou des transitions politiques.

REPORTERS SANS FRONTIÈRES (RSF)[6]

Cette organisation défend le droit, pour chaque être humain, d'avoir accès à une information libre et fiable. Ce droit est essentiel pour connaître, comprendre, se forger une opinion et agir en pleine conscience, individuellement et collectivement. Elle s'est donné pour mission d'agir pour la liberté, le pluralisme et l'indépendance du journalisme et défendre celles et ceux qui incarnent ces idéaux. Son mandat s'inscrit dans l'esprit de l'article 19 de la Déclaration universelle des droits de l'Homme, et des grandes déclarations et chartes relatives à l'éthique journalistique, notamment la charte de Munich[7]. RSF applique les principes suivants : Le respect mutuel, le sens du dialogue, la non-discrimination,

---

5. escr-net.org

6. rsf.org

7. La Charte de déontologie de Munich (ou Déclaration des devoirs et des droits des journalistes), signée le 24 novembre 1971 à Munich et adoptée par la Fédération européenne des journalistes, est une référence européenne concernant la déontologie du journalisme, en distinguant dix devoirs et cinq droits. Source : fr.wikipedia.org

l'esprit collectif de travail, le souci d'accomplissement professionnel et personnel, le droit d'alerte, le respect de l'environnement. La transparence des processus de décision et des comptes, le refus de la corruption et des conflits d'intérêts. Elle définit ses objectifs stratégiques en toute indépendance, et n'accepte aucun don financier, en compétences ou en nature, susceptible d'influencer leurs choix stratégiques et opérationnels.

LE GROUPE DE FRIBOURG SUR LES DROITS CULTURELS[8]

La Déclaration de Fribourg sur les droits culturels est le fruit d'un travail de 20 ans d'un groupe international d'experts, connu sous le nom de « Groupe de Fribourg ». Elle s'inscrit à la suite de consultations et de travaux menés par les membres du Groupe, entre autres auprès de l'UNESCO, du Conseil de l'Europe, de l'Organisation internationale de la Francophonie. Un projet de déclaration avait été co-édité en 1998 avec l'UNESCO, avec son commentaire article par article. La version actuelle se présente comme un texte issu de la société civile, amélioré grâce au travail de nombreux observateurs de divers continents, réunis dans l'Observatoire de la diversité et des droits culturels, lié à l'Organisation internationale de la Francophonie et à l'UNESCO.

Cette Déclaration sur les droits culturels rassemble et explicite les droits qui sont déjà reconnus, mais de façon dispersée dans de nombreux instruments. Le lancement de la Déclaration a eu lieu les 7 et 8 mai 2007, respectivement au sein de l'Université de Fribourg et au Palais des Nations à Genève, Suisse. Le texte proposé est parrainé par une cinquantaine de personnalités reconnues dans le domaine des droits de l'homme, ainsi que par une plate-forme d'ONG.

CARTOONING FOR PEACE[9]

C'est un réseau international de dessinateurs de presse engagés qui combattent, avec humour, pour le respect des cultures et des libertés.

L'association Cartooning for Peace est née d'un événement et d'une rencontre : Les réactions sanglantes à la publication des caricatures de Mahomet dans le journal danois, le Jyllands-Posten, le 30 septembre 2005 ont conduit à une rencontre fondatrice : le 16 octobre 2006, Kofi Annan, prix Nobel de la Paix et Secrétaire général des Nations unies, et Plantu, journaliste et dessinateur

8. droitsculturels.org

9. https://www.cartooningforpeace.org

de presse, réunissent douze dessinateurs internationaux autour d'un colloque « Désapprendre l'intolérance – dessiner pour la paix » au siège des Nations unies à New York. En 2006, la fondation suisse Cartooning for Peace/Dessins pour la Paix est créée à Genève avec Kofi Annan comme Président d'honneur. Deux ans plus tard, en 2008, l'association française Cartooning for Peace voit le jour à Paris, Plantu est alors Président de la Fondation et de l'association Cartooning for Peace. Cartooning for Peace promeut les libertés fondamentales et la démocratie. L'association s'attache notamment à exercer la liberté d'expression telle qu'elle est définie dans l'article 19 de la Déclaration universelle des droits de l'Homme.

En France

Selon les pays il existe diverses configurations en termes d'institutions et d'associations de défense des droits humains dont les droits culturels. Regardons l'exemple de la France qui dispose d'une grande diversité d'organismes.

LE DÉFENSEUR DES DROITS[10]

Le Défenseur des droits est une institution pour la défense et la promotion des droits, indépendante de l'État. Créée en 2011 et inscrite dans la Constitution, elle s'est vue confier deux missions : défendre les personnes dont les droits ne sont pas respectés ; permettre l'égalité de tous et toutes dans l'accès aux droits. Toute personne physique (un individu) ou toute personne morale (une société, une association...) peut le saisir directement et gratuitement lorsqu'elle : pense qu'elle est discriminée ; constate qu'un représentant de l'ordre public (police, gendarmerie, douane...) ou privé (un agent de sécurité...) n'a pas respecté les règles de bonne conduite ; a des difficultés dans ses relations avec un service public (Caisse d'Allocations Familiales, Pôle Emploi, retraite...) ; estime que les droits d'un enfant ne sont pas respectés ; Le Défenseur des droits est né de la réunion de quatre institutions : le Médiateur de la République, le Défenseur des enfants, la Haute Autorité de Lutte contre les Discriminations et pour l'Égalité (HALDE) et la Commission Nationale de Déontologie de la Sécurité (CNDS). Près de 250 personnes travaillent au siège du Défenseur des droits, à Paris. En France métropolitaine et outre-mer, près de 500 délégués accueillent pour des informations et des soutiens.

10. defenseurdesdroits.fr

COMMISSION NATIONALE CONSULTATIVE DES DROITS DE L'HOMME

Assimilée à une Autorité administrative indépendante, la Commission nationale consultative des droits de l'homme (CNCDH)[11] est l'Institution nationale de promotion et de protection des droits de l'homme, accréditée auprès des Nations Unies. Elle remplit en toute indépendance, auprès du Gouvernement et du Parlement, une mission de conseil et de proposition dans le domaine des droits de l'Homme, du droit et de l'action humanitaire, et une mission de contrôle du respect par la France de ses engagements en la matière. Elle a en outre un rôle d'éducation aux droits humains. La CNCDH fonde son action sur trois grands principes : l'indépendance, le pluralisme et la vigilance.

LA LIGUE DES DROITS DE L'HOMME (LDH)[12]

La LDH est une association à la fois unitaire et décentralisée, ses sections en sont les unités de base et les lieux privilégiés de participation des adhérents. Celles-ci disposent de l'autonomie d'expression et d'action et décident de leur activité locale et de leurs prises de position, pourvu qu'elles ne contredisent pas les positions de congrès de la LDH et qu'elles n'aillent pas contre ses principes. La LDH mène des campagnes d'information, de pétition, d'interpellation à la fois des citoyennes mais aussi des élus politiques, et plus largement de tous les acteurs de la vie sociale, ainsi que des actions de mobilisation, de protestation et de solidarité pour obliger à un changement concret des politiques suivies. Les militants et militantes de la LDH agissent en faveur de cas individuels, mais aussi pour défendre l'accès de tous à tous les droits. Elles et ils agissent pour que l'ensemble des droits tels qu'ils sont définis par la Déclaration universelle des droits de l'Homme (DUDH) s'appliquent à tous. Les militants de la LDH luttent pour que les droits soient effectifs. À cette fin, ils exercent une fonction importante de contrôle de l'action publique et d'impulsion de débats et de propositions au niveau national. Indépendants des partis et des lieux de pouvoir, les militants et militantes de la LDH sont présents dans le débat public pour promouvoir les droits. Adhérer à la LDH, c'est devenir membre d'un collectif, la section locale qui intervient à l'échelle d'une commune ou d'un regroupement de communes. Mais c'est aussi une organisation nationale qui décide d'agir à l'échelon le plus pertinent pour aboutir. La LDH est affiliée à deux organisations internationales : l'AEDH dont le champ d'action est l'Europe, et la FIDH au niveau mondial.

11. cncdh.fr

12. ldh-france.org

La France dispose d'autres organismes qui selon les sujets qu'ils abordent peuvent être amenés à défendre les droits culturels.

LE COMITÉ CONSULTATIF NATIONAL D'ÉTHIQUE (CCNE)[13]

Le CCNE est né en 1983, il a pour mission d'identifier et circonscrire les questions éthiques posées par les progrès des sciences à la santé et à la société.

« Notre réflexion s'appuie sur des repères, dont aucun, sauf la protection de la dignité humaine, n'est supérieur a priori à un autre. »

Selon le CCNE, « le non-respect de cette valeur pourrait entraîner, par exemple, la marchandisation du corps humain, qui est interdite dans notre pays... » Les membres du CCNE sont choisis non pas en raison de leur appartenance à une institution mais en raison de leurs compétences ou de leur intérêt pour les questions éthiques. Son président, est nommé pour deux ans par le Président de la république, mais indépendant de toute pression politique. Concernant les droits culturels, le CCNE est intervenu notamment en 2005 en soutien à la pétition pour faire reconnaître la culture comme faisant partie des besoins essentiels à l'existence dans la Loi du 11 février 2005 : Égalité des droits et des chances, participation et citoyenneté des personnes handicapées alors qu'il était présidé par le Professeur Didier Sicard. Il s'agissait là en effet d'une problématique éthique aux enjeux considérables en termes de dignité humaine.

LA LIGUE CONTRE LE RACISME ET L'ANTISÉMITISME (LICRA)[14]

Depuis 1927, la LICRA mène des combats contre le racisme et l'antisémitisme. « Profondément attachés aux valeurs de la République, nous défendons un principe simple : l'universalité des droits de l'Homme. » Forte d'une longue expérience et d'une tradition humaniste, la LICRA dispose aujourd'hui d'un réseau de 62 sections, de plus de 3000 militants en France et à l'étranger. Reconnue d'intérêt général, elle dispose d'une expertise unique et acquise sur le terrain. Face aux tensions qui traversent et divisent notre société, la LICRA est pleinement engagée dans la construction d'une République plus fraternelle et le

13. ccne-ethique.fr/fr

14. licra.org

développement en France d'une culture antiraciste à travers plusieurs missions : combattre le racisme, l'antisémitisme, la xénophobie et les discriminations et défendre leurs victimes individuelles ou collectives ; promouvoir les droits de la personne humaine et prévenir, par une action éducative et positive, toute atteinte qui pourrait leur être portée : combattre la négation et l'apologie des génocides et des crimes contre l'humanité, et défendre l'honneur et la mémoire de leurs victimes. La LICRA porte ces combats au nom des principes énoncés dans les Déclarations des droits de l'Homme et du Citoyen de 1789 et 1793 et dans la Déclaration universelle des droits de l'homme de 1948. Elle les inscrit au-dessus de tout esprit partisan, indépendamment de tout parti politique ou organisation confessionnelle. Elle mène ces actions en France et à l'étranger par le biais de sections, dont les bénévoles sont les maillons essentiels. Elle milite pour une égalité des droits entre les êtres humains, œuvre à un rapprochement des peuples, et agit en faveur du respect et de la promotion de la laïcité. C'est en intervenant auprès des pouvoirs publics, en alertant l'opinion et les médias, en apportant aide et soutien aux victimes, en participant à l'éducation citoyenne de la jeunesse, qu'elle s'attache à faire vivre ces idéaux.

En France, d'autres organismes de défense des droits se mobilisent sur des causes qui peuvent avoir trait aux droits culturels, ainsi SOS racisme, la Cimade, le mouvement LGBT et bien d'autres encore. Une ONG Eucrea France[15], se consacre entièrement au sujet des droits culturels des personnes handicapées. À noter en 2018 la création du collectif national Droits culturels et vivre ensemble Agapé[16].

15. eucreafrance.fr

16. culturecitoyennete.com

6

CITOYENNETÉS CULTURELLES À GÉOMÉTRIE VARIABLE

Malgré l'existence d'organismes de défense des droits humains et bien qu'ayant en son cœur un socle de droits justiciables, dont nombre d'entre eux émanent du droit international, la citoyenneté culturelle subit des atteintes dans tous les pays avec divers niveaux de gravité. Celles-ci évoluent dans le temps et selon les régions du monde et les populations. Bien sûr il est nécessaire de distinguer les atteintes liées à des traditions, des usages, celles inhérentes à divers éléments de contextes socio-économiques et celles portées de manière délibérée par les gouvernances étatiques et territoriales.

Typologie des atteintes à la citoyenneté culturelle

Il est possible d'identifier des catégories dans les atteintes à la citoyenneté culturelle en fonction de divers critères. Certaines frappent uniquement un ou quelques individus, d'autres des populations dans leur globalité. Ainsi concernant des discriminations d'individus, on peut citer l'exemple des entrées de discothèques, où sur « délit de faciès », identifiées comme étant d'une origine ethnique particulière, ou bien parce qu'elles sont aveugles, des personnes se voient interdites d'accès. De même, des témoignages sont fréquents portant sur des enfants ou des adultes refusés au moment des inscriptions pour des cours, par des établissements d'enseignement artistique, uniquement au regard de leur handicap. Des discriminations peuvent frapper aussi de manière systémique certaines catégories de populations. Il ne s'agit pas uniquement de minorités ethno/culturelles, car c'est le cas fréquemment pour la population des personnes âgées en manque d'autonomie quelles que soient leurs origines. Les atteintes à la citoyenneté culturelle peuvent être ponctuelles, transitoires ou permanentes. Des victimes connaissent des discriminations ne portant que sur certaines pratiques culturelles, artistiques, comme dans le cas de l'absence de proposition d'enseignement artistique aux personnes handicapées vivant en institution médico-sociale et ne pouvant que rarement en sortir. Même dans des pays développés sur le plan économique, certaines populations connaissent des inégalités de traitement en étant reléguées pour des activités culturelles vers des bénévoles, des professionnels du soin et des travailleurs sociaux et de ce fait, contrairement au reste de la population, ne bénéficient pas des compétences de professionnels de la culture. Par ailleurs, certaines personnes subissent ce que j'ai nommé l'ECA, l'exclusion culturelle absolue, c'est-à-dire qu'elles sont maintenues à l'écart de toute possibilité d'accéder à des nourritures culturelles, de participation à la vie culturelle en ne bénéficiant que de soins de nursing, considérées qu'au regard de leurs seules données biologiques. Il est fréquent de trouver ce dernier cas de figure au sein d'Ehpad, de maisons de retraite, mais aussi dans des structures pour enfants, adolescents et adultes handicapés, et parfois au sein de prisons, dans des quartiers de haute sécurité. Il existe aussi à travers le monde et au fil de son histoire, de véritables génocides culturels.

Les atteintes à la citoyenneté culturelle vont de simples désavantages, de restrictions dans les libertés, les possibilités d'activités, dans les choix de modes de vie, à des ségrégations culturelles, des déchéances de citoyenneté culturelle individuelles, collectives, des exclusions culturelles absolues et des génocides culturels.

La citoyenneté culturelle prend des visages très contrastés dans le monde avec des différences majeures selon les niveaux d'application des textes nationaux et internationaux sur les droits culturels, d'ouverture au monde et à sa diversité culturelle, selon la réalité de liberté d'expression, de continuité et d'adaptabilité des services culturels pour les personnes vivant en isolement contraint, de possibilité de participation à la gouvernance locale et nationale en matière de politique culturelle, etc. Il est possible de dégager une typologie des atteintes à la citoyenneté culturelle en fonction de divers critères : situations subies individuellement ou collectivement ; ponctuelles, transitoires ou permanentes ; concernant une seule ou plusieurs pratiques culturelles et artistiques, toutes pratiques culturelles ou portant sur les choix dans les modes de vie. De nombreuses études réalisées ces dix dernières années[1] permettent de dégager des tendances sur les limitations dans les possibilités de participer à la vie culturelle, en fonction d'origines ethniques, socioculturelles, de la précarité, du handicap et du grand âge ainsi que des lieux de résidence.

Typologie des groupes humains particulièrement sujets à des atteintes à la citoyenneté culturelle

- Les minorités ethno/culturelles
- Les personnes handicapées
- Les personnes âgées en manque d'autonomie
- Les personnes LGBT
- Les personnes en grande précarité
- Les personnes en détention

Le lieu de résidence peut être très déterminant dans des atteintes aux droits culturels, à la possibilité d'exercer pleinement sa citoyenneté culturelle.

Lieux de résidence sujets à de fortes atteintes à la citoyenneté culturelle

- Pays où règne l'arbitraire
- Pays sous-développés économiquement
- Milieu rural comportant des zones blanches (absence de réseau wifi, de possibilités de connexion à Internet) et doté de peu d'établissements et services culturels de proximité
- Certaines banlieues, des quartiers défavorisés, des bidonvilles, favellas, etc.
- Institutions sanitaires, médico-sociales et sociales (ayant mission de lieu de vie, dont les services longue durée, les Ehpad, les MAS et les CHRS)[2]
- Institutions carcérales

1. André Fertier, Myrha Govindjee, *Culture et handicap. 50 ans d'histoire. L'historique d'un demi-siècle d'évolutions dans les concepts, les politiques et les pratiques*, L'Harmattan-Les éditions Cemaforre, 2022, p. 131. André Fertier, *Les damnés de la culture, Plaidoyer pour un pacte culturel républicain*, éditions Persée, 2019.

2. Ehpad : Établissement d'hébergement pour personnes âgées dépendantes
MAS : Maison d'accueil spécialisée (pour personnes polyhandicapées et autistes)
CHRS : Centre d'hébergement et de réinsertion sociale.

Enfin, voici un rappel synthétique des atteintes à la citoyenneté culturelle selon des degrés dans leur gravité, suivi de développements.

Typologie des niveaux de gravité d'atteinte à la citoyenneté culturelle

- Atteinte partielle (portant sur certaines pratiques culturelles et artistiques)
- Instauration de sous-citoyennetés culturelles
- Déchéance de citoyenneté culturelle de facto non-intentionnelle
- Déchéance de citoyenneté culturelle imposée de manière délibérée
- Ségrégation culturelle
- Exclusion culturelle absolue, l'ECA
- Génocide culturel

Des sous-citoyennetés culturelles systématisées

Des États, à certaines périodes de leur histoire ont mis en place un cadre juridique instaurant des sous-citoyennetés. Ce fut le cas en Afrique du sud du temps du régime de l'apartheid, mais aussi en France du temps de la colonisation. En effet en Algérie, à Madagascar, en Nouvelle-Calédonie, puis dans toutes ses colonies, à partir de 1887 la France a mis en place le régime de l'indigénat, un statut de sous-citoyenneté pour les autochtones. Ce système sera aboli en 1946. Ces divers régimes particuliers de sous-citoyenneté impactaient les possibilités d'exercice de la citoyenneté culturelle. Mais toujours en France la sous-citoyenneté des femmes a perduré longtemps puisqu'il a fallu attendre l'ordonnance du Général de Gaulle du 21 avril 1944 pour qu'elles aient le droit de vote. Mais si nous observons en ce début de XXIe siècle le sort qui leur est encore réservé dans bien des domaines, il est tout à fait possible de parler d'un statut de facto de sous-citoyenneté, notamment dans le domaine culturel. Ainsi par exemple leur accès aux emplois artistiques et culturels n'est pas en égalité des chances avec les hommes. Par ailleurs elles ont été victimes d'une absence de reconnaissance dans leurs capacités à atteindre des sommets dans les arts. Dans le cadre de la scolarité c'est un florilège de personnalités masculines qui a pris toute la place dans l'histoire de l'art qui y est enseignée, laissant les grandes figures féminines dans l'oubli et l'obscurité. Aujourd'hui il faut saluer les mesures fortes qui ont été prises pour lutter contre cette situation et les processus qui persistent à leur encontre.

Même si nous restons en France, les femmes ne sont pas la seule catégorie de populations à s'être vu attribuer de facto ce statut de sous-citoyenneté culturelle. En effet, nous assistons à l'acceptation ainsi qu'à la promotion du développement de deux catégories de citoyennes et citoyens :

- ceux qui peuvent participer à la vie culturelle dans le cadre du droit commun, c'est-à-dire accéder aux offres pérennes des services publics des loisirs et de la culture (bibliothèques, musées, théâtres, lieux de pratiques et d'enseignement artistique), ceux-ci voient donc leur citoyenneté culturelle respectée ;
- et une autre catégorie, les millions de personnes qui dépendent de l'existence éventuelle de projets culturels élaborés à leur intention, projets limités dans la durée, dans le type d'activités et dans le nombre de bénéficiaires. Il s'agit d'enfants, d'adultes handicapés, polyhandicapés, autistes, de personnes âgées en manque d'autonomie, malades d'Alzheimer, résidant en Ehpad, en maisons de retraite, en foyers de vie ou isolés en domicile privé, ou encore de personnes incarcérées, ainsi que celles en grande précarité. De ce fait, ces personnes ne peuvent exercer librement et en toute égalité avec les autres, leur citoyenneté culturelle.

Ce qui relève également de l'instauration de facto d'une sous-citoyenneté culturelle, c'est l'affectation systématisée de bénévoles, de professionnels du soin en substitution de professionnels de la culture en fonction de l'appartenance à certaines catégories de populations. Il s'agit bien là de toute évidence d'une déchéance partielle de la citoyenneté culturelle puisque notamment, ces personnes n'ont pas accès au service public de la culture, un bien commun reconnu comme appartenant aux citoyennes et aux citoyens.

Des déchéances totales de citoyenneté culturelle

Cette expression semble bien peu utilisée à ce jour. Selon le site vie publique[3] (concernant la France) : « On ne devient un citoyen à part entière qu'à 18 ans. Une fois cette majorité acquise, un citoyen peut, dans certaines circonstances, se voir privé de ses droits civiques, en tant que peine complémentaire de droit pénal (droit de vote, droit d'éligibilité), [...]. Pour être déchu de la nationalité française, deux conditions sont nécessaires : avoir acquis la nationalité française

3. *Peut-on perdre sa citoyenneté ?* Source : vie-publique.fr

(les Français par droit du sol ou par droit du sang ne peuvent pas être déchus de leur nationalité) ; avoir une autre nationalité, car la déchéance ne peut avoir pour effet de rendre le concerné apatride. Si ces conditions sont remplies, la déchéance peut être prononcée en cas de commission de faits particulièrement graves : acte terroriste ; crime ou délit portant atteinte aux intérêts fondamentaux de la Nation ; crime ou délit portant atteinte à l'administration commis par une personne exerçant une fonction publique, ou non-respect des obligations du code du service national. »

Nous avons vu que la citoyenneté culturelle est basée sur un socle de droits protégeant les citoyennes et les citoyens selon l'État dont ils relèvent. Dans le cas où celles-ci et ceux-ci se voient refuser le respect de ces droits dans leur globalité, nous pouvons reconnaître une forme de déchéance de citoyenneté culturelle. Il est possible d'en distinguer plusieurs types : individuelles et collectives, « simplement de facto », à l'analyse précise de la situation et n'étant pas le résultat d'une volonté politique. Et enfin, il existe des déchéances de citoyenneté culturelle délibérées, c'est-à-dire instituées par des décisions ou l'absence d'actions de la part des gouvernances concernées, alors qu'elles ont pleine connaissance des situations. Ce dernier cas de figure existe en France. C'est ce que vivent les personnes âgées en manque d'autonomie résidant en Ehpad. En effet, tous les responsables politiques au niveau de l'État et des collectivités qui ont d'ailleurs dc par la loi la responsabilité partagée de l'effectivité des droits culturels, sont au courant de leur absence d'accès au service public de la culture, ce qui est contraire à plusieurs principes relevant du droit constitutionnel. Certes il n'existe pas à ce jour de possibilité de prononcer administrativement, juridiquement de déchéance de citoyenneté culturelle, mais les responsables politiques sont en capacité de l'organiser par défaut d'action ou par des décisions excluant ces personnes.

Il s'agit bien là d'une déchéance de citoyenneté culturelle instituée de manière délibérée, même si celles et ceux qui en sont à l'origine et qui se succèdent aux responsabilités de président de la république, de ministres de la culture et d'adjoint à la culture n'ont pas l'honnêteté de l'assumer publiquement. En France, il s'agit là d'une véritable tache bien sombre laissée sur l'oriflamme de ses valeurs, Liberté, Égalité et Fraternité et dans son histoire.

La ségrégation culturelle

Du temps de l'apartheid en Afrique du sud, ainsi qu'aux États-Unis dans les années précédant les lois qui ont fait suite aux marches pour les droits civiques, conduites notamment par Martin Luther King, avait été mis en place un véritable régime de ségrégation culturelle entre blancs et noirs. Bien des ouvrages et des films ont relaté la manière par exemple dont les noirs étaient interdits d'accès dans les salles de concerts, même d'ailleurs lorsque les musiciens sur scène n'étaient que des noirs. Dans certains cas de telles situations ont été vécues même en France dans les années 1950. L'expression ségrégation culturelle semble renvoyer à diverses significations. Des sociologues et politologues parlent de ségrégation culturelle à propos de répartition territoriale de populations en fonction d'appartenance à des communautés ethno/culturelles et également au regard de niveaux d'éducation. En France la ministre de la culture Françoise Nyssen[4] parlait de ségrégation culturelle à propos des personnes qui pour diverses raisons se trouvent éloignées des offres culturelles notamment celles des services publics. Cette expression peut être utilisée aussi pour caractériser une mise à l'écart délibérée de certaines catégories de populations, comme en France, celle déjà évoquée, des personnes âgées en manque d'autonomie, mais aussi et cela au cœur d'établissements d'enseignements artistique, celle d'enfants et d'adolescents handicapés regroupés entre eux à l'écart des élèves valides, et de plus pour des propositions d'ateliers occupationnels et non pour des cours.

L'exclusion culturelle absolue, l'ECA

Depuis une dizaine d'années j'ai proposé ce concept de l'exclusion culturelle absolue, afin que cette situation soit identifiée et reconnue comme une forme de maltraitance extrême dans l'objectif qu'elle soit prohibée. Dans le cadre des travaux du collectif national Droits culturels et vivre ensemble Agapé, nous avons porté un projet de proposition de loi dans lequel nous l'avons définie comme tel : « Constitue une Exclusion Culturelle Absolue (ECA) : une situation de vie dans laquelle un enfant ou un adulte subit un environnement ne lui permettant aucune possibilité d'accéder à des informations et à des activités culturelles et de loisirs réceptives et participatives et ce, quel que soit le niveau de manque d'autonomie physique et/ou mentale, et même dans les cas d'impossibilité de toute

4. Françoise Nyssen a été ministre de la culture de mai 2017 à octobre 2018. Elle évoque la ségrégation culturelle à divers endroits. Source : https://www.vie-publique.fr/discours/204863-declaration-de-mme-francoise-nyssen-sur-la-segregation-culturelle-et-le

communication avec ladite personne. L'absence totale d'autonomie de la personne ne peut légitimer en aucun cas l'Exclusion Culturelle Absolue. L'Exclusion Culturelle Absolue est reconnue par la présente loi comme une forme de maltraitance extrême pouvant mettre en péril l'existence même de la personne, enfant ou adulte[5]. » En novembre 2022, le cabinet du ministre des solidarités, de l'autonomie et du handicap Jean-Christophe Combe, a proposé que ce projet de proposition de loi soit présenté dans le cadre des travaux du Conseil national de la refondation instauré par le Président de la république Emmanuel Macron.

Des génocides culturels perpétrés à travers les siècles et les continents

En 1519, le conquistador Hernan Cortes débarqua sur la côte du golfe du Mexique et entreprit la conquête du puissant empire aztèque. Il a déclenché une vague de conquêtes. Il a envoyé sa première cargaison d'or aztèque en Espagne en 1520 et, à partir de ce moment, la ruée vers l'or a commencé et la population du nouveau monde a été décimée. Les conquistadors ont détruit régulièrement les temples et plus tard, des prêtres catholiques sont arrivés et ont commencé à brûler des codex par milliers. Ces « livres » autochtones constituaient un trésor d'informations culturelles et historiques et, tragiquement, seuls quelques exemplaires survivent aujourd'hui. Ces conquêtes ont été à l'origine d'un véritable génocide culturel.

En fait l'expression génocide culturel employée pour décrire la destruction intentionnelle du patrimoine culturel d'un peuple ou d'une nation pour des raisons politiques, militaires, religieuses, idéologiques, économiques, ethniques ou raciales, est aujourd'hui, généralement considérée du point de vue juridique comme un abus de langage. En effet, la définition juridique internationalement admise du « génocide » cible les actes de destruction biologique (et non culturelle) perpétrés dans l'intention d'anéantir physiquement (et non psychiquement) un groupe racial, religieux, ethnique, national. La naissance du terme génocide, en tant qu'incrimination sur le plan juridique, est une notion récente au regard du droit international public. Elle marque la prise de conscience de la communauté

5. Projet de Proposition de loi « Prohibition de l'Exclusion Culturelle Absolue et garantie de la continuité d'accès et de l'adaptabilité du service public de la culture pour les personnes en isolement contraint -Handicap – grand âge – détention » présenté par le Collectif national droits culturels et vivre ensemble Agapé, document en ligne. Source : https://www.cemaforre.asso.fr/display_actu.php?id=618

internationale des massacres de minorités commis lors des conflits armés mondiaux de la première partie du XXe siècle. Depuis quelques années la notion de génocide culturel est définie et reconnue par diverses instances ainsi que par des personnalités, des figures morales de premier plan.

LE CAS DU PEUPLE TIBÉTAIN

L'homme politique et juriste français, Robert Badinter parle de génocide culturel au sujet du Tibet, notamment lors des troubles dans ce pays en mars 2008. Le Dalaï-lama lui-même a accusé la Chine de génocide culturel en 2011, En ce qui concerne la culture tibétaine, le désastre pour elle sera le projet maoïste en 1966, destiné à renforcer le pouvoir du leader communiste Mao Tsé Toung. C'est la Révolution culturelle, la guerre contre les « 4 vieilleries » : les « vieilles idées », les « vieilles cultures », les « vieilles coutumes », et les « vieilles habitudes. ».[6]

LE PEUPLE DES OUÏGHOURS PERSÉCUTÉ EN CHINE.

Ce peuple turcophone et à majorité musulmane sunnite habitant la région autonome ouïghoure du Xinjiang (appelé Turkestan oriental par les Russes et les Britanniques à la fin du XIXe siècle et auparavant placé dans la « Tartarie chinoise ») est victime de persécutions violentes. Il représentait l'une des cinquante-six nationalités reconnues officiellement par la République populaire de Chine. En France, face aux sénateurs, le ministre français des Affaires étrangères Jean-Yves Le Drian a déclaré notamment : « Toutes ces pratiques sont inacceptables, nous les condamnons avec beaucoup de fermeté. Ce sont des camps d'internement pour les Ouïghours, des détentions massives, des disparitions, le travail forcé, les stérilisations forcées, la destruction du patrimoine culturel Ouïghours et en particulier des lieux de culte ». Le député Hubert-Julien Laferrière, quant à lui a déclaré : « N'ayons pas peur des mots. Il s'agit bien ici d'une entreprise organisée et institutionnalisée d'éradication d'une population, au motif, selon les termes mêmes utilisés par le régime, qu'elle affaiblit l'identité nationale et l'identification à la race nationale chinoise. Oui, mes chers collèges, nous sommes devant un crime contre l'humanité. »[7]

---

6. Pierre-Antoine Donnet est correspondant de l'AFP en Chine dans les années 1980. Son livre *Tibet mort ou vif*, collection Folio Actuel de Gallimard, 2019, est un témoignage poignant, rigoureux et documenté sur la mise en cage et l'agonie d'une nation et d'une civilisation bouddhiste unique au monde, depuis sa conquête par la Chine en 1950.

7. https://questions.assemblee-nationale.fr/q15/15-3236QG.htm

AU CANADA, CES DERNIÈRES ANNÉES, LA RECONNAISSANCE D'UN GÉNOCIDE CULTUREL RESTÉ CACHÉ.

Selon la Professeur de droit Fannie Lafontaine[8] : « On pense le Canada comme le champion du multiculturalisme, de la justice pénale internationale, des droits fondamentaux. En vérité, le Canada moderne est fondé sur le nettoyage ethnique et un génocide. ». Peu à peu, le Canada ouvre les yeux sur ce passé qualifié aujourd'hui de génocide culturel. La découverte de plus de 1300 sépultures anonymes en 2021 près de pensionnats a créé une onde de choc. Ce sont des milliers d'enfants autochtones qui ont été enrôlés de force dans des écoles, des pensionnats catholiques où ils étaient coupés de leur famille, de leur langue et de leur culture, et souvent victimes de violences physiques, psychologiques et sexuelles. Au Canada, les pensionnats autochtones étaient un outil central d'un génocide culturel à l'égard des premiers peuples du Canada, et seul un réengagement important de l'État pour leur permettre l'accès à l'égalité des chances peut ouvrir la voie à une véritable réconciliation, conclut la Commission de vérité et réconciliation du Canada. Après six ans de travaux pendant lesquels environ 7000 victimes et responsables de pensionnats autochtones ont livré leurs témoignages, la Commission a déposé ses conclusions sur ce chapitre sombre de l'histoire du Canada.

Entre la fin du XIXe siècle et 1996, plus de 150 000 enfants autochtones ont été arrachés à leur famille et placés dans des pensionnats, pour la plupart sous l'égide de différentes communautés religieuses. 3200 enfants y sont morts, pour la plupart avant 1940, de diverses maladies, dont la tuberculose. Les conditions sanitaires y étaient telles que le taux de mortalité était près de cinq fois plus élevé qu'au sein du reste de la population. De l'aveu même du gouvernement de l'époque, sous couvert d'éduquer ces jeunes, cette politique avait pour but premier de les assimiler et d'éradiquer leur culture. John A. Macdonald, Premier ministre du Canada a déclaré en 1883 : « Les enfants indiens devraient être retirés le plus possible de l'influence de leurs parents, et la seule manière d'y arriver

---

8. Fannie Lafontaine est avocate, professeure titulaire à la Faculté de droit de l'Université Laval et titulaire de la Chaire de recherche du Canada sur la justice internationale pénale et les droits fondamentaux. Elle est membre régulier de l'Institut québécois des hautes études internationales et co-directrice du Centre de droit international et transnational de l'Université Laval. Elle est la fondatrice et co-directrice de la Clinique de droit international pénal et humanitaire, récipiendaire du prix « Hommage aux innovations sociales» de l'Université Laval. Radiofrance.fr, Publié le vendredi 21 décembre 2018. Fannie Lafontaine, communication prononcée dans le cadre du colloque international *Justice, Vérité & Résilience(s)* qui s'est tenu à Caen les 23 et 24 novembre 2018.

est de les placer dans des écoles industrielles où ils vont acquérir les habitudes et les pratiques des Blancs ». La commission a estimé que cette politique d'assimilation a eu des conséquences néfastes pour l'ensemble des peuples autochtones et a miné leur capacité de prospérer au sein de la société canadienne.

« Un État qui détruit ou s'approprie ce qui permet à un groupe d'exister, ses institutions, son territoire, sa langue et sa culture, sa vie spirituelle ou sa religion et ses familles, commet un génocide culturel. Le Canada a fait tout ça dans sa relation avec les peuples autochtones. »

Extrait du rapport de la « Commission vérité et réconciliation » remis en 2015[9]

9. Emmanuelle Latraverse, Pensionnats autochtones :un génocide culturel, dit la Commission de vérité et réconciliation, Radio Canada, 2015.
https://ici.radio-canada.ca/nouvelle/723529/pensionnats-autochtones-genocide-culturel-selon-commission-verite-reconciliation

Troisième partie

PROPOSITIONS

POUR PROMOUVOIR L'EFFECTIVITÉ DE LA CITOYENNETÉ CULTURELLE

1 - Propositions aux États pour la lutte contre les atteintes à la citoyenneté culturelle

2 - Pour la reconnaissance d'une Citoyenneté culturelle dans l'Union européenne

3 - Vers une citoyenneté culturelle universelle

« Ce n'est pas parce que les choses sont difficiles que nous n'osons pas, c'est parce que nous n'osons pas qu'elles sont difficiles »

Sénèque

La Citoyenneté culturelle est souvent attaquée, comme assaillie, encerclée, parfois étouffée, anéantie sous le coup de diverses forces. Abus de pouvoirs étatiques, impérialismes économiques, fanatismes, obscurantismes, dogmatismes, représentations discriminantes sur certaines populations, ainsi que des héritages historiques perpétuant des esprits de revanche, de vengeance, de reconquête sont autant à travers le monde, d'obstacles à la possibilité d'exercer sa citoyenneté culturelle. Dans tous les pays, elle demeure fragile et doit être partout défendue, de manière certes variée, selon les atteintes qu'elle subit. Face à l'ampleur des inégalités, des discriminations, des déchéances de citoyenneté culturelle et aussi compte tenu des enjeux humains et sociétaux, ce sont d'immenses travaux qui doivent être engagés au niveau des États et au plan mondial.

Voici des préconisations, des propositions regroupées dans ce qui pourrait constituer une base pour l'élaboration de plans d'action pour les États, plus spécifiquement pour l'Union Européenne et au plan mondial.

1

PROPOSITIONS AUX ÉTATS POUR LA LUTTE CONTRE LES ATTEINTES À LA CITOYENNETÉ CULTURELLE

Voici des propositions de mesures suivies de leur développement. Certaines pourraient être réunies par des États selon leur contexte, leurs besoins et leurs moyens, dans un véritable Plan national d'action, affirmant ainsi l'adoption d'un Pacte culturel pour la Nation.

1 - **Réaliser un état des lieux** des atteintes à la citoyenneté culturelle et des vides juridiques et réglementaires, en portant l'attention tout particulièrement sur les populations en situation de vulnérabilité, enfants et adultes handicapés, personnes âgées en manque d'autonomie, personnes en précarité, immigrées, et détenues.

2 - **Élaborer un Code de l'Action culturelle et de l'éducation populaire** à l'image des Codes du travail, de l'action sociale et des familles, de la santé, etc. qui existent déjà dans de nombreux pays.

3 - **Lancer une Campagne de réflexion et de sensibilisation** sur la citoyenneté culturelle, la diversité et l'appartenance à la Communauté humaine, via les grands médias et la mobilisation des établissements scolaires et d'enseignement supérieur.

4 - **Définir un plan national** d'aménagement culturel du territoire dans une logique de proximité des services et d'équité dans le déploiement des moyens.

5 - Lancer un plan « Formations et métiers de la culture, de l'éducation populaire et de l'accompagnement culturel » (accompagnement des personnes en manque d'autonomie vers les lieux de pratiques et lors des activités).

6 - Lancer un plan national de formation sur la citoyenneté culturelle à l'attention des juges, magistrats, avocats, élus, hauts fonctionnaires, responsables d'organismes de défense des droits.

7 - Créer un « Fonds pour l'innovation et la recherche en accessibilité culturelle et artistique ».

Les Grands Travaux à mettre en œuvre impliquent dans le pays qui s'engage, la mobilisation forte de l'exécutif et du parlement pour un véritable changement de paradigme, pour l'incarnation d'une approche éthique et légale pour le respect de la citoyenneté culturelle avec la participation de tous les acteurs concernés. Conformément au concept de citoyenneté culturelle, des dispositifs devront être mis en place afin de permettre des dynamiques de coconstruction indispensables pour réussir dans cette ambition.

Voici un développement de ces propositions qui peut donner des pistes de réflexions sur les actions engagées et à engager.

1. Réaliser un état des lieux des atteintes à la citoyenneté culturelle et des vides juridiques et réglementaires

Cet état des lieux devrait être réalisé en portant l'attention tout particulièrement sur les populations en situation de vulnérabilité, enfants et adultes handicapés, personnes âgées en manque d'autonomie, personnes en précarité, immigrées, et détenues. Il pourra s'appuyer sur les rapports que doivent réaliser les États lorsqu'ils ont adhéré à certains accords internationaux abordant le sujet des droits culturels. Un comité d'experts pourrait être constitué, réunissant aussi des représentants des organisations impliquées dans le pays sur la défense des droits humains, dont ceux représentant des citoyennes et des citoyens.

Une expertise juridique de pratiques susceptibles d'être non-conformes aux principes généraux du droit devrait être réalisée lors de cet état des lieux. En effet, de nombreuses pratiques généralisées dans le domaine de l'accès à la culture doivent faire l'objet d'une clarification sur le plan juridique. Pour n'en rappeler que quelques-unes identifiées dans divers pays et tout particulièrement en France, citons parmi les principales : la non-application du principe constitutionnel d'égal accès au Service public, de garantie de sa continuité et de son adaptabilité, dans le domaine culturel, notamment pour les personnes dans l'impossibilité de sortir de leur lieu de vie, domicile privé ou institution d'accueil ; le regroupement de personnes handicapées entre elles au sein de services publics de la culture au regard uniquement de leur handicap ; le transfert de responsabilités des professionnels de la culture vers des professionnels médicaux, para-médicaux et des bénévoles ; la pratique de l'ECA, l'Exclusion Culturelle Absolue, le maintien à l'écart de toute vie culturelle, de personnes, voire de groupes de personnes, considérées alors, au regard de leurs seules données biologiques.

2. Élaborer un Code de l'Action culturelle et de l'éducation populaire

La plupart des responsables des politiques publiques, d'établissements et de services culturels et plus particulièrement ceux des secteurs sanitaire, médico-social et social, n'ont souvent que peu de connaissances sur les droits culturels, les cadres législatifs et réglementaires y afférent comme ceux sur l'accessibilité, la non-discrimination, qui régissent le développement d'activités et leur mise en œuvre. Il est indispensable qu'ils puissent bénéficier d'un outil unique regroupant les références juridiques, réglementaires et les chartes garantissant et favorisant le respect de la citoyenneté culturelle. Ce Code de l'Action culturelle et de l'éducation populaire serait précieux pour les élus, professionnels, bénévoles et usagers de tous ces secteurs concernés. Sa réalisation pourrait être l'occasion de combler les vides juridiques et d'enrichir le cadre réglementaire avec par exemple l'instauration de nouveaux critères d'éligibilité pour des services publics culturels. L'élaboration de ce code serait l'opportunité d'une reconnaissance forte sur le plan juridique de la citoyenneté culturelle et de définir clairement les obligations respectives de l'État et des collectivités territoriales en matière de droits culturels, les modalités de financements et de coopération. Comme l'ont réclamé ardemment nombre de responsables politiques et de professionnels, notamment pour la France, il est urgent et indispensable de préciser au-delà de missions et responsabilités, des obligations pour les divers acteurs concernés dans une logique de répartition cohérente et organisant les complémentarités en prenant en compte les spécificités des territoires. Ce Code permettrait de réaffirmer les valeurs des services d'intérêt général, (pour la France du Service public) dans le domaine culturel.

Comme l'a déclaré la Présidente de l'Observatoire des politiques culturelles Anita Weber[1] :

« Relégitimer un service public de la culture dont l'objectif majeur serait de réduire les inégalités d'accès, de lutter contre les discriminations au nom des droits culturels de la personne, pour l'invention par chacun de sa propre culture, n'est-ce pas un bel enjeu ? ». Anita Weber

À cet effet, nous devons impulser de nouvelles hiérarchies dans les priorités de missions et mettre tout en haut de l'échelle la participation des populations les plus vulnérables à la vie culturelle de la communauté. Autrement dit, comme le préconise aussi Anita Weber :

« Renverser les priorités, car aujourd'hui, il s'agit en général, d'une option facultative, mise en œuvre en fonction d'initiatives individuelles et non dans le cadre du projet d'établissement et avec les reliquats des moyens qui restent disponibles. »

Cela implique de renforcer la reconnaissance des principes d'égal accès au service public, de garantie de sa continuité et de son adaptabilité, pour le domaine de la culture et d'organiser leur mise en œuvre, notamment pour les personnes vivant en isolement contraint. Cela doit conduire à des obligations de conventionnements entre services publics de la culture et institutions, lieux de vie, de personnes handicapées, âgées en perte d'autonomie, en précarité et lieux de détention, dans une logique de proximité. Dans de nombreux pays, les démarches administratives se font de plus en plus uniquement via Internet. La vie culturelle elle-même et les liens sociaux sont investis par le numérique. Le premier vecteur

1. Intervention d'Anita Weber aux Assises Droits culturels et politiques publiques, Palais du Luxembourg, 2017, disponible en ligne. https: //www.cemaforre.asso.fr/table_ronde_2017.php?id=3

de contenus culturels est devenu le smartphone, le concept de culture à domicile s'affirme comme passant par les voies numériques, et cette démarche est massivement appropriée par les bibliothèques, les musées, les lieux de spectacles vivants. Il est urgent de faciliter l'accès à Internet pour toutes et tous.

Il est indispensable de reconnaître la connexion Internet et l'autonomie pour son utilisation comme « Bien de première nécessité », et d'instaurer un encadrement des coupures de réseaux.

Même si en France la Loi pour une République numérique a apporté des avancées pour l'accès des publics les plus fragiles au numérique, les conditions pour une plus grande autonomie doivent être aménagées et venir compléter ces dispositions au demeurant importantes. Des missions à cet effet devraient pouvoir être confiées entre autres aux Espaces publics numériques.

3. Lancer une Campagne de réflexion et de sensibilisation sur la citoyenneté culturelle, la diversité et l'appartenance à la Communauté humaine

Une campagne nationale est nécessaire pour susciter un sursaut moral, une prise de conscience face à l'ampleur des discriminations, des atteintes à la citoyenneté culturelle, pour une autre vision du Vivre ensemble, n'excluant personne et promouvoir le Civisme culturel. Compte tenu de la méconnaissance des droits culturels de la part de la population, mais aussi des responsables à tous niveaux, ainsi que des professionnels dans tous les secteurs concernés, une telle campagne est indispensable pour faire évoluer les comportements et les pratiques. Elle devrait comporter, par-delà la diffusion de clips de sensibilisation à la télévision et sur les réseaux sociaux, celle de circulaires administratives dans tous les secteurs concernés, culturel, sanitaire, médico-social, social, rappelant le cadre législatif et les obligations respectives des établissements, services et des professionnels. À cette occasion, les enseignants chargés de cours d'éducation et d'instruction civique pourraient bénéficier de supports sur la citoyenneté culturelle, avec les spécificités concernant les personnes handicapées, âgées en perte d'autonomie, malades, en précarité, détenues, etc.

4. Définir un plan national d'aménagement culturel du territoire dans une logique de proximité des services et d'équité dans le déploiement des moyens

En France, depuis l'époque où sous l'impulsion du ministre de la culture André Malraux, ont été déployés des Maisons de la culture, des bibliothèques, des conservatoires, des inégalités territoriales se sont accrues en termes de dotation en établissements et services culturels, avec l'existence aujourd'hui de véritables déserts culturels inacceptables. Un vaste plan de rééquilibrage et d'harmonisation en termes d'aménagement culturel du territoire national doit être lancé, prenant en considération les exigences de proximité, notion qui devra faire l'objet d'une définition pour les services culturels. Comme en France, dans les autres pays, selon leurs spécificités, une réflexion devrait être lancée sur ce sujet qui permettrait d'élaborer un plan d'aménagement culturel territorial approprié aux besoins et en fonction des moyens disponibles.

Dans le cadre de ce plan national d'aménagement culturel, il serait opportun d'instaurer des conseils et des contrats territoriaux de l'accessibilité culturelle sur tous les bassins de vie. Ces vingt dernières années, l'analyse d'expériences d'accompagnement de politiques territoriales à Paris et en milieu rural[2] ainsi que celle des causes des discriminations culturelles généralisées montrent la nécessité d'instaurer de tels dispositifs. Les contrats territoriaux de l'accessibilité culturelle auront pour objet d'organiser, par conventionnements, à l'échelle des bassins de vie, les partenariats entre les diverses collectivités impliquées, l'État, et par ailleurs, les coopérations de l'ensemble des structures culturelles, d'éducation populaire avec l'ensemble des établissements et services sociaux, médico-sociaux et sanitaires de proximité ayant mission de lieu de vie et/ou d'accompagnement à la vie sociale. L'objectif est d'introduire davantage de convergence, de cohérence et de synergie dans la mobilisation des ressources et de favoriser des mutualisations et des coopérations. Ces contrats pourraient être élaborés par un conseil de la culture, pour une pleine participation de tous les habitants et acteurs concernés, dans le respect des diversités sociales et culturelles.

D'une manière générale la question de la pleine participation des habitants en situation de handicap très lourds, ou celle des personnes âgées en perte

2. Dispositif Cascad et Pôle Culture Mdph 45. www.cemaforre.asso.fr

d'autonomie, représente une problématique sur laquelle il sera important de travailler avec une grande détermination, sans quoi les droits culturels de ces citoyennes et citoyens seront toujours bafoués. Cette démarche est absolument nécessaire, même si elle devra faire face aux difficultés dues à l'absence fréquente de fonctionnement normal des conseils de la vie sociale au sein des institutions d'accueil. Des modalités devront être prévues pour donner la parole à celles et ceux qui restent trop souvent invisibles et sans voix.

5. Lancer un plan « Formation et métiers de la culture, de l'éducation populaire et de l'accompagnement culturel »

Dans la plupart des pays, les sociétés ont évolué de manière considérable ces vingt dernières années, avec le développement des technologies qui impacte le monde culturel, avec celui de rapprochements intersectoriels culture/santé / handicap, mais aussi avec de nouveaux concepts comme ceux de l'accessibilité ou de la médiation, qui ont donné naissance à de nouveaux métiers qui ne sont pas aujourd'hui encore suffisamment définis et reconnus. Pensons aux responsables culturels d'hôpitaux, aux référents accessibilité d'établissements culturels, aux audio descripteurs, etc. Par ailleurs, les partenariats nécessaires qui se sont développés entre les secteurs culturels, de loisirs, sanitaire, médico-social, et social, ont fait évoluer les pratiques et impliquent de nouveaux contenus de formation, voire de nouveaux profils, ainsi que de nouvelles passerelles intersectorielles. Une mise à plat de tous les nouveaux besoins en termes d'évolution des formations, de formations de formateurs, de diplômes, de cursus est nécessaire.

Un point apparaît comme très important, c'est la nécessité de clarifier les missions d'accompagnement vers le milieu ordinaire de la culture et des loisirs des acteurs sanitaires, médico-sociaux, sociaux et des bénévoles. Ce point renvoie aux politiques nationales de la santé et du handicap. Un travail devrait d'ailleurs être engagé pour combler les vides sur la thématique culture dans les grands plans nationaux (plans autisme, Alzheimer, polyhandicap, surdité, etc.). Il serait essentiel d'instaurer des obligations de projet culturel d'établissement dans les contrats pluriannuels d'objectifs et de moyens (CPOM) pour les institutions sanitaires, médico-sociales et sociales ayant des missions de lieu de vie, assorties d'exigences de conventionnements avec le tissu des établissements et services culturels de proximité. Pour préciser la notion d'acteurs relais et le rôle des mouvements de solidarité, il sera possible de s'appuyer sur les richesses d'expériences telles celles développées en France dans le cadre de la Mission Vivre ensemble[3].

---

3. **Mission Vivre Ensemble**. Source : www.culture.gouv.fr
Depuis 2004, une cinquantaine d'établissements culturels essentiellement en région île de France, coopèrent pour aller à la rencontre des publics peu familiers des institutions culturelles et ainsi lutter contre les discriminations dans le domaine de la culture. Par le biais de la mutualisation des ressources et des contacts, les établissements travaillent avec des personnes–relais intervenant dans le champ social. En se penchant sur les difficultés de publics très variés et en adaptant leur offre pour mieux les accueillir, les institutions culturelles constatent que les améliorations apportées bénéficient à tous les publics et permettent ainsi de rendre la culture plus accessible à tous. L'objectif est de faire jouer pleinement à la culture son rôle dans la lutte contre l'exclusion et de contribuer ainsi à la démocratisation culturelle. Les structures culturelles participantes illustrent la variété des établissements : musées, monuments, scènes de spectacle vivant (théâtre, musique, danse...), cinémas, bibliothèques et médiathèques, centres d'archives...
Cette mission est née en novembre 2003, d'une demande du ministre de la culture et de la communication. Cette mission initialement confiée au Président de la Cité des sciences et de l'industrie pour qu'il fédère et amplifie les actions conduites par les établissements du ministère en matière de lutte contre les discriminations et les actes d'intolérance a répondu à un besoin d'échanges et de travail en commun. Son action s'est poursuivie, amplifiée et consolidée avec notamment l'élargissement à d'autres établissements culturels et la structuration d'une méthode. Pour toucher les publics fragilisés, les établissements de la mission « Vivre ensemble » ont choisi de travailler avec les personnes qui peuvent jouer un rôle de relais. Ces relais peuvent être des bénévoles, des travailleurs sociaux, des éducateurs, des animateurs, des formateurs, ... ce qui compte avant tout c'est leur motivation et leur conviction que la culture contribue à la construction des individus. Leur action peut porter sur l'apprentissage du français, le soutien scolaire, la prévention, l'insertion ou la restauration du lien social.

Un dispositif simple a été mis en place :
- dans chaque établissement, un correspondant qui établit des relations personnalisées avec ces relais,
- des séances gratuites de découverte, de sensibilisation, de formation,
- des médiations adaptées,
- des documents de préparation et d'aide à la visite,
- des adaptations tarifaires.

La force du dispositif consiste dans la mutualisation des ressources et des contacts. Les établissements communiquent ensemble leurs programmes dans une lettre trimestrielle commune. Chaque établissement la diffuse à ses relais, incitant ainsi à la découverte par certains relais d'établissements qu'ils ne connaissent pas encore. Pour aller dans le même sens, des visites découvertes sont aussi proposées aux relais par tous les établissements. Les établissements et les relais se rencontrent régulièrement pour travailler sur des sujets communs. Ils ont notamment rédigé ensemble une charte pour faciliter l'accès dans les établissements culturels. Tous les ans, ils se retrouvent au cours d'un forum qui leur permet de faire le point et de définir ensemble de nouveaux axes de travail, tout en favorisant les échanges conviviaux entre les correspondants des établissements et les relais. Les établissements de la mission Vivre ensemble mettent également en place des actions de médiation et des ressources à destination de personnes en apprentissage du français.
Source : www.culture.gouv.fr/développement culturel.

6. Lancer un plan national de formation sur les droits culturels et la citoyenneté culturelle

Ce plan devrait être tout particulièrement à l'attention des juges, magistrats, avocats, élus, hauts fonctionnaires, responsables d'organismes engagés dans la défense des droits, notamment dc populations vulnérables. Il pourrait être conçu et mis en œuvre avec l'appui de structures, selon les pays, telle en France notamment le Défenseur des droits[4]. Ce plan est indispensable dans l'objectif de voir les droits culturels et la citoyenneté culturelle perçus et compris comme revêtant un caractère justiciable.

7. Créer un « Fonds pour l'innovation et la recherche en accessibilité culturelle et artistique »

Au regard des spécificités des territoires et des savoir-faire qui restent à développer pour construire des réponses à certains besoins très particuliers en termes d'accessibilité, notamment dans le domaine des pratiques et de l'enseignement artistiques, qu'il s'agisse de pédagogies, de médiation, d'aides techniques, il serait important qu'un fonds vienne compléter les soutiens déjà apportés par l'Action publique. Ce fonds permettrait par exemple d'expérimenter de nouveaux dispositifs pour la « culture à domicile : interventions de professionnels et accès à la culture numérique », également d'aider la recherche pour la pleine participation à la vie culturelle de personnes en situation de handicap extrêmes, ainsi que le soutien aux pôles ressources. Son financement pourrait être alimenté par une taxe sur les industries du web (GAFAM) et des fonds issus de la copie privée, de diverses fondations et mécènes.

4. *Ibid.*

2

POUR LA RECONNAISSANCE D'UNE CITOYENNETÉ CULTURELLE DANS L'UNION EUROPÉENNE

L'Union européenne s'est constituée sur des fondements économiques et non sur l'affirmation d'une identité culturelle commune. En conséquence, ce n'est que très progressivement qu'elle s'est dotée d'une politique culturelle. Néanmoins, par-delà la diversité des héritages historiques, politiques, religieux, culturels des pays composant l'Union, celle-ci a su affirmer nombre de valeurs en partage et un héritage commun comme socle pour son développement. Face aux difficultés de dégager un héritage culturel commun et cela compte tenu du processus de son élargissement à des pays aux histoires et aux racines si diverses, demeure cependant, la possibilité d'affirmer un socle de valeurs essentielles à partager et à défendre pour un présent et un avenir à vivre en commun. Ces valeurs sont principalement celles de la démocratie, des droits humains universels, de l'égalité des chances et de la non-discrimination, valeurs affirmées dans de nombreux textes fondateurs de l'Union.

L'héritage commun européen a été consacré par le préambule du Traité de Lisbonne qui mentionne : « les héritages culturels, religieux et humanistes de l'Europe » comme source d'inspiration pour la construction européenne.

Pour ce qui est de la culture, tous les États membres de l'Union européenne sont signataires obligatoirement de la Convention culturelle européenne rédigée en 1954 dans le cadre du Conseil de l'Europe. Cette convention promeut une politique d'action commune visant à sauvegarder la culture européenne et à en encourager le développement. Ils s'engagent ainsi à favoriser l'étude des langues, de l'histoire et de la civilisation des États signataires de la Convention. À ce jour la notion de Citoyenneté culturelle n'a pas été introduite dans des textes officiels et apparaît bien peu dans les éléments de langage des responsables politiques et des acteurs culturels. Comme déjà évoqué, lors de l'Année européenne de la citoyenneté en 2013, a été réalisé un ouvrage publié en juillet de la même année *La citoyenneté culturelle en actes* rendant compte des interventions ayant eu lieu à l'occasion des Rencontres européennes Culture et éducation de 2009. Celui-ci a été préfacé par José Manuel Barroso qui était à cette période, le Président de la Commission européenne. Malgré le titre de l'ouvrage, la notion de citoyenneté culturelle n'y est mentionnée, ni abordée ni définie à aucun endroit, pas plus dans sa préface. Néanmoins, cette publication ainsi titrée a marqué l'intérêt croissant en Europe sur ce concept.

L'Union Européenne et les politiques culturelles

Conformément au principe de subsidiarité, l'Union n'intervient en matière de politique culturelle que si les objectifs de l'action envisagée ne peuvent être atteints de façon suffisante par les États membres. L'action communautaire ne se substitue donc pas à l'action des États mais la complète, afin d'encourager la coopération culturelle. Par ailleurs, la politique culturelle est peu traitée de manière isolée, elle est prise en compte dans l'ensemble des politiques de l'Union européenne et ce d'autant plus que la majorité des actions européennes comporte une dimension culturelle. La politique régionale, par exemple, soutient le patrimoine local dans le cadre des fonds structurels. Les politiques de l'environnement, du tourisme, de la recherche, de l'emploi et de la formation ont également des effets importants sur la culture. Du fait de ce lien étroit avec les autres politiques européennes, les actions communautaires en matière de culture émanent soit de programmes explicitement culturels (Culture), soit de programmes relatifs au développement régional, à l'éducation (Programme intégré d'éducation et de formation tout au long de la vie), à la formation professionnelle (Leonardo), aux nouvelles technologies de l'information (eEUROPE), à la coopération avec les pays tiers, à l'environnement, au tourisme, à la recherche, ou encore aux jumelages.

C'est avec le Traité de Maastricht, en 1992, que la Communauté se voit conférer des compétences dans le domaine de la culture. Le traité indique en effet que l'UE contribue à l'épanouissement des cultures des États membres, dans le respect de leur diversité nationale, tout en mettant en évidence l'héritage culturel commun. Cet essor a notamment vu le jour à l'occasion des débats, dans les années 1990, sur « l'exception culturelle », devenue « diversité culturelle », qui doit permettre notamment aux États européens de préserver leurs systèmes d'aides publiques au cinéma et à l'audiovisuel. Cette revendication de l'« exception culturelle » portée par la France est un combat qui doit être mené en permanence, elle implique une vigilance soutenue.

Au niveau européen, José Manuel Barroso, alors Président de la Commission européenne avait considéré comme « réactionnaire » la volonté de la France d'exclure le secteur de l'audiovisuel du mandat des négociations commerciales de l'Union européenne avec les États-Unis. Quant à Jean-Claude Juncker, alors Président de la Commission européenne, ses positions avaient profondément choqué nombre de responsables dans le monde de la culture et au-delà. Parmi ceux-ci, Sophie Deschamps, présidente de la Société des auteurs et compositeurs dramatiques (SACD)[1], qui a rappelé dans son édito « Attention danger ! » de la revue de cet organisme ces propos du président de la Commission : « Nous devons casser les cloisonnements nationaux en matière de régulation télécoms, de droits d'auteur et de protection des données. » Et aussi : « Nous devons en finir avec nos silos réglementaires dans les communications et les droits d'auteur. ». Selon elle, de tels propos attestent que le principe de l'exception culturelle, implique de toujours se mobiliser pour sa défense et elle ajoute : « Aucun auteur ne doit ignorer ces propos effarants. ». Le Parlement européen a néanmoins voté en session plénière, le 23 mai 2013 la décision d'« exclure les services culturels et audiovisuels du mandat de négociation » pour un accord de libre-échange entre l'Union européenne et les États-Unis.

L'action communautaire en faveur de la culture poursuit principalement ces objectifs suivants : renforcer le sentiment d'appartenance à une communauté européenne, dans le respect de la diversité des traditions et cultures nationales et régionales ; faciliter l'accès du citoyen européen à la culture, en tant que facteur d'intégration sociale, soutenir les échanges culturels non commerciaux ; contribuer au rayonnement de la culture européenne dans le monde. Face à la

1. *Sacd le magazine*, automne 2014, n°168.
https://www.sacd.fr/sites/default/files/publicaltion_files/2014_automne_mag168.pdf

mondialisation et au poids des puissances économiques et culturelles (États-Unis, Chine, Inde, monde arabe, continent africain, Russie) et face à certains acteurs dont le développement confine parfois à des monopoles dans leur domaine – notamment Google, Apple, Facebook, Amazon et Microsoft (GAFAM) –, l'Union européenne doit avoir une vision cohérente, en termes de politiques et d'actions, tenant compte de ce contexte. Lorsque nous savons que les industries culturelles américaines sont parmi leurs premières industries exportatrices, il est nécessaire de mesurer les enjeux non seulement en termes économiques aux niveaux de l'Union européenne et de ses membres, mais aussi en termes d'indépendance, de protection des identités et diversités culturelles et de soutien à leur développement. De ce fait les initiatives telles que Galiléo[2] sont à saluer.

L'Agenda européen de la culture

Dans le cadre de l'Agenda de la culture[3], la Commission européenne encourage les autorités nationales, le secteur culturel et les institutions de l'UE à promouvoir ensemble la diversité culturelle des États membres, des régions et le dialogue interculturel. À partir de 1977, elle a mis en œuvre un premier Plan d'action culturelle. Au milieu des années 1980, face au développement de la radiodiffusion par satellite, elle a présenté un *Livre vert* sur l'établissement du marché commun de la radiodiffusion, engageant un débat qui devait déboucher sur l'adoption, en octobre 1989, de la directive Télévision sans frontières.

Les priorités définies par la Commission européenne pour la période 2019-2024 revêtent une grande importance pour l'élaboration des politiques dans le domaine de la culture au niveau de l'UE et pour les thèmes clefs de la coopération culturelle européenne. Ces priorités font partie de la stratégie politique globale de l'Union européenne. Les six priorités politiques de la Commission européenne pour la période 2019-2024 sont les suivantes : Un pacte vert pour l'Europe, une Europe adaptée à l'ère du numérique, une économie au service des personnes, une Europe plus forte sur la scène internationale, promouvoir le

---

2. Galileo est un système de positionnement par satellites (radionavigation) initié par l'Union européenne dans le cadre du programme éponyme et incluant un segment spatial dont le déploiement doit s'achever vers 2024. Comme les systèmes américain GPS, russe GLONASS et chinois Beidou, il permet à un utilisateur muni d'un terminal de réception d'obtenir sa position. La précision attendue pour le service de base, gratuit, est de 4 m horizontalement et de 8 m en altitude. Un niveau de qualité supérieur sera fourni gratuitement normalement en 2022. Source :wikipedia.org - Galileo

3. https://culture.ec.europa.eu/fr/policies/strategic-framework-for-the-eus-cultural-policy

mode de vie européen et un nouvel élan pour la démocratie européenne. Il est considéré qu'étant donné leur rôle important pour les économies et les sociétés de l'UE, les secteurs de la culture et de la création peuvent apporter une importante contribution à l'ensemble des priorités ci-dessus.

La Commission européenne a adopté en 2018 le nouvel agenda européen de la culture, afin de tenir compte de l'évolution du secteur culturel. Le nouvel agenda et le document de travail des services de la Commission qui l'accompagne constituent le cadre de la coopération en matière de culture au niveau de l'UE. Ils mettent l'accent sur la contribution positive apportée par la culture à la société européenne, à son économie et aux relations internationales. Le nouvel agenda définit également des méthodes de travail améliorées pour coopérer avec les États membres, les organisations de la société civile et les partenaires internationaux. Les États membres définissent les principaux thèmes et méthodes de travail pour la collaboration politique en matière de culture au moyen de programmes de travail adoptés par le Conseil de l'Union européenne. Le nouvel agenda comporte trois domaines stratégiques, dotés d'objectifs spécifiques revêtant une dimension sociale, économique ou extérieure.

Afin d'exploiter totalement le potentiel de la culture et de la diversité culturelle en faveur de la cohésion sociale et du bien-être, l'agenda vise à : promouvoir le potentiel culturel de tous les Européens en mettant à leur disposition une vaste gamme d'activités culturelles et en leur offrant des occasions de participer activement à la culture; encourager la mobilité des professionnels des secteurs de la culture et de la création et lever les obstacles à leur mobilité; protéger et promouvoir le patrimoine culturel européen en tant que ressource partagée, afin de sensibiliser les citoyens à l'histoire de l'UE et à ses valeurs et de renforcer le sentiment d'identité européenne commune.

L'enjeu est de renforcer les relations culturelles internationales de l'UE en poursuivant trois objectifs :

- soutenir la culture en tant que moteur d'un développement social et économique durable ;
- promouvoir la culture et le dialogue interculturel afin de favoriser des relations pacifiques entre les communautés ;
- renforcer la coopération dans le domaine du patrimoine culturel.

Les principaux programmes européens ayant trait à la culture[4]

La poursuite et l'intensification d'une politique de programmes sont essentielles. En voici un rappel des principaux ayant été engagés. Depuis 2014, les programmes Culture, MEDIA et MEDIA Mundus ont tous trois été regroupés en un seul et même dispositif : Europe Créative. Ce programme contribue à la politique de réforme de l'Union européenne « Europe 2020 ». L'objectif de ce nouveau programme transversal est de soutenir la création d'emplois et d'améliorer la contribution à la croissance du cinéma européen ainsi que des secteurs de la culture et de la création. Le programme « Europe Créative » a été doté d'un budget global d'1,46 milliard d'euros pour la période 2014-2020. De nombreux dispositifs portés par l'Union européenne ou simplement avec son soutien, favorisent la promotion de la liberté pour toutes et tous de pouvoir participer à la vie culturelle et l'affirmation de valeurs communes dans ce domaine. Parmi quelques exemples connus et moins connus, le programme européen Socrates-Erasmus, puis Erasmus+ d'échanges inter-universitaires favorisant les rencontres entre enseignants et étudiants de divers pays de l'Union. En termes de programme, il est à regretter que le soutien très conséquent à la créativité des artistes handicapés qui avait été apporté par l'Union Européenne dans le cadre du Programme Hélios II[5] de 1988 à 1996, n'ait jamais été reconduit. Pour la mise en œuvre de ce soutien, la Commission européenne s'était impliquée elle-même pour la création de l'ONG Eucrea Europe[6] et de comités Eucrea dans tous les États membres, suscitant ainsi une formidable émulation. Celle-ci est retombée lorsque ce programme a pris fin.

Des évènements, des réseaux d'acteurs en soutien à des dynamiques européennes pour la culture

Le dispositif de Capitale européenne de la culture initié en 1985 par la ministre de la Culture de la Grèce, Mélina Mercouri favorise le sentiment d'appartenance à un espace culturel européen. De très nombreux réseaux européens d'acteurs culturels se mobilisent sur les sujets des droits culturels. Ainsi le Réseau européen pour la sensibilisation à l'opéra (RESEO) a recensé les actions des scènes

4. Cadre stratégique de la politique culturelle de l'UE : culture.ec.europa.eu

5. Programme Hélios II : https ://ec.europa.eu/commission/presscorner/detail/fr/IP_98_84

6. www.cemaforre.asso.fr/eucrea_international.php et www.eucreafrance.fr

d'opéras prenant en compte des personnes handicapées et a publié un ouvrage à ce sujet[7]. Le réseau européen des conservatoires a également abordé cette question, également des musées se sont concertés sur la thématique de l'accessibilité et publié l'ouvrage collectif *Barrier free*[8]. Des organisations européennes de défense des droits se sont mobilisées sur le volet de la culture. Ainsi l'Union européenne des aveugles a réalisé une étude sur le sujet[9], le Forum européen des personnes handicapées a adopté la *Déclaration européenne Art culture, médias et handicap* initiée par Eucrea international[10] et contribué à l'adoption par le Conseil des ministres de l'UE de la résolution du 6 mai 2003 sur l'accès des personnes handicapées aux établissements culturels et à leur offre. Cette même année, un colloque international s'est tenu à Thessalonique en Grèce avec la participation de nombreux représentants de ministères et d'organismes de divers pays de l'UE[11].

Les États qui président à tour de rôle – pour une période de six mois le Conseil de l'Union européenne – proposent à cette occasion de nombreux événements culturels. Pendant la présidence française lors du premier semestre 2022, une grande diversité de manifestations a été programmée[12].

7. https://www.reseo.org/wp-content/uploads/2010/12/WhatsSpecial_reseo.pdf

8. *Das Barriere freie Museum Theorie und Praxis einer besseren Zugänglichkeit Ein Handsuch*, Patrick S. Föhl, Stefanie Erdrich, Hartmut John, Karin Maas (Hg.) Praxis guide, 2006.

9. Summary Report, The European Blind Union (EBU)/Union européenne des aveugles (UEA), Access to culture survey 2012 : mapping current levels of accessibility to cultural venues and activities in Europe

10. https://www.cemaforre.asso.fr/downloads/Declaration_art_culture_medias.pdf

11. Access to culture and sports for people with disabilities, Hellenic Ministry of culture, Thessaloniki conference proceedings, 30 octobre au 1er novembre 2003.

12. **Programmation culturelle de la présidence française du Conseil de l'Union européenne : un bilan riche et diversifié.**
Danse l'Europe ! : une chorégraphie participative pour fêter l'Europe. Cette chorégraphie accessible depuis une application spécialement créée pour le projet, a invité différents publics à partager un instant dansé dans l'espace public, écoles, lieux culturels... et envoyer une vidéo de leur interprétation sur la plateforme Numéridanse. **L'exposition photographique « Traversées d'Europe »** a été inaugurée au Sénat le 8 février 2022 pour présenter les travaux de six artistes portant un regard singulier sur l'Europe. Elle a été proposée par le collectif Fetart, qui avait repéré depuis 11 ans les nouveaux talents de la photographie contemporaine et européenne. **Eurofabrique :** rencontre et dialogue de 400 étudiants d'écoles supérieures d'arts au Grand Palais Éphémère du 7 au 10 février 2022, a réuni 400 étudiants issus d'écoles supérieures d'arts françaises et européennes pour interroger collectivement l'identité européenne et le continent européen de demain. La **Philharmonie de Paris** a réuni un orchestre de 120 jeunes musiciens issus des 27 pays de l'Union européenne, sur le modèle du projet de démocratisation culturelle « Démos ». La présidence française a impulsé le projet coordonné par l'auteur et journaliste français Olivier Guez : ***Le Grand Tour, Autoportrait***

L'intérêt d'une reconnaissance officielle d'une Citoyenneté culturelle européenne

La reconnaissance d'une Citoyenneté culturelle européenne apporterait un « supplément d'âme » à l'Union Européenne, doté d'un fort potentiel fédérateur. Elle serait un outil important pour l'affirmation des valeurs portées par l'UE. Ses programmes ayant trait à la culture sont d'une grande richesse, mais cette reconnaissance de la citoyenneté culturelle européenne aurait un impact qui viendrait en renforcer leur sens et leur portée. Toutes les citoyennes et tous les citoyens de l'UE devraient recevoir alors un *Livret du citoyen européen* comportant un volet sur la citoyenneté culturelle. Celui-ci devrait rappeler les droits fondamentaux en matière culturelle, en indiquant le caractère justiciable de certains d'entre eux et les exigences d'accessibilité des établissements, des services et des produits culturels. Il assurerait la promotion d'un Civisme culturel en indiquant les devoirs et les obligations tant pour les gouvernances, celles de l'Union, des États membres et des collectivités territoriales, que pour les citoyennes et les citoyens eux-mêmes. Ce livret abordant la citoyenneté culturelle permettrait de promouvoir une approche dépassant une vision identitaire relative aux identités culturelles des États membres, en sensibilisant à l'appartenance à l'Union Européenne, mais aussi dans un esprit d'ouverture au Monde, à l'appartenance à la Communauté humaine. La reconnaissance d'une citoyenneté culturelle européenne devrait susciter dans tous les États membres

---

de l'Europe par ses écrivains. Cet ouvrage collectif, également soutenu par le Centre national du livre, s'est nourri des expériences et des héritages culturels de vingt-sept écrivains, chacun issu d'un État membre de l'Union européenne. Sur une idée originale de l'Institut français, **Café Europa 2022** s'est déclinée dans les vingt-sept pays de l'Union européenne pour inviter le public à dialoguer avec des journalistes européens sur l'indépendance politique et économique des médias ou encore la désinformation et les fausses nouvelles. La présidence française du Conseil de l'Union européenne a soutenu en collaboration avec la Villette et l'Institut français le déploiement de micro-folies dans vingt pays de l'Union européenne, ainsi qu'au Parlement européen à Strasbourg, pour faire connaître la richesse des chefs-d'œuvre français à nos compatriotes européens. **Micro-Folies :** un dispositif culturel innovant, au service des territoires. Soutenu par l'État, supervisé par le Ministère la Culture et accompagné par La Villette, le dispositif Micro-Folie consiste à intégrer un Musée Numérique au cœur d'un équipement déjà existant. D'autres modules complémentaires, tels qu'un FabLab, des postes de réalité virtuelle, ou encore un espace scénique peuvent compléter l'offre de la Micro-Folie. Implantées au plus proches des habitants, ces plateformes culturelles de proximité sont un véritable outil au service de l'Éducation Artistique et Culturelle (EAC). Le dispositif s'est également enrichi d'une **collection « Union européenne »**, inaugurée le 17 mai 2022 à Molenbeek, en Belgique, pour mettre en avant la richesse du patrimoine européen et faciliter l'accès aux œuvres issues d'importants musées et institutions culturelles européens. Source : culture.gouv.fr

la promotion de ce concept. Des programmes européens pour accompagner cette dynamique devraient être introduits dans l'Agenda de l'UE.

L'examen de tous les textes élaborés au plan de l'Union européenne sur les droits culturels et le contenu de la plupart des programmes, conduit à constater les mêmes dérives au plan européen que celles observées en France et même d'ailleurs qu'au plan international. Ces dérives qui consistent, rappelons-le, à prioriser la protection des identités et des diversités culturelles au risque parfois d'exacerber les crispations identitaires et d'en faire oublier le droit socle, celui de toutes et tous de participer librement à la vie culturelle, les exigences d'accessibilité ainsi que notre appartenance à la Communauté humaine. Cette problématique existe aussi dans des approches portées par le Conseil de l'Europe comme l'illustre la Déclaration de Faro sur sa stratégie pour le développement du dialogue interculturel, qui insiste essentiellement sur le respect des identités et des diversités culturelles. Ce processus, cette posture, comme déjà évoqué précédemment, génère l'absence de prise en considération d'obstacles majeurs qui viennent empêcher l'effectivité des droits culturels de certaines populations, il s'agit de l'inaccessibilité de l'environnement, des lieux culturels eux-mêmes, ainsi que des activités culturelles et artistiques. Ce sont essentiellement les personnes handicapées et les personnes âgées en manque d'autonomie qui vont de ce fait subir des exclusions et discriminations culturelles. Prendre en compte les origines, les identités culturelles de ces personnes ne suffit pas pour leur permettre la participation à la vie culturelle. Ce sont des dizaines de millions de citoyennes et de citoyens européens qui risquent de ce fait être victimes de déchéance de leur citoyenneté culturelle. Rappelons qu'on estime à 87 millions de personnes en situation de handicap en Europe.

L'Union Européenne a joué et joue un rôle majeur dans la promotion du principe d'accessibilité universelle. De nombreuses directives européennes sont venues améliorer l'accessibilité dans bien des domaines culturels, tels ceux du cinéma et de l'audiovisuel avec des exigences concernant le sous-titrage, l'audiodescription et aussi pour l'accessibilité des sites Internet avec des normes à appliquer pour favoriser leur accès pour tous. Les États membres ont été amenés à décliner ces obligations dans leurs législations nationales. Il serait de ce fait légitime que l'Union Européenne sur le plan conceptuel et en termes de communication intègre le sujet de l'accessibilité, comme l'une des clefs pour permettre l'effectivité des droits culturels et de la citoyenneté culturelle. Une reconnaissance officielle de la Citoyenneté culturelle européenne serait l'occasion d'impulser ces évolutions conceptuelles dans tous les États membres.

De même, la reconnaissance d'une citoyenneté culturelle européenne devrait aller de pair avec une réorientation des priorités vers l'ensemble des populations vulnérables sans en négliger aucune d'entre elles. Naturellement, dans cette démarche il convient d'être très conscients des différences de modèles selon les pays concernant les politiques culturelles, sanitaires, médico-sociales et sociales. Le propos n'est pas une harmonisation de ces politiques, mais par l'adoption de cette nouvelle vision qui devra connaître un consensus, ne plus laisser à l'écart de la vie culturelle aucune population vulnérable. Les chemins et les moyens pour aller vers cet objectif pourront être divers selon les États membres de l'Union. En effet, s'agissant des politiques culturelles, deux modèles existent en Europe selon le degré d'implication de l'État : un modèle anglo-saxon, peu interventionniste et encourageant surtout le mécénat, et un modèle français et d'Europe du Sud beaucoup plus interventionniste. Il faut souligner à cet égard que l'existence d'un ministère de la culture dont le budget s'élève à 1 % du budget global reste une spécificité française. D'autre part, pour ce qui est des politiques concernant les personnes handicapées et âgées en manque d'autonomie, la France s'est engagée depuis plusieurs siècles dans le développement d'institutions d'accueil, capables de regrouper, hors du milieu ordinaire, jusqu'à parfois plusieurs centaines de personnes, ce qui n'est pas le cas dans la plupart des autres pays de l'Union. Toutes ces différences, entre autres, obligent évidemment à envisager des approches très spécifiques à chaque État membre.

Pour une Déclaration officialisant la Citoyenneté culturelle européenne

La présidente de la Commission européenne Ursula von der Leyen a prononcé le 14 septembre 2022, son discours annuel sur l'état de l'Union devant le Parlement européen. Elle a présenté les principales priorités et mesures politiques de l'UE pour la prochaine année de travail. Certes elle n'a pas abordé les politiques culturelles, mais plusieurs sujets qui touchent à la culture au sens large. Ainsi elle a déclaré notamment concernant la guerre en Ukraine : « Il s'agit d'une guerre contre [...], contre nos valeurs et contre notre avenir, une guerre de l'autocratie contre la démocratie ». Elle s'est exprimée également au sujet de l'accès à l'information, un thème éminemment culturel, en mettant en garde contre les « autocraties étrangères » qui financent des entités au sein de l'UE pour diffuser de la « désinformation » et des « mensonges toxiques ». Elle a promis de combattre ces menaces avec un paquet de « Défense de la démocratie » qui, selon elle, exposera l'influence étrangère secrète et fera la lumière sur les « financements occultes ». Elle a déclaré également aux députés : «Nous ne permettrons pas aux chevaux de Troie d'une autocratie d'attaquer nos démocraties de l'intérieur ». Par ailleurs, elle a promis de faire ajouter les crimes de corruption au régime de sanctions de l'UE en matière de droits de l'homme, un outil relativement nouveau qui a été utilisé pour mettre sur liste noire des individus en Russie, en Chine, en Libye et en Érythrée.

La reconnaissance d'une Citoyenneté culturelle européenne devrait passer par diverses étapes, notamment celle de débats au Parlement européen. Ces échanges devraient permettre d'aborder de nombreuses questions importantes telle celle des services d'intérêt général ou universel, pour le domaine culturel, sachant que la notion de service public est spécifiquement française, qu'elle n'existe pas au niveau de l'Union européenne. Il s'agit là d'un point essentiel car l'effectivité de la citoyenneté culturelle repose en grande partie sur la qualité de fonctionnement de ces services de la culture, de leurs missions et de leur statut. Les travaux en vue de cette reconnaissance devront mettre en évidence qu'il s'agit de proposer plus d'interventions de la part des États pour la protection des droits culturels qui font partie des droits humains fondamentaux et de renforcer le sentiment d'appartenance à L'Union et non pour limiter les libertés.

3

VERS UNE CITOYENNETÉ CULTURELLE UNIVERSELLE

Face aux affrontements meurtriers qui secouent la planète et dont les origines sont souvent des conflits identitaires, interculturels, il est urgent de prendre conscience de l'inefficacité des dispositifs internationaux mis en place pour l'éducation au respect des diversités culturelles. Le propos n'est pas de nier la richesse et l'importance des actions fortes engagées tout particulièrement depuis des années dans ce sens par l'Unesco, mais force est de constater que de nouveaux modes d'action doivent être pensés, de nouvelles mesures doivent être adoptées qui pourraient comporter notamment la promotion de réflexions sur le Civisme culturel des individus et des gouvernances et sur cette notion de Citoyenneté culturelle universelle. Une citoyenneté culturelle respectueuse des diversités, et qui aurait en son cœur la promotion du sentiment d'appartenance à la Communauté humaine, l'attention à l'Autre par-delà toutes frontières et le respect de la Nature. L'idée d'une citoyenneté culturelle universelle semble n'avoir guère émergé à ce jour car il est bien difficile de trouver de la littérature au plan international sur cette thématique.

L'absence de réflexions sur cette idée est sans doute la conséquence du poids de cette forme de pensée unique sur les droits culturels frappée du sceau des obsessions identitaires. Certes la protection des cultures est une nécessité, mais elle est bien rarement associée à la promotion de ce sentiment d'appartenance à la Communauté humaine, bien au contraire.

Compte tenu de l'absence de littérature sur la Citoyenneté culturelle universelle, l'ambition dans cet essai ne peut donc être de faire une synthèse des approches déjà existantes, mais seulement d'ouvrir quelques pistes en espérant que des voix se feront entendre venant prolonger et enrichir les réflexions et propositions présentées. Il ne s'agit donc là que d'une esquisse de cette idée en la questionnant face aux crispations identitaires, aux problématiques des nationalismes et des remises en question de l'universalisme des droits humains fondamentaux. La démarche est ambitieuse et peut sembler relever d'une utopie, mais les enjeux attachés à cette ambition sont si considérables que néanmoins, il peut sembler utile d'observer et d'analyser les obstacles à surmonter et les atouts sur lesquels s'appuyer. Nous pourrons ainsi mieux mesurer le champ des possibles et faire des choix dans les actions à engager.

Surmonter la contradiction apparente entre revendications identitaires et universalistes

Le chemin vers une définition suffisamment partagée et de plus vers l'instauration officielle d'une citoyenneté culturelle universelle sera très difficile, il comporte bien des embûches. Des contradictions paraissant insurmontables devront être dépassées, tout particulièrement cette opposition apparente entre passions identitaires et approches universalistes. Des chercheurs ont su proposer des solutions face à ce dilemme. Ainsi, selon le sociologue britannique John Tomlinson[1] : « Nous sommes, d'une part, tentés par les attraits d'une forme « bénigne » d'universalisme, respectueuse des grands idéaux de la complémentarité humaine que l'on retrouve en filigrane dans le vaste domaine des droits de l'homme et des espoirs des grands horizons de la solidarité. Mais on leur oppose, d'autre part, les principes tout aussi attrayants que sont le respect de l'intégrité du contexte et des pratiques locales, de l'autorité et de l'identité culturelles et de la « souveraineté ». [...] Faut-il privilégier des droits fondamentaux universels ou les prétentions de différence culturelle ? Nous pourrions militer pour les uns comme pour les autres. Mais il est souvent difficile de choisir son camp parce que, dans la plupart des cas, il semble y avoir de très bonnes justifications pour les deux [...] En un mot, nous pouvons concevoir l'humanisme cosmopolite comme une forme de position identitaire de plus. ».

1. Source : Colloque : « Culture européenne : identité et diversité » Strasbourg, France, 8-9 septembre 2005. Intervention introductive de John Tomlinson : *Culture, identité et citoyenneté.* www.ntu.ac.uk

« L'Humanité est d'ailleurs une catégorie spécifique et moderne d'identité : c'est une « communauté imaginaire » à laquelle les personnes peuvent déclarer leur appartenance et qui est en effet assortie de droits et d'obligations juridiques spécifiques. C'est une identité universelle par définition, mais qui reste compatible avec un éventail considérable de variations culturelles en fonction du contexte. » John Tomlinson

En effet, tout en revendiquant certaines identités culturelles particulières, basque, française, norvégienne, chinoise, pourquoi ne pourrions-nous pas ressentir au plus profond de nous, celle de notre appartenance à la Communauté humaine et le revendiquer pour toute personne ? Alors qu'en ce début de XXIe siècle la majorité des habitants de cette planète ont acquis une identité culturelle plurielle, cela devrait pouvoir se concevoir de plus en plus aisément. Plus ce sentiment d'appartenance à la Communauté humaine sera fort, puissant, plus les êtres humains respecteront leurs différences et nous pouvons espérer que les confrontations interculturelles pourront être dépassées. La reconnaissance d'une citoyenneté culturelle universelle pourra pleinement participer de cette dynamique.

L'idée d'une Nation se construit sur un imaginaire collectif avec un récit national, ses traditions, ses héros, ses symboles, son hymne, son drapeau, avec en appui souvent central, une culture partagée qui lui est propre par-delà des différences. Pour la reconnaissance d'une Citoyenneté culturelle universelle, nous devons prendre en considération ces mécanismes.

La reconnaissance d'une Citoyenneté culturelle universelle suppose la construction d'un imaginaire collectif doté d'une base culturelle et de valeurs partagées par les citoyennes et citoyens de cette Nation planétaire, habitants d'une Maison commune, la Terre qui ne leur appartient pas.

C'est là, l'une des conditions pour réussir dans cet objectif d'instaurer une citoyenneté culturelle universelle.

Considérer les critiques sur les droits de l'Homme et leur universalité institutionnalisée

La contestation voire le rejet de l'universalité institutionnalisée des droits de l'Homme par de nombreux États fragilisent les droits culturels consacrés par les traités internationaux. Au moment du vote pour l'adoption de la Déclaration universelle des droits de l'Homme, par l'Assemblée générale de l'ONU, le 10 décembre 1948, cinq pays se sont abstenus (Arabie Saoudite, Biélorussie (Bélarus), Pologne, Tchécoslovaquie et Ukraine) et cinq autres ont refusé d'y participer : Honduras, Afrique du Sud, URSS, Yémen, Yougoslavie. Les droits humains universels sont confrontés fréquemment à des critiques et à des remises en question qui illustrent leur vulnérabilité et les fragilisent. Diverses causes sont à l'origine de cette situation, en voici présentées quelques-unes parmi les principales avec des pistes de réponses pour y remédier.

L'ABSENCE DE RESPECT DES DROITS DE D'HOMME PAR LES ÉTATS QUI ONT ÉTÉ LES PRINCIPAUX INITIATEURS ET SIGNATAIRES DE LA DÉCLARATION UNIVERSELLE DES DROITS DE L'HOMME DE 1948

Les travaux pour l'élaboration et la rédaction de cette Déclaration historique ont été conduits tout particulièrement par Eleanor Roosevelt, la veuve du Président américain Franklin D. Roosevelt, présidant le comité de rédaction avec à ses côtés le Français René Cassin, qui écrivit le premier texte de la Déclaration, le Rapporteur du comité, le Libanais Charles Malik, le Vice-Président Peng Chung Chang[2] de la Chine, et John Humphrey du Canada, Directeur de la

---

[2]. Peng Chun Chang, communément appelé P.C. Chang né en 1892 et décédé en 1957, est un universitaire, philosophe, dramaturge, militant des droits de l'homme et diplomate chinois. Il est né à Tianjin, en Chine, et est décédé à son domicile à Nutley, New Jersey Il obtient une licence d'arts à l'Université Clark en 1913, et un doctorat à l'Université Columbia, où il étudie avec l'éminent philosophe et éducateur, John Dewey. Il retourne en Chine et devient professeur à l'Université Nankai de Tianjin, où il enseigne la philosophie et devient un spécialiste du théâtre traditionnel chinois. Après l'invasion de la Chine par le Japon en 1937, Chang rejoint la résistance anti-japonaise à Nankai. Chang enseigne ensuite à l'Université de Chicago, il devient diplomate en 1942, en tant que représentant de la Chine en Turquie et il promeut ainsi avec enthousiasme la culture chinoise. Pendant son séjour en Turquie, il donne des conférences sur les influences réciproques et les similitudes entre les cultures islamique et chinoise, et sur les relations entre le confucianisme et l'islam.. Après la guerre, Chang est un représentant chinois à la conférence qui produit la Déclaration universelle des droits de l'homme. Il démissionne de l'ONU en 1952 en raison d'une aggravation de son état cardiaque. Il est décrit comme un homme de la renaissance. Il est dramaturge, musicien, diplomate ; un amoureux de la littérature et de la musique traditionnelle chinoise et quelqu'un qui connaît la culture occidentale et islamique. Sa philosophie est fortement basée sur les enseignements de Confucius. Il fait également valoir que

Division des droits de l'homme des Nations Unies, qui prépara le premier plan de la Déclaration. Mais c'est Eleonor Roosevelt qui a eu un rôle prépondérant dans l'adoption de la Déclaration[3]. Il est indéniable qu'après son adoption les États-Unis, la France, le Canada, notamment, ont largement bafoué, violé les valeurs et les principes inscrits au socle du texte. D'ailleurs ces trois États ont reconnu, comme déjà évoqué, nombre de leurs crimes en engageant même des démarches pour leur reconnaissance officielle et dans certains cas ont procédé à des réparations. Il sera nécessaire d'ailleurs que d'autres pays puissent mener des actions dans ce sens.

UN MANQUE AVÉRÉ D'EFFICACITÉ DES DÉCLARATIONS ET DES ACCORDS INTERNATIONAUX AYANT POUR OBJET LA PROTECTION DE CES DROITS HUMAINS FONDAMENTAUX

La DUDH est de nature déclarative, non-contraignante, mais en dépit de l'adoption par la suite, toujours par l'ONU de textes contraignants y faisant référence tels en 1966 le Pacte international sur les droits civils et politiques et le Pacte international relatif aux droits économiques, sociaux et culturels, force est de constater l'ampleur des crimes contre l'Humanité qui ont continué et qui continuent d'être perpétrés dans des régions très diverses de la planète. Cette situation renvoie sans aucun doute à l'absence de réelle force d'intervention à même d'être mobilisée efficacement dans le cadre d'une authentique gouvernance mondiale démocratique.

UNE ADHÉSION MITIGÉE DES ÉTATS AU PLAN INTERNATIONAL AVEC DES DIVERGENCES, DES DISSENSIONS ET DES REJETS

Même si des personnalités issues de divers horizons politiques, culturels et religieux ont participé à l'élaboration et à la rédaction de la DUDH, il semble que le texte comporte des points faibles, voire des lacunes au regard des critiques à son encontre. Certes, des contradictions internes au projet lui-même, étaient difficiles à surmonter, dont celle entre droits individuels et droits collectifs. Au sein des droits universels est souvent perçue une prédominance de droits individuels qui va jusqu'à entrer parfois en opposition à des traditions d'obéissance

---

de nombreux penseurs occidentaux influents sur les droits sont guidés par les idées chinoises., a t-il déclaré à l'Assemblée générale des Nations Unies en 1948. Chang soutient que le monde moderne doit prêter attention aux philosophes chinois tels que Mencius non pas parce qu'ils sont chinois, mais parce que leurs idées ont une validité universelle. Source : wikipedia.org

3. L'histoire de la rédaction de la DUDH. www.un.org

à la famille et à la communauté particulière d'appartenance. Par ailleurs le principe d'égalité entre les hommes et les femmes est difficilement compatible avec les dogmes de certaines religions. Même si après l'adoption de la Déclaration universelle des droits de l'Homme en 1948 de nouveaux textes sont venus pallier certains de ces manques, tels ceux de l'Unesco touchant à la protection des identités, des diversités et des communautés culturelles, sa doctrine des droits et libertés reste encore parfois perçue comme ne tenant pas assez compte des spécificités des conceptions africaines, orientales, asiatiques des droits de l'homme. Cela a entamé et fragilise encore aujourd'hui la solidité apparente de leur universalité. Ainsi, dans le communiqué de gouvernement, à Singapour en 1991, sur les valeurs partagées ou dans la déclaration commune à Bangkok[4] en 1993, l'argument de la spécificité confucéenne de l'Asie est très présent. Les dirigeants des États asiatiques comme Singapour, la Malaisie et la Chine critiquent la conception occidentale des droits de l'Homme en la présentant comme un instrument de l'hégémonie de l'Occident. Ils subordonnent les libertés au développement économique, et qualifient le discours sur les droits de l'Homme d'« impérialisme culturel ».

Le Pacte international des droits civiques et politiques qui a un caractère contraignant a été ratifié par 172 États mais quelques-uns d'entre eux ont émis de fortes réserves sur certains de ses articles. Ainsi les États-Unis ont déclaré que les dispositions des articles 1 à 27 du Pacte ne sont pas exécutoires d'office. La France a émis une réserve à l'article 27, au nom de l'universalisme républicain, rappelant le fait que, étant une république « une et indivisible », les minorités (ethniques, culturelles, linguistiques ou religieuses) n'ont ni plus de droits ni moins de droits que leurs concitoyens. En effet par exemple, la France n'identifie pas ses résidents par catégories ethniques. En 2008, le Conseil économique et social des Nations unies a « recommandé » à la France de retirer cette réserve. Plus généralement, de nombreux pays ont émis des réserves et une partie de ces réserves a fait l'objet d'objections de la part d'autres signataires, qui ont considéré qu'elles étaient incompatibles avec l'objet et le but du Pacte. À titre d'exemple, l'Allemagne a fait part d'une objection contre 3 États appliquant un droit musulman ayant émis des réserves notamment sur l'article 18 : « Nul ne subira de contrainte pouvant porter atteinte à sa liberté d'avoir ou d'adopter une religion ou une conviction de son choix. ». Quant à la République populaire de

4. https://www.memoireonline.com/02/08/916/m_question-universalite-droits-de-lhomme-manuels-droits-libertes22.html

Chine qui a été proclamée le 1er octobre 1949, après l'adoption de cette Déclaration universelle et qui ne l'a, à ce jour pas ratifiée, elle a par contre, en mars 2004, amendé sa Constitution pour y ajouter cette mention : « l'État respecte et préserve les Droits de l'Homme ».

De fait, l'universalité des droits de l'homme est acceptée mais avec des réserves telles, qu'il est permis de parler d'une acceptation conditionnelle de leur caractère universel. Il est clair que l'existence de régimes politiques totalitaires peu compatibles avec les exigences posées par les droits de l'Homme, demeure l'un des obstacles les plus grands à surmonter. Il sera difficile de trouver des solutions tant qu'une gouvernance mondiale démocratique n'aura pas été instaurée. Nous ne pouvons que constater l'impasse dans laquelle nous nous trouvons actuellement dès lors que l'ONU est chapeautée par un Conseil de sécurité fonctionnant sur le principe du vote à l'unanimité, et qu'il compte parmi ses membres permanents des États dotés de régimes autoritaires.

Pour revivifier les Droits de l'Homme et fonder la Citoyenneté culturelle universelle, la force de pensées des quatre coins du monde

Dans cet objectif de promouvoir une citoyenneté culturelle universelle il est donc indispensable de travailler à revivifier le cadre des droits humains fondamentaux. Il faut dégager au plan mondial un consensus sur un nouvel universalisme, ne dénaturant pas l'essence du cadre existant, mais permettant son élargissement en venant le compléter par des approches qui n'ont pas été suffisamment prises en compte. Ce travail semble nécessaire pour aboutir à des droits culturels universels bénéficiant d'une plus forte reconnaissance mondiale. De nombreux atouts existent sur lesquels s'appuyer : la persistance d'intérêts forts exprimés en faveur des droits de l'Homme, par-delà leurs critiques, le dynamisme d'organismes internationaux et nationaux de défense de ces droits et la puissance d'idéaux toujours vivaces ou pouvant être revivifiés.

Même si dans de nombreuses régions du monde on assiste à des remises en cause des droits de l'Homme, des appels à leur respect et à leur recours se font entendre. Dans un contexte de crise économique, sociale, morale, tant en France qu'au plan international, avec l'effondrement du communisme, l'explosion des inégalités dans les pays où se développe un libéralisme sauvage, avec la montée en puissance d'États autoritaires, peu enclins au respect de ces droits, avec les faiblesses et les failles dans les systèmes démocratiques, les droits de l'Homme apparaissent pour certains comme une « valeur refuge ». De nombreux intellectuels voient les droits humains universels comme le seul recours, pour sortir de tout ce qui semble conduire à des impasses.

> **« La rupture entre les systèmes financiers et économiques, et les valeurs des institutions sociales et culturelles pousse les acteurs à s'affirmer eux-mêmes dans leurs droits les plus universels, au-dessus de tout enjeu et de toute conjoncture économique et culturelle. »** Alain Touraine[5]

Les organismes de défense des droits humains fondamentaux qui font face à leurs atteintes partout sur la planète, avec une grande détermination, tels Amnesty international, Human Rights Watch, et bien d'autres peuvent apporter une contribution essentielle aux réflexions pour la revitalisation de ces droits. L'existence de Tribunaux Pénaux Internationaux et de la Cour pénale internationale de la Haye pour traiter des crimes de guerre, des génocides, des crimes contre l'Humanité représente également un atout important, même si leur portée est très limitée. Sur ce sujet, ce qui se passe actuellement dans le cadre de la guerre menée par la Russie en Ukraine est une première. En effet, alors même que la guerre se poursuit, des procédures d'enquêtes ont été lancées pour établir des preuves sur les crimes de guerre, les crimes contre l'Humanité probablement commis afin que les faits puissent être qualifiés et que leurs responsables puissent être traduits devant les tribunaux compétents. Par-delà l'intérêt majeur de cette démarche en termes de justice, elle contribue fortement de par sa médiatisation à donner de la visibilité et de la vitalité à la notion des droits humains universels. Par ailleurs, malgré l'absence de pensées développées précisément sur l'idée de citoyenneté culturelle universelle, il est possible de nourrir la réflexion à partir d'idéaux émanant de toutes les régions du monde.

De nombreux courants de pensées sont porteurs d'espérance dans cette perspective de développer et promouvoir ce concept de Citoyenneté culturelle universelle. En voici un rappel des principaux, suivi de leur présentation.

5. Alain Touraine, né le 3 août 1925 à Hermanville-sur-Mer (Calvados), est un sociologue français de l'action sociale et des nouveaux mouvements sociaux, directeur d'études à l'École des hautes études en sciences sociales.

Des concepts sur lesquels s'appuyer pour concevoir une citoyenneté culturelle universelle

- La citoyenneté universelle
- La civilisation de l'information, la Société en réseaux
- Le cosmopolitisme
- L'Ubuntu
- Le confucianisme
- Les pensées des Lumières
- L'islam des Lumières
- L'œcuménisme pour le dialogue inter-religieux
- La civilisation universelle

LA CITOYENNETÉ UNIVERSELLE

La reconnaissance d'une citoyenneté culturelle universelle peut supposer au préalable, celle d'une citoyenneté universelle. L'idée d'une citoyenneté universelle n'est pas nouvelle comme déjà évoqué en début de cet essai. Elle persiste et se développe dans bien des esprits. Ainsi en 2011, lors du Forum social mondial qui s'est tenu à Dakar, a émergé l'idée de la création de l'Organisation pour une Citoyenneté Universelle. Celle-ci, l'OCU[6], a vu le jour finalement en 2013. Elle s'inscrit dans la perspective d'un nouvel ordre, de la construction d'un nouvel espace politique mondial autour de peuples ou d'États partageant des valeurs et des principes communs. Cette instauration d'une citoyenneté universelle, ou de statut de citoyen et citoyenne du monde suppose la mise en place d'une gouvernance mondiale et nous aurons l'occasion d'aborder les hypothèses posées sur ce sujet.

LA CIVILISATION DE L'INFORMATION, LA SOCIÉTÉ EN RÉSEAUX

En Janvier 2020, on comptait 5,19 milliards d'utilisateurs de mobile dans le monde. Ça représente 67 % de la population totale. 73 % des connexions Internet se font à partir d'un smartphone. Certains parlent de l'avènement de la Civilisation de l'information. Selon Manuel Castells[7], sous l'effet d'une révolution technologique considérable avec l'invention du microprocesseur et la diffusion

6. https://o-c-u.org/

7. Manuel Castells Oliván, né le 9 février 1942 à Hellín, est un sociologue espagnol. Il est professeur de sociologie et de planification urbaine et régionale depuis 1979 à l'université de Californie à Berkeley. Il est lauréat du prix Holberg 2012 et du prix Balzan 2013. *La société en réseaux - Tome 1 : L'Ère de l'information*, Manuel Castells.

de la micro-informatique, la constitution d'Internet, la généralisation de son utilisation avec ses conséquences, la globalisation des marchés financiers, des échanges de biens et services et de la production, le monde a profondément changé : l'économie, mais aussi les conditions de travail, le rapport au temps, à l'histoire, à soi et à l'autre. Et c'est une société entièrement nouvelle qui s'est mise en place et évolue sous nos yeux : la société en réseaux.

LE COSMOPOLITISME

Le concept de cosmopolitisme aurait été défini par Diogène de Sinope[8] (413-327 av. J.C.). Il s'agit d'une doctrine morale des stoïciens, qui a été reprise par le philosophe allemand Emmanuel Kant (1724-1804) qui met en avant l'universalité de l'homme et en fait un citoyen du monde au-delà des nations, sans qu'il renie pour autant ses particularités. Le cosmopolitisme est une disposition d'esprit qui conduit quelqu'un à considérer comme sa patrie son pays d'origine aussi bien que d'autres pays. Il s'oppose au patriotisme exclusif et ne doit pas être confondu avec le métissage, qui est le mélange de plusieurs cultures.

Plus largement, le cosmopolitisme est la conscience d'appartenir à l'ensemble de l'Humanité et non pas à sa seule patrie d'origine. Il implique de se comporter comme un membre de la communauté mondiale et non uniquement comme le citoyen d'un État.

L'UBUNTU

En langue xhosa, le terme *ubuntu* désigne l'humanité. En kinyarwanda, la générosité. C'est un concept qui existe dans presque toutes les langues bantoues d'Afrique. Il englobe la notion de communauté et d'interdépendance entre les êtres humains. Il est bien difficile de traduire Ubuntu en français. Plusieurs formules circulent, tout particulièrement :

« Nous sommes donc je suis. » - « Je suis parce que tu es. »
« Je suis parce que nous sommes. »

Le Prix Nobel de la paix Desmond Tutu, qui a toujours prôné avec ferveur l'Ubuntu, en a résumé l'essence ainsi : « Mon humanité est entremêlée, inextricablement liée, à la tienne. Lorsque je te déshumanise, je m'inflige le même traitement inexorablement ». Une autre personnalité illustre a incarné cette

8. *Ibid.*

philosophie, Nelson Mandela. Pendant la lutte contre le régime ségrégationniste de son pays, au cours de ses vingt-sept ans d'emprisonnement et à sa libération, il est toujours resté fidèle aux valeurs véhiculées par l'Ubuntu. C'est en s'appuyant sur celles-ci qu'avec l'archevêque Desmond Tutu ils ont permis à l'Afrique du Sud de se relever au lendemain de l'apartheid en évitant le bain de sang. Après les premières élections démocratiques du pays en 1994, ils ont en effet entamé une politique de réconciliation nationale avec la création de la commission Vérité et Réconciliation. Desmond Tutu déclare dans la préface du livre *Ubuntu — Je suis car tu es*[9] : « J'ai souvent dit qu'Ubuntu était l'un des plus grands cadeaux que l'Afrique ait fait à cette planète. »

Depuis quelques années circule sous diverses variantes, une histoire symbolisant l'Ubuntu. Personne ne semble en connaître l'origine exacte, mais elle peut aider à saisir le sens de cette philosophie. En voici l'une d'entre elles : « Un anthropologue a proposé un jeu à des enfants d'une tribu d'Afrique australe. Il a posé un panier plein de fruits sucrés près d'un arbre et a dit aux enfants que le premier arrivé remportait le panier. Quand il leur a dit de courir, ils se sont tous pris par la main et ont couru ensemble, puis se sont assis ensemble profitant de leurs friandises. Quand il leur a demandé pourquoi ils n'avaient pas fait la course, ils ont répondu : « UBUNTU », comment peut-on être heureux si tous les autres sont tristes ? ». Mungi Ngomane, à la disparition de son grand-père, Desmond Tutu, est revenue sur cette notion qui lui a été chère. Selon elle l'« Ubuntu » est caractérisée par la volonté de se voir en autrui, de se mettre à sa place, d'apprendre à l'écouter pour mieux le comprendre pour une vie plus harmonieuse dans le respect et la bienveillance. Elle est l'auteure d'un livre sur ce sujet. Mungi Ngomane a repris le flambeau de son grand-père en essayant à son tour de partager la philosophie ubuntu avec le plus grand nombre. Elle explique que « Le principe sous-jacent le plus crucial d'ubuntu est sans doute le respect, autant pour soi-même que pour autrui [...]. L'idée est simple : « Si une personne

9. Source : Article de Léa Polverini. Publié le 21 novembre 2016. Source : lepoint.fr.
Mungi Ngomane, petite fille de Desmond Tutu, est diplômée en études internationales et diplomatie, fervente défenseuse des droits de l'homme et de l'émancipation féminine. Elle travaille en tant que consultante pour des ONG.
À travers Ubuntu – Je suis car tu es – Leçons de sagesse africaine, publié fin 2019 chez Harper Collins
Article du nouvelobsfr : *Quand la petite-fille de Desmond Tutu décrypte l'« Ubuntu »*
Article Sénami Juraver International Afrique sur lepoint.fr : Évocation. Mungi Ngomane a consacré un livre à cette philosophie bantoue chère à Desmond Tutu et mise en avant dans le travail de réconciliation de l'Afrique du Sud post-apartheid.

se respecte elle-même, elle est beaucoup plus susceptible de faire de même pour les autres. ». L'Ubuntu a été inscrite dans la nouvelle Constitution de l'Afrique du sud en 1994, après la fin du régime de l'apartheid.

LES PENSÉES DES LUMIÈRES

Les Lumières[10] sont un courant de pensée européen, philosophique, littéraire et intellectuel qui émerge dans la seconde moitié du XVIIe siècle avec des philosophes comme Descartes, Spinoza, Locke, Bayle et Newton, avant de se développer dans toute l'Europe, notamment en France, au XVIIIe siècle. Par extension, on a donné à cette période le nom de siècle des Lumières. Par leur engagement contre les oppressions religieuses et politiques, les membres de ce mouvement se voyaient comme une élite avancée œuvrant pour un progrès du monde. Combattant l'irrationnel, l'arbitraire, l'obscurantisme et la « superstition » des siècles passés, ils ont procédé au renouvellement du savoir, de l'éthique et de l'esthétique de leur temps. L'influence de leurs écrits a été déterminante dans les grands événements de la fin du XVIIIe siècle que sont la Déclaration d'indépendance des États-Unis et la Révolution française de 1789. De manière très générale, sur les plans scientifique et philosophique, les Lumières voient le triomphe de la raison sur la foi et la croyance. Les pensées des Lumières ont entraîné l'apparition d'une nouvelle philosophie politique promouvant la liberté individuelle comme valeur suprême, chaque personne disposant de droits fondamentaux en vertu de son appartenance à l'espèce humaine.

Dans son célèbre essai *Was ist Aufklärung ?*[11], Emmanuel Kant donne des Lumières la définition suivante :

> **« Les Lumières c'est la sortie de l'homme hors de l'état de tutelle dont il est lui-même responsable. L'état de tutelle est l'incapacité de se servir de son entendement sans la conduite d'un autre. On est soi-même responsable de cet état de tutelle quand la cause tient non pas à une insuffisance de l'entendement mais à une insuffisance de la résolution et du courage de s'en servir sans la conduite d'un autre. *Sapere aude* ! Aie le courage de te servir de ton propre entendement ! Telle est la devise des Lumières ».** Emmanuel Kant

10. Source : fr.wikipedia.org

11. *L'Aufklärung*, Ecouter, est le nom donné au siècle des Lumières en Allemand

Les valeurs essentielles défendues par les penseurs des Lumières dans toute l'Europe sont la tolérance, la liberté et l'égalité. Les origines sociales des philosophes et des scientifiques sont diverses : beaucoup sont issus de familles bourgeoises (Voltaire, Thomas Jefferson), d'autres de milieux plus modestes (Emmanuel Kant, Benjamin Franklin, Denis Diderot) ou encore de la noblesse (Montesquieu, Condorcet). Un certain nombre d'entre eux avaient reçu une éducation religieuse (Denis Diderot, Louis de Jaucourt) ou une formation juridique (Montesquieu, Thomas Jefferson). Même si elles ont été longtemps maintenues dans l'ombre, des femmes ont compté dans cette dynamique des Lumières, parmi elles, Emilie du Châtelet, Louise d'Epinay, Françoise de Graffigny, Madame du Deffand, Claudine Guérin du Tancin, etc. Depuis son apparition au XVIIIe siècle, les principaux héritages des Lumières notamment la démocratie et les droits de l'Homme ont fini par s'imposer dans le monde occidental, et même dans une majorité de pays sur la planète, de sorte que la perception des Lumières est globalement positive.

L'ISLAM DES LUMIÈRES

Au fil des siècles, l'islam en tant que religion n'a jamais cessé d'être questionné par des penseurs et théologiens musulmans. Face aux événements tragiques provoqués par les groupes armés se réclamant de l'islamisme politique resurgit le débat sur une nécessaire adaptation de la religion musulmane au monde moderne, au profit de démocraties apaisées, avec, pour ce qui est de la France, le respect du principe de la laïcité[12]. À diverses périodes de l'histoire, des personnalités de confession et/ou de culture musulmanes se sont faites les porte-parole d'un « islam des Lumières ». Ce concept est porteur d'espérance, même si son contenu reste à définir au-delà de la simple formule destinée pour certaines personnes à se démarquer de l'intégrisme. De fait selon Akram Belkaïd[13] il est nécessaire que des théologiens musulmans s'investissent dans une nouvelle exégèse des textes coraniques et cela passe, comme n'a jamais cessé de le répéter l'islamologue et philosophe Mohammed Arkoun (1928-2010), par le « renouvellement de la pensée islamique ». Comme il le rappelle : « le monde arabo-musulman n'a pas toujours été à la traîne du monde moderne.

12. *Ibid*

13. Source : monde-diplomatique.fr
Réflexion sur « l'islam des Lumières » Akram Belkaïd. Cet article est la mise à jour de l'ouvrage de Akram Belkaïd, *Être arabe aujourd'hui*, Carnetsnord, Paris, 2011.

Dès le VIIIe siècle, de nombreux musulmans ont compris que le Coran, dans sa littéralité, ne pouvait répondre à tous les problèmes de la vie quotidienne. L'islam a alors été imprégné de réflexions diverses, d'efforts d'ijtihad, c'est-à-dire d'efforts d'interprétation des textes coraniques et de pensées inspirées par la Grèce antique ». C'est ainsi que les *mou'tazilites* (« ceux qui s'isolent, qui prennent de la distance ») ont défendu l'idée du libre arbitre. Ce fut une période faste, où la rationalité fut élevée au rang d'exigence à la fois philosophique mais aussi culturelle, éthique et politique.

Des personnalités illustres ont transmis cet héritage, qui ne demande qu'à être mis à jour et exploité. Parmi eux, Al-Kindi (796-873), encyclopédiste et philosophe arabe qui a contribué à la diffusion de la philosophie grecque dans le monde musulman. Citons aussi Ibn Sina (980-1037), nommé en occident Avicenne et Averroès (1126-1198) souvent cité pour avoir promu les valeurs de la tolérance.

Dans le monde arabe, des intellectuels et des responsables politiques ont exprimé leur vision sur des perspectives possibles pour un universalisme partagé. Ainsi en Tunisie, Moncef Marzouki[14] revendique : « Une "islamitude" culturelle et identitaire, socialement ouverte, voire un islamisme politique modéré, devra accepter lui, que les niveaux d'identification hérités du passé puissent s'ouvrir sur un quatrième niveau : l'universalité sous la houlette de la Déclaration Universelle des droits de l'homme de 1948. Ils devront admettre que la liberté est la condition nécessaire de la justice, même si elle n'en est pas la condition suffisante. Ils n'auront d'autre choix que d'admettre que seules les libertés individuelles et collectives sont capables d'empêcher le retour de la torture, des procès inéquitables et de la corruption. ». En ce début de XXIe siècle, des penseurs africains militent pour un Islam des Lumières. Ainsi le psychanalyste et anthropologue des religions Malek Chebel[15]. Il s'est employé à développer une vision libérale de l'islam en dénonçant sa récupération par ses franges les plus obscures. Cet « islam des Lumières » se veut « une démarche innovante, une lecture contextualisée des préceptes de l'islam et de la pratique religieuse ».

---

14. *Ibid.*

15. Source : Malek Chebel est un anthropologue et penseur algérien des religions, né le 23 avril 1953 à Skikda et mort le 12 novembre 2016 à Paris 13e. Il étudie en Algérie, puis en France, à Paris, où il approfondit notamment la psychanalyse. Il a enseigné dans de nombreuses universités à travers le monde.
Source : revuedesdeuxmondes.fr
Malek Chebel : le défenseur d'un «islam des Lumières» - *Revue Des Deux Mondes*

Quant à Souleymane Bachir Diagne[16], il écrit – s'agissant de la religion bahaï – : « [...] j'admirais l'idéalisme cosmopolite d'une foi qui déclare que : *"La Terre n'est qu'un seul pays dont tous les hommes sont des citoyens."* »

LE CONFUCIANISME[17]

Comme presque partout ailleurs, la formation et l'évolution du droit ont été dominées de tout temps, en Chine, par des problèmes d'ordre philosophique. Le philosophe chinois Confucius est considéré comme l'un des plus grands penseurs de l'Empire du Milieu. Confucius, *Kong Qiu* en chinois, est né à Qufu en l'an 551 av. J.C. Son enseignement oral va renouveler le sens des anciens textes en préconisant le retour à la morale. Il a principalement travaillé sur l'ordre politique et social, pour cela :

Confucius appelait aux droits des faibles et aux devoirs des puissants. Ces nombreux préceptes, comme le respect des traditions, l'exigence de la tolérance et l'humanisme furent repris par tout un courant de pensée qui va structurer la société chinoise pour de nombreux siècles.

Le Confucianisme est la philosophie qui a prédominé dans l'élaboration du droit chinois. Ainsi, l'étude de l'influence du confucianisme révèle un réel intérêt pour comprendre le système juridique chinois et même la culture chinoise. Bien que vieux de vingt-cinq siècles, les enseignements de ce philosophe ont profondément marqué les institutions de la Chine impériale, mais également de manière plus large les régimes politiques successifs jusqu'au XXIe siècle. Même après les révolutions chinoises, son héritage a continué à compter.

L'ŒCUMÉNISME POUR LE DIALOGUE INTER-RELIGIEUX[18]

Rassembler les religions et œuvrer en faveur de la paix, est l'objectif affiché par le Congrès des dirigeants des religions mondiales et traditionnelles.

16. Souleymane Bachir Diagne est spécialiste de la philosophie islamique et de l'histoire des sciences. Il a publié de nombreux ouvrages. *Le fagot de ma mémoire*, Philippe Rey, 2021, p. 63.

17. L'influence du Confucianisme sur la culture chinoise et sur l'élaboration de la loi.
Source : observatoirepharos.com

18. Congrès des dirigeants des religions mondiales et traditionnelles
Pape François Souverain pontife. Par Galina Polonskaya. Source : fr.euronews.com
Un nouvel organisme pour le dialogue interreligieux. Source : la-croix.com

Son 7e Congrès s'est tenu à Nur-Sultan au Kazakhstan, en présence des représentants de toutes les religions du monde en septembre 2022. Le Pape François a fait partie des invités de marque ainsi que d'autres hauts représentants religieux.

Le Cardinal Kurt Koch, Président du Conseil pontifical pour l'unité des Chrétiens a déclaré : « C'est absolument nécessaire d'avoir un dialogue sur les défis de ce monde, et d'avoir une déclaration commune très forte pour la paix et pour la justice aussi dans ce monde ». Ce que confirme son homologue, le Président du Conseil d'administration du Congrès juif eurasiatique Aaron Frenkel : « La clé pour préserver la paix aujourd'hui dans ce monde instable est de s'engager, de se parler, d'être ensemble, d'essayer de se comprendre, de se connaître personnellement, et c'est ce qui peut rapprocher les gens. » Azza Karam, Secrétaire générale de l'organisation Religions for Peace, précise que ce genre d'initiative reste encore rare : « nous ne voyons ça pas fréquemment, mais ça normalise essentiellement l'espace de discussion entre les différentes religions, et à notre époque et dans notre monde, c'est très important. » Cet événement est le fruit d'une initiative lancée en 2003 par le Président de la République du Kazakhstan, Nursultan Nazarbayev. Chaque année, il s'impose toujours plus dans l'agenda des responsables religieux, et accueille de nouvelles délégations, comme le précise l'un de ses fondateurs, Bulat Sarsenbayev : « Pour comparer avec le premier congrès, il n'y avait que 17 délégations. Maintenant, nous avons plus d'une centaine de délégations, et cela montre qu'il y a un intérêt dans le monde, et qu'il y a un soutien des chefs spirituels. »

Le Kaiciid, acronyme anglais du « Centre international du roi Abdullah Bin Abdulaziz pour le dialogue interreligieux et interculturel », a été fondé fin 2012 par l'Arabie saoudite, l'Espagne et l'Autriche. Il est doté d'un conseil d'administration interculturel et interreligieux. Faisal Bin Muammar, son Secrétaire général déclarait lors de la présentation de ses projets à l'Unesco à Paris : « Sans interférer avec les organismes déjà existants, mais plutôt en s'appuyant sur eux, nous voulons trouver le moyen d'aider à faire progresser la paix par la culture du dialogue ». Toby Howarth, prêtre anglican, secrétaire pour les relations interreligieuses de l'archevêque de Canterbury a souligné qu'une coopération devrait démarrer pour diffuser des « manuels scolaires apprenant aux jeunes les bonnes pratiques ». Des bourses seront également attribuées à des « responsables religieux » qui accepteront de venir se former à Vienne (Autriche), siège de l'organisation, à une « meilleure compréhension des religions ».

Le Kaiciid, en tant qu'organisation intergouvernementale souhaiterait devenir le partenaire de l'ONU pour tout le dialogue interreligieux et contribuer ainsi à développer « trois types de dialogue : interreligieux, interculturel mais aussi intra-religieux pour résoudre les incompréhensions à l'intérieur de l'islam, du bouddhisme ou du christianisme », fait valoir son secrétaire général. « Il n'y a pas de confusion entre le rôle des États et celui des responsables religieux membres du conseil d'administration », assure Mgr Emmanuel, métropolite de France. « Nous ne voulons pas que notre travail soit dicté par les politiques et jusqu'à présent il ne l'a pas été ». L'Église catholique a choisi d'y collaborer comme avec toutes les organisations qui veulent promouvoir un vrai dialogue », fait savoir le P. Miguel Ayuso, secrétaire du Conseil pontifical pour le dialogue interreligieux.

LE CONCEPT DE CIVILISATION UNIVERSELLE

Les termes de civilisation universelle et de civilisation mondiale sont liés à une perception des effets de la mondialisation. Ils désignent la mise en commun à l'échelle mondiale de manières diverses, de produits, de pratiques, de valeurs, de croyances, etc. Certains considèrent que la mondialisation nous fait assister à l'émergence de ce que Vidiadhar Surajprasad Naipaul[19] a appelé une « civilisation universelle ». De nombreux penseurs ont abordé la notion de mondialisation, de civilisation mondiale et de civilisation universelle. Le philosophe jésuite Pierre Teilhard de Chardin (1881-1955) est considéré par nombre d'entre eux comme le « Prophète » de la mondialisation. Dès 1918, il avait eu l'intuition de cette notion fondamentale de sa pensée « mondialiste », celle d'une « conscience planétaire » d'abord appelée « la Grande Monade », puis « l'Anthroposphère » (1920). Selon Bernard Sesé[20] « l'idée du monde que, dans toute son œuvre, il explique avec la rigueur du scientifique et célèbre avec l'enthousiasme du croyant, s'étend, à travers le temps et l'espace, à l'immensité du Cosmos.

Dans sa pensée, la « mondialisation », (terme qu'il n'utilisait pas puisque il n'est apparu qu'à partir des années 1960), réduite dans l'usage actuel aux perspectives planétaires n'aurait eu de sens que si elle eut été replacée dans la dynamique énergétique et spirituelle qui emporte dans son élan et son devenir

---

19. Sir Vidiadhar Surajprasad Naipaul, plus connu sous la signature V. S. Naipaul, né le 17 août 1932 à Chaguanas à Trinité-et-Tobago et mort le 11 août 2018 à Londres au Royaume-Uni, est un écrivain britannique lauréat du prix Nobel de littérature en 2001. Source : Wikipedia.org

20. « Pierre Teilhard de Chardin, prophète de la mondialisation ? » Article de Bernard Sesé, dans *Études* 2002/4 (Tome 396), pages 483 à 494. Source : cairn.info - https: //doi.org/10.3917/dio.235.0003

l'Univers infini. ». Selon Teilhard de Chardin : « une collectivité harmonisée des consciences équivalente à une sorte de super-conscience. La Terre non seulement se couvrant de grains de Pensée par myriades, mais s'enveloppant d'une seule enveloppe pensante, jusqu'à ne plus former qu'un seul vaste Grain de pensée, à l'échelle sidérale. La pluralité des réflexions individuelles se groupant et se renforçant dans l'acte d'une seule Réflexion unanime. ». Si Teilhard de Chardin avait utilisé l'expression « mondialisation », il en aurait eu une conception très vaste, impliquant tout autant ses dimensions économiques, politiques et sociales, que théologiques, religieuses, spirituelles et cosmiques. Léopold Sédar Senghor[21] a été l'une des personnalités influencées par Teilhard de Chardin. Il a probablement été, parmi les écrivains et penseurs africains, le plus admiré,

21. Léopold Sédar Senghor, né le 9 octobre 1906 à Joal (Sénégal) et mort le 20 décembre 2001 à Verson (France), est un homme d'État français puis sénégalais, poète, écrivain, premier président de la République du Sénégal (1960-1980). Il a été ministre en France avant l'indépendance du Sénégal et fut le premier Africain à siéger à l'Académie française. Il est le symbole de la coopération entre la France et ses anciennes colonies pour ses partisans ou du néocolonialisme français en Afrique pour ses détracteurs. Sa poésie, fondée sur le chant de la parole incantatoire, est construite sur l'espoir de créer une Civilisation de l'Universel, fédérant les traditions par-delà leurs différences. Par ailleurs, il approfondit le concept de négritude, notion introduite par Aimé Césaire qui la définit ainsi : « La négritude est la simple reconnaissance du fait d'être noir, et l'acceptation de ce fait, de notre destin de Noir, de notre histoire et de notre culture1. » Source : Wikipedia.org

La Négritude. Bien que le terme « négritude » ait été forgé par Aimé Césaire, c'est Senghor qui s'en est fait le porte-parole, le théoricien et l'élément moteur. Une des définitions que Senghor a donnée de la Négritude est devenue classique : « La Négritude est l'ensemble des valeurs culturelles du monde noir, telles qu'elles s'expriment dans la vie et les œuvres des Noirs ». Cette définition a été revue et affinée à de nombreuses reprises pour signifier « rien que la volonté d'être soi-même » ou une « arme de combat pour la décolonisation ». Pour Senghor et ses amis, la Négritude est devenue un outil idéologique visant, au-delà de la quête individuelle du moi, la libération de tous les Noirs. L'idée d'une culture noire allait ouvrir la voie à une entité plus globale qui impliquerait chaque individu en tant qu'homme intégral. En ce qui concerne l'Afrique, la mission de la Négritude consiste à « créer en Afrique et pour les Africains une nouvelle civilisation qui convienne à l'Afrique et aux temps nouveaux, qui soit le fruit d'une réelle culture ». Senghor et les autres tenants de la Négritude allaient élaborer un discours fondamentalement racial sans être raciste, sans inciter à la haine viscérale contre l'oppresseur. Sartre avait souligné ce racisme antiraciste de la Négritude dans sa préface à l'Anthologie de Senghor. Les écrivains de la Négritude cherchent ostensiblement à marquer leur différence et leur originalité tout en restant lucides. Conscient d'un excès raciste, Senghor précise : « la Négritude n'a jamais insisté sur la couleur de la peau mais sur l'ethnicité. Comme on le sait, l'ethnicité n'est pas seulement la race avec ses qualités physiques, mais davantage la culture avec ses valeurs de civilisation ». La pensée de Léopold Sédar Sanghor a si profondément marqué la Négritude qu'il en est devenu la figure emblématique, mais de nombreux penseurs africains l'ont critiqué avec une très grande violence, notamment le Sud-Africain Es'kia Mphahlele, le Nigérian Wole Soyinka, le Béninois Stanislas Adotevi, le Camerounais Marcien Towa. *Léopold Sédar Senghor et la civilisation de l'universel.*
Source : https: //www.cairn.info/revue-diogene-2011-3-page-3.htm
Article « Léopold Sédar Senghor et la civilisation de l'universel », Kahiudi Claver Mabana, dans Diogène 2011/3-4 (n° 235-236), pages 3 à 13

le plus récompensé à travers le monde, mais aussi le plus critiqué et le plus honni. Selon Kahiudi Claver Mabana[22] parmi les notions dont il s'est fait l'ardent défenseur, celle qu'il a appelée la civilisation de l'universel est sans conteste une composante essentielle de sa pensée. Cette notion est déjà présente, en gestation et explicitement dans toutes les premières publications de Senghor. Pour le mouvement de la Négritude il y a, d'une part, l'affirmation de l'être-au-monde du Noir en tant que Noir et d'autre part, la nécessité de dépasser cette dangereuse isolation. L'affirmation du moi n'est pas un but en soi, mais un moyen de s'ouvrir à l'Autre :

« [...] notre souci a été de l'assumer, cette Négritude, en la vivant, et, l'ayant vécue, d'en approfondir le sens, pour la présenter au monde, comme une pierre d'angle dans l'édification de la Civilisation de l'Universel, qui sera l'œuvre commune de toutes les races, de toutes les civilisations différentes – ou ne sera pas. »

Dans cette nouvelle optique, la civilisation occidentale devenait une civilisation parmi d'autres. Une fois acquis le statut d'« humain » pour l'homme noir grâce à la Négritude, prouver la base de sa civilisation n'est plus qu'un exercice d'argumentation. Il existe dès lors un mode de vie et une organisation socioculturelle fondés sur des valeurs appartenant spécifiquement aux Noirs. C'est la raison pour laquelle la Négritude sera définie en termes de civilisation. La civilisation de l'universel est une manière pour Senghor de rejeter la mainmise des Européens sur la civilisation, de les inviter à construire une civilisation unique qui éradiquerait les différences raciales de sorte que, contrairement à l'expansionnisme de la civilisation européenne, l'avenir appartiendrait à un métissage des cultures :

« La civilisation idéale serait comme ces corps quasi divins, surgis de la main et de l'esprit d'un grand sculpteur, qui réunissent les beautés réconciliées de toutes les races »

Selon les approches, la civilisation universelle est considérée au niveau des contenus : soit uniformisante, soit au contraire une ouverture sur la diversité des cultures permettant à chacun de ne plus être cantonné à sa propre identité communautaire. Des chercheurs y voient au niveau de leur hiérarchisation : soit mettant sur un pied d'égalité la plupart des civilisations en ouvrant les choix et permettant des complémentarités, soit assurant la domination de l'une sur

---

22. https://www.cairn.info/publications-de-Kahiudi Claver-Mabana--90868.htm

la plupart des autres. Certains avancent que le concept correspond essentiellement, dans sa phase actuelle, à la domination culturelle de la civilisation occidentale. Elle serait pour l'instant un fruit de l'occidentalisation plus que de la mondialisation en général. Pour Samuel Huntington[23], après la chute du monde communiste, le monde est plus que jamais multipolaire et multicivilisationnel. Il serait ainsi impossible de parler d'une civilisation mondiale émergente. Pour lui, « Le concept de civilisation est caractéristique de l'Occident ». Dans le même sens, selon Paul Valadier[24], « Il n'est pas sûr que la mondialisation signifie le nivellement des cultures [...] si cette lecture du phénomène culture est juste, elle conduit à relativiser les alarmes d'une domination uniformisante de la mondialisation. Peut-être même faut-il faire un pas de plus : ne peut-on pas s'attendre à ce que, après un moment d'éblouissement et d'émerveillement, les cultures affectées réagissent en retrouvant leur vitalité et leurs spécificités ? N'oublions pas à quel point, dans le passé, beaucoup ont été portés à parler de la fin des cultures et des civilisations, avec l'arrivée de l'imprimerie, ou de l'électricité, ou de l'automobile. Sans être optimiste, on peut remarquer un extraordinaire pouvoir assimilateur en l'homme, une aptitude à rebondir et à s'adapter qu'il ne faut pas sous-estimer, car elle s'enracine dans ces cultures par lesquelles les hommes se donnent les moyens d'habiter humainement le monde ».

Nous ne devons pas oublier que face aux puissances des armes, des empires économiques, des brutalités politiques, la force de la pensée peut s'avérer extraordinairement plus forte. Au fil du temps, des peuples ont su se soulever, animés d'idées nouvelles devenues impérissables. Des voix porteuses d'humanisme et d'universalisme se font entendre et tous les espoirs restent possibles.

« Il n'y a pas d'un côté l'universalisme drapé dans sa définition de soi et de l'autre, des particularismes attachés à sa perte. »
Souleymane Bachir Diagne[25]

Un universel produit par le dialogue entre des cultures placées sur un même plan horizontal d'égalité. **Maurice Merleau-Ponty[26]**

---

23. https://fr.wikipedia.org/wiki/Samuel_Huntington

24. Paul Valadier, né le 13 janvier 1933 à Saint-Étienne, est un prêtre jésuite et un philosophe français, spécialiste de Friedrich Nietzsche et de la philosophie politique. Il est docteur en théologie et en philosophie. Source : Wikipedia.org

25. Extrait de la page 148 du livre de Souleymane Bachir Diagne, *Le fagot de ma mémoire*, Philippe Rey, 2021

26. Extrait de la page 98 du livre de Souleymane Bachir Diagne, *Le fagot de ma mémoire*, Philippe Rey, 2021

« Il ne faut pas lire dans le pluri-versel une opposition à l'universel. Il faut partir du pluriel des cosmologies et des langues mais il faut comprendre que la marche vers la pluriversalité est qu'elles s'ouvrent les unes aux autres. » Walter Mignolo[27]

Il ne s'agit donc pas d'aller à la recherche d'une uniformisation des modes de vie sur la planète, mais du bien commun constitué des valeurs les plus profondes que nous pouvons partager.

« Le droit commun du peuple de la terre. » Walter Mignolo

Propositions méthodologiques et de contenus pour une définition de la Citoyenneté culturelle universelle et pour sa promotion

Pour la définition d'une Citoyenneté culturelle universelle, un véritable travail en profondeur devra être engagé sur plusieurs années, mobilisant des personnalités et des organismes au plan international. Dans un premier temps il serait possible de constituer un comité de pilotage qui devrait bénéficier de la participation tout particulièrement de l'Unesco, de l'Union mondiale des parlements[28] (IUP) et de la Fédération internationale des associations de défense des droits humains. L'implication d'autres organismes serait indispensable tels l'Organisation pour une Citoyenneté Universelle (OCU), Cité et Gouvernements Locaux Unis (CGLU), les divers acteurs du dialogue inter-religions, Reporter sans frontières, l'Organisation du monde islamique pour l'éducation, les sciences et la culture (l'ICESCO), etc. Un groupe d'experts devrait être constitué pour une première ébauche du document de présentation de la Citoyenneté culturelle universelle. Pourraient en faire partie et jouer un rôle central dans ces travaux,

27. Walter Mignolo né en 1941 est un sémiologue argentin et professeur de littérature à l'Université de Duke, aux États-Unis. Il est connu pour être l'une des figures du post-colonialisme latino-américain et comme un membre fondateur du Groupe modernité/colonialité.

28. L'UIP est l'organisation mondiale des parlements nationaux. Fondée en 1889 par un petit groupe de parlementaires qui se consacraient à la promotion de la paix par la diplomatie et le dialogue parlementaires, l'UIP est depuis devenue l'organisation véritablement mondiale des parlements nationaux. Aujourd'hui, elle se rapproche de plus en plus de l'universalité, avec 178 Parlements membres, 14 Membres associés et un nombre croissant de parlementaires du monde entier qui participent à ses travaux. Notre slogan : Pour la démocratie. Pour tous. Source : ipu.org

la Rapporteuse spéciale des Nations unies pour les droits culturels, Unidroit[29], des juristes spécialisés en droit international, des initiateurs et promoteurs d'actions pour l'accompagnement face aux difficultés rencontrées dans des territoires multiculturels.

Parmi les objectifs à atteindre, pourrait figurer celui de trouver un bon équilibre entre droits individuels et droits collectifs, avec une promotion forte de l'appartenance à la Communauté humaine, par-delà la protection nécessaire de minorités.

En préambule du document présentant la Citoyenneté culturelle universelle, il pourrait être opportun de faire figurer les valeurs et les principes qui constitueraient un socle, sur lequel elle reposerait. Voici quelques exemples de messages qui pourraient y figurer :

La Communauté humaine riche de ses diversités culturelles exprime par l'instauration d'une Citoyenneté culturelle universelle, la reconnaissance d'un bien commun, un socle de valeurs, de principes, de droits culturels et d'un devoir pour toutes et tous de Civisme culturel.

L'instauration de la Citoyenneté culturelle universelle participe de la reconnaissance du caractère sacré de l'individu et de la Communauté humaine, elle repose sur ces deux principes fondamentaux :

Aucun être humain ne peut être défini par ses seules données biologiques et réduit à celles-ci, sa dimension culturelle est inaliénable et sacrée.[30]

Et : **« Nous sommes donc je suis »**[31]

29. Unidroit : l'Institut international pour l'unification du droit privé (UNIDROIT) est une organisation intergouvernementale indépendante dont le siège est à Rome dans la Villa Aldobrandini. Son objet est d'étudier des moyens et méthodes en vue de moderniser, harmoniser et coordonner le droit privé – en particulier le droit commercial – entre des États ou des groupes d'États et, à cette fin, d'élaborer des instruments de droit uniforme, des principes et des règles. Source : unidroit.org

30. André Fertier, Les *damnés de la culture, plaidoyer pour un pacte culturel républicain*, éditions Persée, 2019

31. Traduction usuelle de « Ubuntu »

La Citoyenneté culturelle universelle contribue à la promotion des valeurs de la Famille et de la Famille humaine, de celles des communautés et de la Communauté humaine, de la fraternité entre les individus, les peuples et les États. Elle porte les principes de non-discrimination, d'égalité des chances, de traitement, de l'accessibilité universelle et du développent durable. Elle ne vise pas à l'uniformisation culturelle de la Communauté humaine mais au respect et à la mise à profit des richesses des diversités culturelles, de ses composantes multiculturelles, ainsi que des métissages culturels.

La citoyenneté culturelle universelle procède de l'appartenance de tout être humain à la Nation planétaire, celle des habitants de la Terre, de cette Terre qui ne leur appartient pas et qu'ils se doivent de respecter.

La Citoyenneté culturelle universelle repose sur un Code mondial de la culture regroupant un ensemble de textes portant sur les droits culturels et les devoirs de civisme culturel justiciables individuels et collectifs.

Ce code pourra être élaboré à partir de droits culturels déjà inscrits dans les principaux traités internationaux et comporter des ajouts qui viendront les compléter. Il sera possible de s'appuyer également sur des codes déjà existants tels le Code mondial d'éthique du tourisme, et le Code international de déontologie pour les négociants en biens culturels. Parmi les principaux traités qui pourront venir en appui, la Convention de 1972 de l'Unesco pour la protection du patrimoine mondial culturel et naturel, la Convention de l'Unesco de 1954 pour la protection des biens culturels en cas de conflit armé, le Pacte international relatif aux droits économiques, sociaux et culturels de 1966 (Pidesc) avec tout particulièrement son article 15, La Convention de l'Unesco de 2005 sur la protection et la promotion de la diversité des expressions culturelles, la Convention de l'Onu relative aux droits de l'enfant de 1989, avec notamment son article 31, la Convention de l'Onu de 2006 relative aux droits des personnes handicapées avec tout particulièrement son article 30 et bien d'autres encore. Ce Code devra aborder tous les aspects des droits culturels dans leur diversité et leur complexité. Le Code mondial de la Culture posera un ensemble d'obligations pour les gouvernances locales et mondiales concernées et une exigence de Civisme culturel pour les individus et les responsables publics. Il s'agit là d'un sujet très ardu face aux divergences de point de vue émanant notamment de pensées religieuses, de traditions dans les modes de vie à travers le monde. Il sera nécessaire de repérer les points les plus complexes sur lesquels travailler pour surmonter les divergences, tels la peine de mort, le droit au blasphème, l'égalité homme/femme, etc. Le principe de la liberté dans les choix individuels et collectifs de mode de vie devra être posé sous condition que ces choix ne portent pas atteinte aux droits fondamentaux qui auront été reprécisés. Les citoyennetés culturelles Étatiques ne pourront pas entrer en contradiction avec les engagements pris dans le cadre de l'adoption de la Citoyenneté culturelle universelle, mais pourront comporter des spécificités.

L'instauration d'une Citoyenneté culturelle universelle devrait s'inscrire dans le cadre d'un Pacte mondial pour la culture et être accompagnée d'un plan d'action décliné au niveau mondial et des États. Ce plan pourrait comporter des campagnes d'information, de sensibilisation d'une grande ampleur et des actions de formation. Comme le souligne John Tomlinson :

« Quand elle n'est pas ethnocentrique, l'imagination est en fait pratiquement contraire à l'intuition. C'est une démarche culturelle qui exige quelque chose qui s'apparente au fameux décentrage cosmologique de Copernic, la capacité d'imaginer que notre propre expérience n'est pas nécessairement le centre de l'univers culturel. Cette démarche n'est pas naturelle. Elle demande à être constamment travaillée, discutée et bien évidemment enseignée. »

Tout État reconnaissant cette citoyenneté devra introduire dans le cadre des parcours scolaires qu'il propose, un enseignement sur la citoyenneté culturelle universelle. Un livret d'information sera diffusé rappelant les valeurs, les droits et les devoirs qui s'y attachent. Pour ces formations, il sera possible de s'inspirer de méthodes conçues et mises en œuvre pour l'intégration de migrants dans des territoires multiculturels. Il est intéressant de se reporter au concept de citoyenneté multiculturelle développé notamment par Will Kymlicka[32] et de certaines approches de formation proposées en Belgique par DiscRI[33].

32. *La citoyenneté multiculturelle* - Will Kymlicka, Patrick Savidan, La Découverte, 2001

33. Du fait que les sociétés contemporaines deviennent de plus en plus multiculturelles, des groupes minoritaires réclament une reconnaissance publique et les moyens de préserver leur identité culturelle. Leurs revendications suscitent des conflits qui menacent parfois l'unité territoriale des États. Pour Will Kymlicka, la réponse à cette problématique constitue aujourd'hui l'un des plus

Le programme d'information et de sensibilisation sur la Citoyenneté culturelle universelle pourrait avoir pour objectifs de contribuer à la connaissance et à la compréhension du fonctionnement des principales institutions mondiales et des grands axes du Code mondial de la Culture, connaître les principales diversités de codes culturels à travers le monde. Il devrait contribuer à la lutte contre les stéréotypes, les préjugés, les discriminations et aider ainsi à faire face aux chocs culturels, pour faire évoluer les représentations dans le sens de la construction d'un nouvel imaginaire mondial allant dans le sens d'un sentiment fort d'appartenance de toutes et tous à la Communauté humaine.

Compte tenu de l'absence avérée de capacité de l'Onu de faire face aux conflits meurtriers et aux désastres de diverses natures qui se sont développés dans le monde, et qui menacent l'existence même de l'espèce humaine, il existe un consensus pour reconnaître la nécessité d'une refondation en profondeur de cette organisation, voire l'instauration d'une nouvelle gouvernance mondiale. Les travaux pour la conception d'une Citoyenneté culturelle universelle pourront contribuer aux réflexions nécessaires dans cette perspective. Par ailleurs, pour une instauration statutaire de la Citoyenneté culturelle universelle, cette nouvelle gouvernance mondiale sera indispensable. Après la Société des Nations et l'Organisation des Nations Unies créées respectivement à la suite

---

grands défis pour la démocratie. Dans son livre la citoyenneté multiculturelle, il défend une nouvelle conception du statut et des droits des minorités culturelles. À ceux qui objectent que la reconnaissance de certains droits aux minorités menace la conception de la citoyenneté issue des Lumières, il répond qu'une citoyenneté multiculturelle est possible et compatible avec le respect des principes qui gouvernent les démocraties libérales : la liberté individuelle, la justice sociale, l'unité nationale. Cependant, conscient que la même réponse politique ne peut être apportée à des situations souvent extrêmement différentes, il prend soin de distinguer la situation des immigrés, des populations indigènes (tels les Indiens d'Amérique) et les minorités nationales. Mais il s'efforce aussi, au regard de cette diversité des situations, d'analyser précisément les types de revendication et leur légitimité : droits linguistiques et culturels, représentation des groupes et des minorités, répartition des terres, fédéralisme, voire sécession, autant d'enjeux qui sont au cœur des interrogations sur l'avenir des démocraties contemporaines.
Le concept de citoyenneté interculturelle est également mobilisé dans certaines démarches et réflexions. Dans la publication « Regards croisés sur le concept de citoyenneté » réalisée dans le cadre d'un séminaire de formation et de réflexion organisé par l'association wallonne DiscRI, mobilisée sur le sujet des migrants, une définition en a été proposée : « La citoyenneté interculturelle recouvre les pratiques que les membres de la communauté politique wallonne et belge jouissant de droits et d'obligations déploient, en s'appuyant sur leurs similitudes et diversités, afin de participer activement à l'éclosion et à la poursuite de conditions d'existence et de façons d'agir, de penser et de percevoir qui améliorent le bien-être individuel et collectif et confortent une vision solidaire et partagée d'un vivre ensemble harmonieux. ». Source : www.discri.be

de la Première et de la Deuxième guerre mondiale, saurons-nous instituer un nouveau cadre mondial plus efficace et démocratique ? Actuellement, le verrou du Conseil de Sécurité de par son statut, empêche toute réforme en profondeur. Selon Monique Chemillier-Gendreau[34], dans ses analyses présentées dans son livre *Pour un Conseil mondial de la Résistance* :

« L'erreur a été de faire coexister le concept de souveraineté compris non comme la légitime autonomie d'un peuple, mais comme l'indépendance absolue d'un pouvoir et l'impunité de ses dirigeants, avec le projet de construire la paix sur l'interdiction du recours à la guerre et sur le respect de la norme du droit international. »

Il faut donc travailler sur la conception d'une nouvelle organisation politique mondiale qui aura pour principaux objectifs la paix, la sauvegarde de la nature, et la garantie des droits économiques, sociaux et culturels universels. Elle devra être dotée des moyens indispensables pour lutter contre de nombreux fléaux mondiaux, tels l'évasion fiscale, le surpoids colossal et écrasant des budgets militaires, la catastrophe écologique, le contrôle numérique des individus et des populations, etc. Elle devra avoir une conception cosmopolitique du monde, prendre en considération les intérêts spécifiques des peuples à la lumière d'un intérêt général mondial. Il faudra faire un état des lieux du fonctionnement actuel d'organisations telles l'Organisation mondiale du Commerce (OMC), l'Organisation internationale du Travail (OIT), l'Organisation mondiale de la santé (OMS), le Fonds monétaire international (FMI) et bien d'autres. De nouvelles institutions pourraient être créées telles une Cour constitutionnelle et un parlement mondial. La mise en place d'une force d'intervention mondiale dotée de moyens plus conséquents que ceux des actuels casques bleus sera indispensable. Il s'agit là d'un vaste chantier très complexe et des chercheurs ont déjà émis bien des hypothèses. Face à la conjonction de forces destructrices en présence, nous devons garder aussi à l'esprit les analyses qui montrent que, dans l'histoire de l'Humanité, la force des penseurs a pu insuffler des souffles nouveaux qui ont fait bouger les peuples...

---

34. Monique Chemillier-Gendreau, *Pour un Conseil mondial de la Résistance*, Éditions Textuel, 2020
Monique Chemillier-Gendreau, *Un autre droit pour un autre monde - Comment sortir des impasses du droit international contemporain ?* Éditions Pedone, 2019

« Venus de tous les continents, croyants et non-croyants, nous appartenons tous à la même planète, à la communauté des hommes. Nous devons être vigilants, et la défendre non seulement contre les forces de la nature qui la menacent, mais encore davantage contre la folie des hommes. »

Simone Veil[35]

35. *Une vie* de Simone Veil, Stock, 2007

CONCLUSION

Dans un monde marqué par des désastres environnementaux et humanitaires, dont des génocides culturels perpétrés sous des régimes totalitaires, il est légitime de se sentir envahi par un sentiment d'impuissance. Malgré cela partout dans le monde des hommes et des femmes n'hésitent pas à payer du prix de leur vie la défense de la planète et des droits humains fondamentaux, dont les droits culturels et des mouvements de résistance se font entendre. Alors comment comprendre qu'au cœur de démocraties et en temps de paix, qu'aucune révolte ne voit le jour face à l'existence de déchéances massives de citoyennetés culturelles de populations vulnérables ? Comment concevoir que puissent perdurer un immobilisme, une indifférence assez généralisée, une forme d'omerta face à ces déchéances subies en ce début de XXIe siècle sur leur propre territoire par des personnes en grande précarité, des enfants et des adultes handicapés, des personnes âgées en manque d'autonomie et cela sachant que ces discriminations condamnent nombre d'entre elles à un isolement social et culturel conduisant à des syndromes de glissements et à des morts prématurées ? Comment accepter plus longtemps que des personnes soient considérées qu'au regard de leurs seules données biologiques, puisque certaines en effet n'ont accès qu'à des soins de nursing, et à aucune activité culturelle, victimes de l'ECA, de l'exclusion culturelle absolue ?

En France, accepter cette situation, c'est accepter l'inacceptable et que des principes fondamentaux de son Droit présents dans son bloc de constitutionnalité soient bafoués, piétinés et abolis. Il s'agit notamment du principe inscrit au préambule de sa Constitution : « La Nation garantit l'égal accès de l'enfant et de l'adulte [...] à la culture », et de celui d'égalité d'accès au service public culturel, de la garantie de sa continuité et de son adaptabilité.

En France nous assistons à une véritable trahison de la promesse républicaine et de sa devise « Liberté - Égalité - Fraternité ». Devant ces déchéances de citoyennetés culturelles, l'immobilisme de responsables politiques, de l'opinion publique et pire, du monde de la culture dans sa grande majorité, atteste d'une vision bien inquiétante de la culture et de la place qui doit lui être accordée. Il est le signe d'une profonde crise intellectuelle, morale et spirituelle de la société française.

Et malheureusement la France n'est pas la seule démocratie à connaître une telle situation, à montrer ce visage bien sombre. Alors qu'un consensus se fait sur l'échec des politiques dites de démocratisation culturelle, ces démocraties vont-elles encore longtemps demeurer des États de non-droits culturels pour les plus faibles ? Quel imaginaire national se construit lorsque les préoccupations humanistes sont absentes des politiques culturelles, s'en suivant ainsi une mise à l'écart de certaines populations ? La richesse, la grandeur et la profondeur de la culture d'un pays ne se mesurent pas uniquement à la beauté de ses monuments, à la renommée de ses créateurs et interprètes, mais aussi au respect qu'elle accorde à la personne humaine. Quelle image de la démocratie se trouve offerte au monde ? Ces constats questionnent les représentations actuelles sur les droits culturels, les valeurs au cœur des politiques ainsi que les sentiments qui animent les individus, les peuples et leurs gouvernances.

Partout dans le monde, le droit de participer sans entrave à la vie culturelle, bien qu'inscrit dans le PIDESC, est très peu perçu comme un droit justiciable. Il est urgent de dépasser les palabres sur les droits culturels, souvent stériles parce que réduisant ces droits à des questionnements identitaires occultant les problématiques concrètes d'accessibilité dans toutes ses dimensions ainsi que l'exigence éthique et légale d'aménagement d'un environnement capacitant pour toutes et tous permettant l'effectivité de la citoyenneté culturelle. La représentation qui domine sur les droits culturels au plan international est celle d'une sorte de philosophie sans portée juridique. Dans ce contexte le concept de citoyenneté culturelle apparu relativement récemment, présente l'avantage de renvoyer dans ses fondements à des droits du citoyen, à des obligations légales que les pouvoirs publics se doivent de respecter et que les citoyennes et les citoyens se doivent de faire respecter. En se saisissant de ce concept, de meilleures perspectives peuvent être envisagées pour la défense des droits culturels. Certes les chantiers à mener sont considérables mais des savoir-faire en accessibilité culturelle et des exemples de bonnes pratiques sont mobilisables et la plupart des pays disposent de ressources importantes dans le domaine culturel et artistique. Lorsque celles-ci sont faibles se pose de toute façon la question de leur partage équitable. Comme le rappelle le philosophe américain John Rawls[1] : « Un système est juste si l'ensemble de ses règles est à l'avantage de tous les citoyens, et non pas seulement d'une partie de ceux-ci. ».

1. John Rawls est un philosophe américain né le 21 février 1921 à Baltimore et mort le 24 novembre 2002 à Lexington. Rawls est l'un des philosophes politiques du XXe siècle les plus étudiés. Il est l'auteur de *Théorie de la justice*, 1971.

Que devra-t-il se passer pour que des décisions soient prises pour la conception et le lancement de plans d'action à la hauteur des enjeux humains et de droit permettant la fin des déchéances de citoyennetés culturelles et d'en voir une meilleure effectivité pour toutes et tous ? En France, nous ne pouvons pas parler de la nécessité d'une prise de conscience de la gravité de la situation concernant les violations des droits culturels fondamentaux. En effet le mouvement des Gilets jaunes[2] apparu fin 2018, les crises des secteurs sanitaire, médico-social et social, ainsi que les scandales très médiatisés dans la gestion des Ehpad, notamment ceux révélés par le livre *Les fossoyeurs*[3], paru en 2022, ont apporté un éclairage très conséquent sur les conditions de vie indignes, sur l'isolement social et culturel des personnes âgées, de personnes lourdement handicapées et de celles en grande précarité. Quant aux difficultés d'intégration culturelle de populations issues de l'immigration, celles-ci font souvent la Une de l'actualité. La question n'est donc pas celle d'une prise de conscience, mais plutôt celle du développement d'une conscience morale chez des responsables politiques et dans l'opinion publique face à des discriminations culturelles particulièrement injustes et face aux souffrances qu'elles génèrent. Cette problématique concerne bien sur l'opinion publique car elle relève pour chacun du choix de société dans laquelle vivre et comme le rappelle la philosophe Cynthia Fleury :

« Le courageux perçoit l'obscurité de son temps comme une affaire qui le regarde. »[4]

L'opinion publique peut jouer bien souvent un rôle majeur dans des évolutions sociétales, dans des révoltes populaires comme celle qu'a connu la France lors des évènements de mai 1968[5] et parfois dans des révolutions comme celle qui a fait tomber le régime de Ben Ali en Tunisie en 2010[6]. Mais certaines injustices mobilisent moins que d'autres, surtout quand leurs victimes ne peuvent que très difficilement organiser elles-mêmes leur défense et être pleinement activistes.

2. wikipedia.org

3. Victor Castanet, *Les Fossoyeurs*, Fayard, 2022.

4. Cynthia Fleury, *La fin du courage*, Fayard, 2010

5. https://fr.wikipedia.org/wiki/Chronologie_des_%C3%A9v%C3%A9nements_de_mai_-_juin_1968

6. https://www.lemonde.fr/afrique/article/2021/07/27/la-tunisie-berceau-des-printemps-arabes-cede-aux-sirenes-de-l-homme-fort_6089618_3212.html

De fait il est peu probable que nous puissions voir un jour manifester dans les rues et sur les places publiques, des millions d'enfants et d'adultes handicapés, des personnes âgées en manque d'autonomie, en fauteuil roulant et en déambulateur ainsi que des personnes parmi les plus lourdement handicapées habituées pour certaines à demeurer entre les grilles de leurs lits. Non, nous ne les verrons pas brandissant des banderoles revendiquant l'effectivité de leur citoyenneté culturelle, de leur droit de bénéficier des services publics de la culture au-delà de quelques projets ponctuels, de leur droit de participer librement à la vie culturelle grâce à l'aménagement d'un environnement capacitant. Elles constituent une grande part de ce que le sociologue Pierre Rosanvallon[7] nomme le Parlement des invisibles. Tout à chacun doit pouvoir se saisir du concept de citoyenneté culturelle comme un outil, un levier pour faire avancer les revendications portant sur l'effectivité des droits culturels pour toutes et tous et tout particulièrement pour ces « sans voix ». C'est là un des objectifs de la rédaction de cet essai.

Il est possible de s'appuyer sur les nombreuses instances de concertation mises en place par la plupart des démocraties au niveau local, régional et national, conseils de quartiers, de la citoyenneté, conseils de la citoyenneté et de l'autonomie, commissions culturelles, conseils économiques et sociaux, etc. Par ailleurs des parlementaires, des ministres doivent être interpellés et des actions peuvent être engagées auprès des médias pour introduire le sujet dans le débat public. Même sur des problématiques aux enjeux cruciaux sur les plans humains et du droit, lorsqu'il n'y a aucune pression de l'opinion publique, les responsables politiques ne bougent guère, la question qui se pose alors est celle de leur courage politique. Quand il ne suffit pas de surfer sur des sujets dans l'air du temps médiatique, mais de rompre avec de vieilles habitudes qui pourtant ont condamné de vastes populations à des exclusions insupportables, un courage politique semble toujours nécessaire. Plutôt que de courage nous devrions plutôt parler chez des responsables politiques de dignité, d'un intérêt porté sur sa part d'humanité, sur l'estime de soi et sur le fait de pouvoir vivre dans un État de droit. Selon Cynthia Fleury : « Comment [...] résister à la capitulation et à ses légitimations perpétuelles ? [...], il n'y a pas de courage politique sans courage moral, et que la fin de la négociation avec l'inacceptable et le désarroi qu'il engendre s'appuient nécessairement sur la reconquête de fondamentaux personnels et collectifs. ».[8]

---

7. Pierre Rosanvallon, *Le Parlement des invisibles*, Points, 2020

8. *Ibid*

Quels sont ces fondamentaux qu'il serait nécessaire de reconquérir ? Quelques éléments de réponses peuvent être trouvés en observant la morale et les valeurs portées par le capitalisme – que certains nomment le capitalisme sauvage – et portées par la loi du Marché qui a envahi la plupart des pays dans le monde, y compris, sous le coup de la mondialisation, des pays communistes. Cette morale et ces valeurs peuvent être retrouvées chez nombre d'individus et les élites dirigeantes ne semblent pas être épargnées par ce processus. Ces valeurs transmises en quelque sorte par une forme d'éducation informelle de masses doivent être prises en considération car elles sont un obstacle majeur dans les luttes pour susciter une mobilisation de l'opinion publique et l'affirmation d'un courage politique pour exiger l'effectivité de la citoyenneté culturelle pour les plus vulnérables.

Pour le Professeur en sciences de l'éducation Renaud Hétier[9] : « L'éducation, depuis les Lumières, depuis Rousseau et Kant, se voit conférer la visée d'émanciper les individus, en faire des citoyens responsables et autonomes et des sujets capables de s'orienter dans l'existence. Or, tant à l'école que dans la famille, il s'agit surtout, aujourd'hui, de s'adapter à la société telle qu'elle fonctionne, régie par une économie capitaliste qui prend les individus dans ses filets pour les faire travailler et consommer, maximisant les profits du marché, au risque que l'émancipation espérée passe au second plan, voire soit oubliée, voire pire encore, qu'on fasse tout pour qu'elle n'émerge pas. [...] Le système capitaliste est devenu une puissante école, sans murs, sans discours et sans contraintes apparentes, qui met en batterie des millions d'enfants, qui ont toujours une envie à satisfaire, qui sont invités à réussir mais pas à grandir [...] ».[10] Quant au philosophe Dany-Robert Dufour[11] il considère que bien loin d'être sortis de la religion, les hommes sont sous l'emprise d'une nouvelle religion conquérante, le Marché,

---

9. Renaud Hétier est professeur en sciences de l'éducation à l'Université Catholique de l'Ouest (Angers). https://recherche.uco.fr/chercheur/renaud-hetier

10. Renaud Hétier, « Quand le capitalisme retourne les valeurs de l'éducation », Recherches en éducation. En ligne 2022 - Renaud Hétier, *Recherches en éducation* N° 49 | novembre 2022.
Journals.openedition.org

11. Dany-Robert Dufour est un philosophe français contemporain, professeur de philosophie de l'éducation à l'université Paris-VIII jusqu'en 2015, ancien directeur de programme au Collège international de philosophie de 2004 à 2010 et ancien résident à l'Institut d'études avancées de Nantes en 2010-2011. Il enseigne régulièrement à l'étranger, en particulier au Brésil, Colombie et au Mexique.
Le Divin marché, Denoël, 2007, Folio, 2012 (ISBN 978-2207259146)
La Cité perverse, Denoël, 2009, Folio, 2012 (ISBN 978-2207261200)
Source : Wikipedia

(certains évoquent le triomphe d'une religion immanente et matérialiste, du Divin Marché). Il observe que nous assistons à un « Retournement des valeurs éducatives ». Pour lui : « Nous vivons dans un univers qui a fait de l'égoïsme, de l'intérêt personnel, du self-love son principe premier. Ce principe commande désormais tous les comportements, ceux de l'hyper bourgeoisie ou des bandes de jeunes délinquants comme ceux des classes intermédiaires. Il nous conduit à vivre dans une Cité perverse. ». En France les principes et les valeurs socles des lois du Marché ont même pénétré les formations universitaires proposées dans des masters en management culturel. Les concepts et les schémas qui y sont enseignés sont ceux promus dans les écoles de commerce.

Il apparaît que dans certains masters les notions de service public, d'intérêt général, de service public de la culture, les principes s'y afférent d'égal accès, de continuité, d'adaptabilité n'y sont pas abordés. Voilà une approche bien inquiétante lorsque l'on sait que parmi les futurs diplômés, nombreux seront en charge d'établissements et de services publics de la culture, certains directeurs des affaires culturelles d'une collectivité et même en responsabilité au sein d'un ministère de la culture... Certes, il est une valeur forte commune aux droits attachés à la citoyenneté culturelle, et au capitalisme néolibéral, il s'agit de la Liberté. Mais comme le déclarait Stéphane Hessel[12] alors qu'il appelait à lutter contre cet impérialisme idéologique de la loi du Marché : « Indignez-vous ! Les responsables politiques, économiques, intellectuels et l'ensemble de la société ne doivent pas démissionner, ni se laisser impressionner par l'actuelle dictature internationale des marchés financiers qui menace la paix et la démocratie. [...] ». Et il enchaîne en affirmant :

« Le grand courant de l'histoire doit se poursuivre grâce à chacun. Et ce courant va vers plus de justice, plus de liberté, mais pas cette liberté incontrôlée du renard dans le poulailler. »

Dans un objectif d'œuvrer pour l'effectivité de la citoyenneté culturelle, que ce soit au niveau des États ou dans une perspective de son universalité, les contradictions entre valeurs de l'économie libérale et les valeurs humanistes ne peuvent être occultées. Même si elles semblent majeures et difficilement conciliables, il est nécessaire de travailler pour le dépassement de leurs oppositions

12. Stéphane Frédéric Hessel, né le 20 octobre 1917 à Berlin et mort le 27 février 2013 à Paris 14e, est un diplomate, résistant, écrivain et militant politique français d'origine allemande. Il est l'auteur notamment de l'essai *Indignez-vous !* publié aux éditions Indigènes en 2010.

telles celles entre : matérialisme et spiritualité ; individualisme et souci de l'autre, de l'intérêt général ; culte de la force, de la puissance, de la compétition et attention envers les vulnérabilités, les fragilités, sens de la solidarité et de la coopération ; vitesse et lenteur.

De fait le sensible, l'épanouissement personnel et collectif ne semblent pas peser lourd face à l'employabilité, la productivité, la course à une reconnaissance économique et médiatique aux prix souvent de transgressions sans limites d'une éthique, d'une estime de soi et même de la légalité. Certes depuis plusieurs décennies le secteur des entreprises, y compris culturelles, s'est engagé dans diverses démarches pour mettre en place des régulations et pour lutter contre des dérives. L'une des plus répandues est celle dite de la Responsabilité Sociétale d'Entreprise (RSE), et il en existe d'autres via l'adoption de chartes touchant à diverses thématiques : l'écologie, le développement durable, la diversité, l'égalité hommes-femmes, la lutte contre l'exploitation des enfants, etc. Mais en dehors des plus-values en termes d'image, en termes de communication, leur efficacité paraît bien faible à ce jour. À quelle hauteur pèse la force du Droit face à la puissance des lois du Marché et à l'impact des valeurs qu'elle véhicule ? Combien parmi les responsables politiques appliquent cette pensée de Victor Hugo ? :

**« C'est du droit de tous les faibles
que se compose le devoir de tous les forts. »**[13] Victor Hugo

Ce ne sont pas uniquement les valeurs portées par la loi du Marché qui détournent l'opinion publique et les responsables politiques de la défense des droits culturels des populations vulnérables et de minorités de diverses natures. Que ce soit au niveau individuel ou collectif, les émotions dans leur diversité jouent un rôle central dans les comportements, les choix et les orientations notamment face aux droits fondamentaux de populations dites vulnérables et face aux étrangers. La peur est l'une des émotions le plus souvent observée et même instrumentalisée. Ainsi la peur pour soi-même de la maladie, du handicap, de la perte d'autonomie avec l'âge, de la précarité, de la mort et aussi des étrangers suscite bien des stratégies individuelles et collectives d'évitement, voire de rejet.

---

13. Victor Hugo, *Le Droit et la Loi*, 1875, CreateSpace Independent Publishing Platform. Large Print édition, 2015

D'une manière assez générale c'est aussi la peur de la différence qui est en jeu. Concernant la maladie et les situations de handicap, nous préférons souvent éviter de voir des réalités quitte à ne pas anticiper pour nous-mêmes les risques à venir et quitte à perdre quelque peu une part de notre humanité. La peur est souvent aussi à l'origine des conflits interculturels et d'ailleurs l'un des sentiments très largement instrumentalisé par les responsables politiques et pas seulement par des dirigeants populistes entraînant des peuples vers un nationalisme haineux de l'Autre. Comme l'a analysé la sociologue Eva Illouz[14], la démocratie partout dans le monde se voit attaquée par des instrumentalisations des émotions. Selon elle : « Des sentiments [...] qui sont le résultat de manipulations politiciennes, de l'exploitation de la peur des gens ordinaires, de la méfiance, de la colère et du ressentiment au profit d'objectifs et de stratégies d'acteurs politiques sans scrupule. [...] Le dégoût permet d'instaurer et de maintenir la dynamique d'une distanciation entre des groupes sociaux [...] il aide à séparer les minorités ethniques ou religieuses[15] [...]. ». À titre d'exemple, en France ces propos en 1991 de Jacques Chirac, alors Maire de Paris et qui deviendra Président de la république, qui ont fortement marqué les esprits, évoquant au sujet des immigrés « Le bruit et l'odeur ». Cette expression suscitera la création d'une chanson satirique et d'un album aux titres éponymes en 1995 par le groupe Zebda qui connaîtront un succès retentissant.

L'asservissement de l'espèce humaine et surtout de nombre de ses dominants aux instincts les plus reptiliens, aux émotions les plus primaires semble aujourd'hui aux yeux de nombreux observateurs, la conduire à sa perte. Des voix s'élèvent partout dans le monde pour dénoncer ce processus, notamment parmi des mouvements de la jeunesse. Elles expriment un rejet des valeurs de la loi du Marché quant à ses effets dévastateurs sur l'environnement mais aussi en termes de perte de sens dans les modes de vie et dans la plupart des activités professionnelles. Cela est ressenti et observé dans des secteurs très diversifiés qui vont de celui des métiers de l'aide humaine dans lequel les travailleurs se sentent contraints sous le poids des logiques de l'économie néolibérale de devenir des « professionnels de la maltraitance » jusqu'à celui des *data scientists* parmi lesquels certains se regroupent pour dénoncer une utilisation de leurs

---

14. Eva Illouz, née le 30 avril 1961 à Fès au Maroc, est une sociologue et universitaire franco-israélienne spécialisée dans la sociologie des sentiments et de la culture. Elle est directrice d'études à l'École des hautes études en sciences sociales.

15. Eva Illouz, Frédéric Joly, *Les Émotions contre la démocratie*, Premier Parallèle, 2022.

compétences contraire à leurs valeurs personnelles[16]. Ces dynamiques sont autant de signes encourageants dans la perspective de faire valoir les droits humains fondamentaux au cœur des luttes pour l'effectivité de la citoyenneté culturelle. Partout dans le monde des personnes ont compris que se détourner des vulnérabilités humaines c'est conduire l'humanité à sa perte, que se détourner de la vulnérabilité de la planète et ne pas la respecter, c'est menacer ses équilibres ainsi que la survie des espèces dont sa propre espèce.

L'attention portée aux individus et aux groupes humains en situation de vulnérabilité peut convoquer aussi le sentiment de fraternité. La fraternité est dans certains pays attachée à la notion de citoyenneté. Il en est ainsi en France puisqu'elle est présente dans le triptyque de sa devise républicaine. Cependant ce mot mérite réflexion car il est polysémique et peut renvoyer à des significations et à des usages très contrastés. En effet c'est un sentiment très fort de fraternité au sein de groupes humains qui nourrit certains extrémismes et des nationalismes parmi les plus destructeurs, qui dressent des communautés contre d'autres communautés au sein d'un même pays, des peuples contre d'autres peuples, des États contre d'autres États. Cette fraternité ostracisante est bien différente de la fraternité dans son sens profond, celle qui est fondée sur la perception de l'universalisme, cette perception dont parle le poète et philosophe français Paul Valéry en ces termes : « Être humain, c'est sentir vaguement qu'il y a de tous dans chacun, et de chacun dans tous[17] ». C'est cette fraternité décrite par Eva Illouz : « L'idée de fraternité contient en elle les idées de dialogue, de tolérance, de justice et de pleine citoyenneté. Ces idées sont autant de chemin conduisant à la fraternité humaine, aux antipodes du terrorisme et de l'extrémisme politique. [...] La fraternité ne présuppose ni la familiarité, ni la proximité, ni l'appartenance au même groupe primaire. [...] Mais la fraternité est avant tout une orientation émotionnelle, une manière de se montrer bienveillant à l'égard d'autrui, d'autres individus qui n'appartiennent pas nécessairement à mon groupe. C'est pourquoi elle comprend nécessairement en elle un élément universaliste. »[18].

---

16. J'ai quitté le job le plus sexy du XXIe siècle : de jeunes « data scientists » en perte de sens. Article d'Alice Raybaud publié dans *Le Monde* du 08/12/2021. www.lemonde.fr

17. Paul Valéry, *Mauvaises pensées et autres*, Paul Valéry, 1942. Extrait.

18. Eva Illouz, *Les Émotions contre la démocratie*, Premier Parallèle, 2022. Traduit par Frédéric Joly. P. 291 et 294.

Il existe deux types de fraternité bien différentes : la fraternité endogène pouvant être violemment ostracisante et la fraternité exogène passionnément inclusive ne connaissant aucune barrière de patries, d'ethnies, de religions, de milieux sociaux ou de cultures.

Pour la promotion de la Citoyenneté culturelle universelle, c'est cette fraternité inclusive qu'il est nécessaire de convoquer, d'activer et de mobiliser. Néanmoins certains chercheurs soulèvent des objections sur la portée de la fraternité dans des perspectives politiques. Ainsi selon le philosophe français Étienne Vacherot[19] : « La liberté et l'égalité sont des principes, tandis que la fraternité n'est qu'un sentiment. Or tout sentiment si puissant, si profond, si général qu'il soit n'est pas un droit, et il est impossible d'en faire la base de la justice. Les politiques qui essaient de l'ériger en principe commettent la même erreur que les moralistes qui fondent la loi morale sur l'amour. »[20]. Au niveau d'un État comme au plan mondial, pour promouvoir l'effectivité de la citoyenneté culturelle avec efficacité, nous devons œuvrer pour le renforcement de ce triptyque constitué de ces valeurs essentielles : le Droit, l'Humanisme et la Fraternité.

Travailler sur la promotion de la citoyenneté culturelle universelle est l'une des voies importantes pour faire face à un monde qui connaît de tout temps de terribles conflits et où plane actuellement le spectre menaçant d'une troisième guerre mondiale. Il est plus que jamais nécessaire d'intensifier toutes les actions à même de sauver les valeurs les plus fondamentales. Une meilleure compréhension des droits culturels, des devoirs, des obligations légales de respect de différences dans les pratiques culturelles et artistiques, dans les coutumes, dans les modes de vie ainsi que la découverte des enrichissements qui en découlent, sont autant de vertus cardinales dont le monde a tant besoin. Selon Renato Rosaldo[21] : « La citoyenneté culturelle constitue une sorte d'oxymoron volontaire destiné à rappeler qu'une véritable démocratie implique le respect et la célébration de la différence, tout en combinant cette perspective avec le principe libéral de l'égalité. Cette recherche d'un équilibre entre les pratiques culturelles minoritaires et la communauté élargie constitue d'ailleurs un défi majeur des sociétés contemporaines. ».

---

19. Étienne Vacherot est un philosophe et homme politique français, né le 29 juillet 1809 à Torcenay et mort le 28 juillet 1897 à Paris. Source : Wikipedia.

20. https://www.cairn.info/la-devise-liberte-egalite-fraternite--9782130483557-page-73.htm

21. *Ibid*

Quant au sociologue britannique David Chaney il va jusqu'à affirmer que « la citoyenneté culturelle est devenue beaucoup plus importante dans la perspective de l'établissement d'une véritable démocratie et peu importe l'échelle territoriale que les types traditionnels de citoyenneté[22]. »

À noter que nous pouvons nourrir quelques espérances pour une réussite dans la promotion d'une citoyenneté culturelle universelle grâce à l'émergence d'une culture mondialisée de solidarités imposée par plusieurs menaces globalisées, celles des dérèglements climatiques, monétaires, celles des pandémies, des astéroïdes, des gouvernances par les algorithmes et l'intelligence artificielle, etc. Nous pouvons dans ce sens nous rappeler la pensée du philosophe Hölderlin : « Là où croît le péril, croît aussi ce qui sauve ». La culture doit trouver une place centrale dans nos préoccupations, dans le débat public et dans les ambitions nationales et internationales. Nous devons appeler à un sursaut culturel mondial. Nous ne pourrons pas trouver de solutions à toutes les crises auxquelles nous sommes confrontés sans donner à la culture toute sa place légitime. Comme le souligne le psychanalyste Roland Gori : « Dans le clair-obscur des crises politiques naissent les monstres. Ils naissent du vide culturel d'un monde politique sans esprit, d'un monde où les techniques sont devenues folles, d'un monde qui se nourrit des surenchères de la haine et du désespoir[23] . ».

Dans ce monde actuel empli d'inquiétudes extrêmes, nous pouvons garder à l'esprit cette pensée vivifiante du philosophe Alain[24] :

« Le pessimisme est d'humeur, l'optimisme est de volonté. »

Ou celle encore d'Antonio Gramsci :

« Il faut allier le pessimisme de l'intelligence à l'optimisme de la volonté. »[25]

---

22. https://numerique.banq.qc.ca/patrimoine/details/52327/2248969

23. Roland Gori, *Un monde sans esprit, la fabrique des terrorismes*, Les Liens Qui Libèrent Editions, 2017.

24. Alain, de son vrai nom Émile-Auguste Chartier, né le 3 mars 1868 à Mortagne-au-Perche (France) et mort le 2 juin 1951 au Vésinet, est un philosophe, journaliste, essayiste et professeur de philosophie française. Il est rationaliste, individualiste et critique. L'auteur utilisa différents pseudonymes entre 1893 et 1914. Il signe « Criton » sept « Dialogues » adressés à la très universitaire *Revue de métaphysique et de morale* (dans laquelle il signe, par ailleurs, plusieurs articles de son vrai nom) ; il signe « Quart d'œil », ou encore « Philibert », ses pamphlets dans *La Démocratie rouennaise*, journal éphémère destiné à soutenir la campagne du député Ricard à Rouen ; enfin « Alain » ses chroniques dans *La Dépêche de Lorient* (jusqu'en 1903) puis dans La Dépêche de Rouen et de Normandie de 1903 à 1914. Source : wikipedia.org

25. *Cahiers de prison* (1983), Antonio Gramsci, Lettre à son frère Carlo écrite en prison, 19 décembre 1929

SOURCES ET RESSOURCES

CULTURE

- Abou S., *L'identité culturelle : relations interethniques et problèmes d'acculturation*, Éditions Anthropos, 1981
- Arendt H., 2020, *La crise de la culture*, Folio essais
- Bourdieu Pierre, Darbel Alain, en collaboration avec Dominique Schnapper, *L'Amour de l'art*, Éditions de Minuit, collection « Le sens commun », 1966, nouvelle édition augmentée, 1969.
- Bouvet L., 2015, *L'insécurité culturelle*, Fayard.
- Brochot Aline, Delfosse Claire, Etcheverria Olivier et Jean Pilleboue, 2001, *Cultures régionales : Territorialité, dynamiques, enjeux*, Paris, ministère de la Culture et de la Communication (Département des études et de la prospective).
- Bromberger Ch., Meyer M., 2003, *Cultures régionales en débat*, Ethnologie française (vol. 33).
- Cartouche, 2007, *Quand je serai danseur*, Robert Laffont.
- Chaudron M. 2011 P 266 *L'exception culturelle, une passion française ? Éléments pour une histoire culturelle comparée*, L'Harmattan.
- Clément J., 2016, *L'urgence culturelle*, Grasset.
- Corbin A., 1995, *L'avènement des loisirs 1850-1960*, Aubier.
- Coulangeon P., 2010, *Sociologie des pratiques culturelles*, La Découverte, Paris.
- Cuche D., 2010, *La notion de culture dans les sciences sociales*, La Découverte, Paris.
- Descola P., Pignocchi A., *Ethnographies des mondes à venir*, Seuil, 2022
- Frau-Meigs D., Kiyindou A. (dir.), 2014, *Diversité culturelle à l'ère du numérique*, La Documentation Française.
- Geertz C., *The interpretation of cultures*, Basic Books, 1977
- Jullien F., 2016, *Il n'y a pas d'identité culturelle*, L'Herne.

- Kalifa D., *La culture de masse en France*, collection Repères, La Découverte, 2001
- Mattelart A., 2007, *Diversité culturelle et mondialisation*, La Découverte.
- Warnier J.-P., 1999, *La mondialisation de la culture*, La Découverte.
- Wresinski J., 2004, *Culture et grande pauvreté*, éditions Quart Monde.
- Vinsonneau G., *L'identité culturelle*, Armand Colin, 2002

CITOYENNETÉ

- De Tocqueville A.- *De la démocratie en Amérique*, *Pagnerre*, 1848, tome 3.djvu/128, de l'industrie culturelle, chapitre XIV.
- Dispositif de concertation et d'appui aux centres régionaux d'intégration (DISCRI), *Regards croisés sur le concept de citoyenneté*, en ligne : **https://discri.be/wp-content/uploads/Regards-croisés-sur-le-concept-de-citoyenneté.pdf**
- Illouz E., Joly F., 2022, *Les Émotions contre la démocratie*, Premier Parallèle
- Mendès France P., *La République moderne*, Gallimard, 1962
- Michaud Y., 2017, *Citoyenneté et Loyauté*, Kero.
- Platon, *La République*, Flammarion, 2016 (traduction de Georges Leroux)
- Risselin P., 1998, *Handicap et citoyenneté au seuil de l'An 2000*, Odas.
- Schnapper D., 1994, *La communauté des citoyens*, Collection NRF essais, Gallimard

CITOYENNETÉ CULTURELLE

- Kymlicka W., 2001, *La citoyenneté multiculturelle. Une théorie libérale du droit des minorités*, Patrick Savidan, La Découverte, 2001
- Kymlicka W., 1996. *Multicultural citizenship, A liberal Theory of Minority Rights*, Oxford Political Theory, Oxford University Press
- *La citoyenneté culturelle en actes / Acts of cultural citizenship*. Festivals. Rencontres européennes culture et éducation 2009-2012. Festival d'Aix-en-Provence-RESEO-AFO, Éditions universitaires d'Avignon
- « La participation culturelle des jeunes à Montréal : des jeunes culturellement actifs. Version abrégée » (page 158-176) Christian Poirier et Mariève K. Desjardins, Sylvain Martet, Marie-Odile Melançon, Josianne Poirier, Karine St-Germain Blais (avec la collaboration de Yanick Barrette). *Rapport de recherche* présenté à Culture Montréal, Institut national de la recherche scientifique Centre -Urbanisation Culture Société Montréal, Septembre 2012

- Leblanc, M.-N. & Gomez-Perez, M. (2007). « Jeunes musulmans et citoyenneté culturelle : retour sur des expériences de recherche en Afrique de l'Ouest francophone. », *Sociologie et sociétés*, 39(2), 39–59. **https ://doi.org/10.7202/019083ar** (Leblanc & Gomez-Perez, 2007, p.40).
- Miller T., 1997, *Technologies of Truth, Cultural Citizenship and the Popular Media*, University Minnesota Press
- Rosaldo R., 1980, Ilongot Headhunting: 1883–1974: *A Study in Society and History and Culture and Truth: The Remaking of Social Analysis*, Stanford University Press.
- Rosaldo R., 1999. Cultural citizenship, inequality and multiculturalism, In : R.D. Torres, et al., eds. Race, identity and citizenship. Oxford : Blackwell, 253-261
- Rosaldo R. « Cultural Citizenship, Inequality, and Multiculturalism » *in* Flores W.V. & Benmayor R. (dir.), *Latino Cultural Citizenship: Claiming identity, Space, and Rights*, Boston, Beacon Press 1997, p. 27-38
- Judith Vega, Pieter Boele van Hensbroek, *Cultural Citizenship in Political Theory*, June 23, 2014 by Routledge

SERVICE PUBLIC DE LA CULTURE

- Abirached R., « Le théâtre, service public : les avatars d'une notion », *L'Observatoire*, n° 17, printemps 1999, p. 39
- Césari L., « La culture : un service public ou un droit ? », Fondation Jean Jaurès, 16 septembre 2019
- Larat F., Chauvigné C. (dir.), 2016, *Vivre les valeurs du service public*, Presses de l'EHESP.
- Pompougnac J.C., « La culture, un service public ? », *Nectart*, 2018/1, n° 6, p. 44
- Pontier J.M., « Le service public culturel existe-t-il ? », *AJDA* 2000.
- Pontier J.M., J.-C. Ricci, J. bourdon, *Droit de la culture*, Dalloz, 2e éd., 1996.
- Pontier J.M., *Les services publics culturels*, PUAM, 2012.
- Pontier J.M., « Service public culturel : épanouissement ou racornissement ? », *L'Observatoire*, 2013/2, n° 43, p. 86

DROITS CULTURELS

- Baraize F. « Les personnes âgées : quel droit à la culture ? » *in L'Observatoire des politiques culturelles* La culture est-elle soluble dans la mesure ? n°24, été 2003, p.4
- Chemillier-Gendreau M., *Un autre droit pour un autre monde, Comment sortir des impasses du droit international contemporain, éditions Pedone, 2023*

- Degros E., 2014, *Le droit du handicap et la gestion du patrimoine culture. Vers un modèle européen ?,* L'Harmattan
- *IIEDH-Réseau Culture 21*, « Du droit à la culture aux droits culturels, une première année d'observation et d'évaluation des politiques publiques départementales au regard des droits culturels », 2014
- *IIEDH-Réseau Culture 21*, « Itinéraires, du droit à la culture aux droits culturels, un enjeu de démocratie, 2015
- Lucas J.M., 2017, *Les droits culturels,* Enjeux, débats, expérimentations, Territorial éditions
- Meyer-Bisch P., 2010, *Déclarer les droits culturels,* Commentaires de la Déclaration de Fribourg, Schulthess.
- Rawls J. *Théorie de la justice*, 1971
- Romainville C., 2014, *Le droit à la culture, une réalité juridique - Le régime juridique du droit de participer à la vie culturelle en droit constitutionnel et en droit international* Bruylant, Bruxelles.

DISCRIMINATIONS ET CENSURES

- Coffin A. *Le génie lesbien, Grasset*
- Dubet F., 2016, *Ce qui nous unit-discriminations, égalité et reconnaissance,* coll. « La République des idées », Seuil
- Fertier A., 2019, *Les Damnés de la culture, Plaidoyer pour un pacte culturel républicain*, éd. Persée.
- Hancock C., Lelévrier C., Ripoll F., Weber S. (dir.), 2016, *Discriminations territoriales*, L'œil d'or
- Maïga A., 2018, *Noire n'est pas mon métier*, éditions du Seuil
- Murat L., 2022, *Qui annule quoi ?* Seuil
- Pierrat E., 2018, *Nouvelles morales, nouvelles censures*, Gallimard
- Agnès Tricoire, Daniel Véron, Jacinto Lageira (Dir.), 2020, *L'œuvre face à ses censeurs, l'Observatoire de la liberté de création,* La scène

POLITIQUES CULTURELLES

- Aubinet M., 2010, *Les bibliothèques de rue - quand est-ce que vous ouvrez dehors ?,* Bayard
- Baumol W.J. et Bowen W. G., 1966, *Performing Arts - The Economic Dilemma. A Study of Problems Common to Theater, Opera, Music and Dance*, The Twentieth Century Fund
- Bouchard J., Meyer Bisch P. (dir.), 2015, *Pour une nouvelle culture de l'action publique* – paideia – IEDH / Réseau culture 21
- *Circul'Art*, « Bonnes pratiques, Valorisation des ressources et prévention des déchets de l'audiovisuel et du spectacle vivant », 2022

- « Conduire un projet culturel éco-responsable », Dossier, *La Scène n° 95*, 9 janvier 2020
- « Culture et Développement durable », Annuaire, *La Scène*, 2020
- Fertier A. Govindjee M., 2022, *Culture et handicap. 50 ans d'histoire. L'historique d'un demi-siècle d'évolutions dans les concepts, les politiques et les pratiques*, édition L'Harmattan-Les éditions Cemaforre,
- Fumaroli Marc, 1993, *L'État culturel, une religion moderne*, Édition Livre de Poche
- Girard C., 2012, *Le petit livre rouge de la culture, propositions pour une République culturelle*, Flammarion
- Greffe, X. (2010). « Introduction : L'économie de la culture est-elle particulière ? » *Revue d'économie politique*, 120, 1-34. https://doi.org/10.3917/redp.201.0001
- Greffe Xavier et Pflieger Sylvie, *La politique culturelle en France*, Paris, La Documentation française, 2015
- Herry, J.C., *Le management responsable du spectacle* : comment intégrer les principes de développement durable à son activité, IRMA, 2014
- Hilaire M. (dir.), 2001, *Actions de réinsertion - Mettre en place de nouveaux services - Culture et lutte contre l'exclusion*, UNIOPSS ESF.
- Irle, David ; Roesch, Anaïs ; Valensi, Samuel, *Décarboner la culture*, Presses Universitaires De Grenoble, 2021
- Lisnar D., Tardieu C., *La culture nous sauvera*, Éditions de l'Observatoire 2021
- Lowies J.G., 2020, *Décider en culture PUG*, UGA éditions
- « L'art peut-il sauver la planète ? », *Stradda* n° 25, juillet 2012
- Lucas J.-M., 2012, *Culture et développement durable - Il est temps d'organiser la palabre...*, éd. Irma
- Mazières (de) F., 2017, *Le grand gâchis culturel*, Albin Michel
- Ministère de la Culture et de la Communication, 2007, *Culture et handicap : guide pratique de l'accessibilité*
- Ministère de la Culture, Culture et développement durable 2016-2020. *Stratégie ministérielle de responsabilité sociétale, sociale et environnementale des organisations*, 2016 [en ligne]
- Regourd, S., 2013, *L'exception culturelle*, coll. « Que sais-je ? », Puf
- Sainte-Beuve C. A., 2013, *De la littérature industrielle*, Allia
- Sermon J., *Morts ou vifs – Contribution à une écologie pratique, théorique et sensible des arts vivants*, B42, 2021
- Urfalino P., 1997, « L'histoire de la politique culturelle. Inventaire d'objets », dans Rioux J.-P. et Sirinelli J.-F., *Pour une histoire culturelle*, Paris, Seuil
- Urfalino P., 1996 (réédité en 2011), *L'invention de la politique culturelle*, Comité d'histoire du ministère de la Culture - La Documentation française, Hachette Littératures, coll. « Pluriel »

SOCIÉTÉ

- Abi Khalil Rodrigue, 2018, *Mondialisation et gouvernance mondiale... Quelles perspectives*, L'Harmattan
- Attali J., 2011, *Demain qui gouvernera le monde ?*, Fayard
- Bachir Diagne S., 2021, *Le fagot de ma mémoire*, édition Philippe Rey
- Badiou A., 2017, *Éloge de la politique*, Flammarion
- Blondiaux L., 2008, *Le Nouvel Esprit de la démocratie*, Actualité de la démocratie participative, La République des Idées, Seuil
- Bourdieu P., Passeron J.-C., 1964, *Les héritiers - Les étudiants et la culture*, Les éditions de minuit.
- Bourdieu P., Passeron J.-C., 1970, *La reproduction - Éléments pour une théorie du système d'enseignement*, Les éditions de minuit.
- Cardon D., 2015, *À quoi rêvent les algorithmes, Nos vies à l'heure des big data*, Seuil
- Castells M., *La société en réseaux - Tome 1 : L'Ère de l'information*, Fayard
- Chemillier-Gendreau M., 2020, *Pour un Conseil mondial de la Résistance*, Éditions Textuel,
- Condorcet, 1988, *Esquisse d'un tableau historique des progrès de l'esprit humain - Fragment sur l'Atlantide*, Flammarion
- Dion J., 2015, *Le mépris du peuple*
- Dubet F., 2014, *La préférence pour l'inégalité*, coll. « La République des idées », Seuil
- Dany-Robert Dufour, *Le Divin marché*, Denoël, 2007, Folio, 2012
- Dany-Robert Dufour, *La Cité perverse*, Denoël, 2009, Folio, 2012
- Duvoux N., 2012, *Le nouvel âge de la solidarité*, coll. « La République des idées », Seuil
- Fleury C., 2005, *Les Pathologies de la démocratie*, Fayard
- Fleury C., 2005, *La fin du courage*, Fayard
- Gardou C., 2013, *La société inclusive, parlons-en !* Erès
- Gauchet M., 2003, *La condition historique*, Stock
- Gori R., 2017, *Un monde sans esprit - La Fabrique des terrorismes*, Les liens qui libèrent
- Hessel S., 2010, *Indignez-vous*, Indigene
- Hessel S. et Morin E., 2011, *Le chemin de l'espérance*, Fayard
- Hugo V., 2015, *Le Droit et la Loi*, 1875, CreateSpace Independent Publishing Platform. Large Print édition
- Huntington S., 1996, *Le choc des civilisations (The Clash of Civilizations nd the Remaking of World Order)*, éd. Simon & Schuster
- Lévi-Strauss C., 1950, *Introduction à l'œuvre de Marcel Mauss*, Marcel Mauss, Sociologie et Anthropologie, PUF, p. XIX
- Lévi-Strauss C., *Race et histoire*, 1952, essais Folio, 1987

- Maurin Éric, 2009, *La peur du déclassement*, Seuil
- Morin Edgar, « Réalisme et utopie », *Diogène*, 2005/1 (n° 209), p. 154-164. **DOI : 10.3917/dio.209.0154. URL : https://www.cairn.info/revue-diogene-2005-1-page-154.htm**
- Morin E., 2005, « Réalisme et utopie », *Diogène*, 209, 154-164. **https://doi.org/10.3917/dio.209.0154**
- Morin E., 1999, *Les Sept savoirs nécessaires à l'éducation du futur*, UNESCO. **https://unesdoc.unesco.org/ark:/48223/pf0000117740_fre.locale=fr**
- Morin E., Hessel S., 2011, *Le chemin de l'espérance*, Fayard.
- Morin E., 1999, *Amour, poésie, sagesse*, Seuil.
- Morin E., Rabhi P., 2022, *Frères d'âme*, éd. de l'Aube
- Morin E., 2019, *Changeons de voie, les leçons du coronavirus*, Denöel
- Ngomane N. M., *À travers Ubuntu – Je suis car tu es : leçons de sagesse africaine*, HarpersCollins poche
- Rosanvallon P., 2011, *La société des égaux*, Seuil
- Rosanvallon P., 2015, *Le bon gouvernement*, Seuil
- Rosanvallon P., 2020, *Le Parlement des invisibles*, Points
- Rousseau D., 2015, *Radicaliser la démocratie*, Seuil
- Teilhard de Chardin P., *Le phénomène Humain*, Le seuil
- Touraine A., 2013, *La fin des sociétés*, Seuil
- Veil S., 2007, *Une vie*, Stock
- Voltaire, 1989, *Traité sur la tolérance*, Flammarion
- Weber M., 2003, *Le savant et le politique*, Éditions la Découverte
- Wolff F., 2019, *Plaidoyer pour l'universel*, Fayard

ÉTUDES ET RAPPORTS

- CSA, *Rapport annuel relatif à l'accessibilité des programmes de télévision aux personnes handicapées et à la représentation du handicap à l'antenne* - Exercice 2015, publié le 28 janvier 2016
- CSA, Observatoire de la diversité, *Les résultats de la vague 2016 du baromètre de la diversité*, date de publication: vendredi 13 janvier 2017
- *Chiffres clés, statistiques de la culture et de la communication*, en ligne : **www.culturecommunication.gouv.fr**
- Défenseur des Droits, 2005-2015, *10 ans d'actions pour la défense des droits des personnes handicapées*
- Donnat O., 2009, *Les pratiques culturelles des Français à l'ère du numérique*, La Découverte/Ministère de la Culture

- Duranton N., Gonthier-Maurin B., *Culture et handicap : une exigence démocratique, commission de la culture, de l'éducation et de la communication*, groupe de travail « culture et handicap », rapport d'information n°648- 2016-2017, Sénat
- IGAS, 2007, rapport *L'accès à la culture*
- IGF-IGAC, *L'apport de la culture à l'économie en France*, décembre 2013, étude conjointe confiée à l'inspection générale des finances et à l'inspection générale des affaires culturelles
- Meyer-Lereculeur, C., *L'accessibilité dans le champ du spectacle vivant – vers des « agendas d'accessibilité programmée » des œuvres et des pratiques amateurs*, IGAC, Rapport n°2016-44
- Ministère de la Culture DGMIC/Credoc, *Lecture publique et publics empêchés*, 2017
- Observatoire Deloitte, *L'usage des smartphones en France en 2015*, étude
- *The Shift Project, Décarbonons la Culture !*, Rapport intermédiaire, Mai 2021

SITES INTERNET

- Culture & Citoyenneté :
  https://culturecitoyennete.com
- Observatoire de la diversité et des droits culturels :
  https: //droitsculturels.org/
- Rapporteur spécial dans le domaine des droits culturels (Nations Unies) :
  https://www.ohchr.org/fr/special-procedures/sr-cultural-rights

TABLE DES MATIÈRES

TROISIÈME PARTIE

Structures éditoriales du groupe L'Harmattan

L'Harmattan Italie
Via degli Artisti, 15
10124 Torino
harmattan.italia@gmail.com

L'Harmattan Hongrie
Kossuth l. u. 14-16.
1053 Budapest
harmattan@harmattan.hu

L'Harmattan Sénégal
10 VDN en face Mermoz
BP 45034 Dakar-Fann
senharmattan@gmail.com

L'Harmattan Cameroun
TSINGA/FECAFOOT
BP 11486 Yaoundé
inkoukam@gmail.com

L'Harmattan Burkina Faso
Achille Somé – tengnule@hotmail.fr

L'Harmattan Guinée
Almamya, rue KA 028 OKB Agency
BP 3470 Conakry
harmattanguinee@yahoo.fr

L'Harmattan RDC
185, avenue Nyangwe
Commune de Lingwala – Kinshasa
matangilamusadila@yahoo.fr

L'Harmattan Congo
219, avenue Nelson Mandela
BP 2874 Brazzaville
harmattan.congo@yahoo.fr

L'Harmattan Mali
ACI 2000 - Immeuble Mgr Jean Marie Cisse
Bureau 10
BP 145 Bamako-Mali
mali@harmattan.fr

L'Harmattan Togo
Djidjole – Lomé
Maison Amela
face EPP BATOME
ddamela@aol.com

L'Harmattan Côte d'Ivoire
Résidence Karl – Cité des Arts
Abidjan-Cocody
03 BP 1588 Abidjan
espace_harmattan.ci@hotmail.fr

Nos librairies en France

Librairie internationale
16, rue des Écoles
75005 Paris
librairie.internationale@harmattan.fr
01 40 46 79 11
www.librairieharmattan.com

Librairie des savoirs
21, rue des Écoles
75005 Paris
librairie.sh@harmattan.fr
01 46 34 13 71
www.librairieharmattansh.com

Librairie Le Lucernaire
53, rue Notre-Dame-des-Champs
75006 Paris
librairie@lucernaire.fr
01 42 22 67 13

www.ingramcontent.com/pod-product-compliance
Lightning Source LLC
LaVergne TN
LVHW011307061026
849535LV00005B/1444